“十三五”国家重点图书出版规划项目

民国艺术史料丛编

总目提要

刘金柱　杨钧　卢茂君　编著

中原出版传媒集团
中原传媒股份公司

大象出版社
·郑州·

图书在版编目(CIP)数据

民国艺术史料丛编总目提要 / 刘金柱，杨钧，卢茂君编著. — 郑州 : 大象出版社，2021. 4
ISBN 978-7-5711-1012-3

Ⅰ. ①民… Ⅱ. ①刘… ②杨… ③卢… Ⅲ. ①艺术史-丛书-内容提要-中国-民国 Ⅳ. ①Z833 ②Z89:J120. 96

中国版本图书馆 CIP 数据核字(2021)第 038074 号

民国艺术史料丛编总目提要

MINGUO YISHU SHILIAO CONGBIAN ZONGMU TIYAO

刘金柱　杨钧　卢茂君　编著

出 版 人　汪林中
项目策划　王刘纯　张前进
项目统筹　李光洁　王大卫
责任编辑　董璐华
责任校对　牛志远　安德华
书籍设计　王莉娟

出版发行　大象出版社(郑州市郑东新区祥盛街 27 号　邮政编码 450016)
发行科　0371-63863551　总编室　0371-65597936
网　　址　www.daxiang.cn
印　　刷　北京虎彩文化传播有限公司
经　　销　各地新华书店经销
开　　本　787 mm×1092 mm　1/16
印　　张　20. 5
字　　数　317 千字
版　　次　2021 年 4 月第 1 版　2021 年 4 月第 1 次印刷
定　　价　168. 00 元

印厂地址　北京市朝阳区酒仙桥路 16 号 8 层 802
邮政编码　100016　　　电话　010-84720900

《民国艺术史料丛编》序言

民国艺术史料是指 1911 年到 1949 年间以图书、报刊、视频等载体形式出版发行的绘画、书法、雕塑、设计、建筑、音乐、舞蹈、戏剧、曲艺、电影等中文文献，也包含非正式出版的手稿、抄本、油印资料、海报、宣传册、节目单、书画作品、音像资料等，它多方位地呈现了民国时期的艺术成就，也见证了历史转型时期艺术思潮的互动与流变，因而具有极高的史料学、艺术学以及版本学价值。

民国时期是中国历史长河中一个大动荡大变革的特殊时期，短短的几十年间，中华大地上先后发生了辛亥革命、五四运动、北伐战争、抗日战争、解放战争等一系列重大历史事件，中国社会经历了“旧”与“新”的更迭、“中”与“西”的冲撞、社会政治与文化艺术的转型。 五四新文化运动带来的文学革命、国画改良、西乐东渐激荡着艺术家的心灵：一方面是保存国粹，一方面是主张西化。 艺术家群体的情感世界在摹古与西化、保守与开放、淡泊与功利之间升腾与沉淀。 正是在这样一个新旧社会交替、中西文化交融的大背景下，一批先进的知识分子、仁人志士走出国门，到东洋、到欧洲、到世界各地寻求救国救民之真理，对科学救国、民主救国、文化救国、实业救国等济世方略的思考与追求异常活跃。 随着西学东渐和向西方学习之时代思潮的兴起，东洋和西方的艺术史观和方法论被大量介绍到中国来，中国的艺术研究也逐渐具有了“世界眼光”。 像姜丹书、陈师曾、潘天寿、黄宾虹、傅抱石、滕固、李朴园、胡蛮、郑午昌、俞剑华、李叔同、沈心工、黄自、赵元任、宗白华、马采、邓以蛰等一大批有志者留学海外，其思维方式、艺术观念、审美情趣无不受到东洋和西方科学文化的影响，他们以异域文化为参照反思中国文化，用跨文化、跨视域的方法改造、创新中国传统的画学、乐学和戏剧学，推动了中国艺术文化从中国民族传统向以科学精神为标准的现代转型。

启蒙与变革时代，这群归国精英在上海、北京、广州等对外交流频繁、经济文化发达地区组建艺术社团，创办艺术期刊，建立艺术师范或专门学校，开办美术展览、音乐演唱会等。他们借鉴新史学观、唯物史观等方法论研究中国艺术理论、艺术思潮、艺术史学、艺术流派、艺术考古等学术问题，编撰出版大批独具个性的艺术史论研究著作，展示出全新的艺术史观、研究方法、写作体式及艺术史学科思想；他们利用社团力量、期刊阵地、学校教育、展览演唱舞台等社会条件，通过艺术理论研究、艺术教学实践、艺术人才培养、艺术作品创作与展示、艺术服务社会等大胆尝试，极大地促进了中国艺术文化的现代变革、创新与繁荣。一批批拓荒性、多元性的艺术类著述、期刊、报纸、视频等媒介相继问世和传播，艺术社团纷起、流派纷争，使艺术理论研究各具特色，无论是发表在期刊上的文章还是出版的论著，都形成了一种竞争态势，构成了民国艺术的不同语境；艺术教育快速发展，各级各类艺术师范或专门学校大量涌现，编写和出版现代形态、不同层级的美术、音乐教材成为一种时代必然，成为学子和百姓接受“美育”的有效途径；艺术报刊不仅是艺术社团、学校教育的重要传播与交流平台，而且是政治倾向、艺术传播理念与经济效益动态平衡的产物，作为一个文化产业，艺术报刊的创办、繁荣无疑为民国艺术文化的中西融合、现代转型、时代印迹保存了珍贵的记忆；美术展览会与音乐演唱会作为艺术救国和社会“美育”的一种手段，因五四新文化运动的兴起而大规模涌现，从根本上改变了中国人对于艺术品在传统观念下的观瞻与欣赏的方式，使中国艺术从封闭走向了开放，从单一走向了多元，从传统走向了现代。 总之，风云变幻的时代精神催生了中国艺术史上承先启后、璀璨耀眼的独特风景。

艺术的繁荣，也极大地刺激了中国出版印刷机构的蓬勃发展。 如商务印书馆、中华书局、立达书局、开明书店、良友图书公司等出版单位的建立，为学术著作、各级各类教材、“美育”普及读物、展览演唱资料、漫画木刻、抗战音乐作品等的出版发行和传播推广提供了便利的条件，同时也促使了艺术类著作、教材、绘画音乐等编撰与创作之风的盛行。 各出版机构创新出版策略，开拓出版市场，引进平版、凹版设备，也在相互竞争中形成了出版繁荣的市场生态。 觉醒的市场需求、旺盛的市场生态、优越的出版环境，催生了民国艺术类文献编撰的兴旺、需求的膨胀、出版的繁荣。 据《民国时期总书目》记载，1911 年至 1949 年 9 月间中国出版的中文图书达 124000 余种，其中艺术类（含音乐、美术类教材）图书约 10000 余种。 无疑，这些文献资料对今人研究七十年前的民国艺术文化具有鲜明的时代特征和极高的史料价值。

“了解时代，资料第一。 资料大源，便是书籍”（周谷城语）综观民国时期出版图书报刊的数量、质量和装帧，传统的手工纸、雕版印刷、四六眼线装显然已被西方的机械排版印刷技术所代替，机器造纸、机器制版、机器印刷、平精装已成为出版业的主流。 虽说机制纸、铅印技术、横排文字、左手翻书代替了传统印刷，满足了当时发行图书、报纸、期刊纸张需求的高涨，为其大量印刷和传播提供了保障，但也为若干年后图书报刊的短命埋下了隐患。机制纸生产过程中所用试剂酸性较大，在保存过程中极容易与空气中的水分发生化学反应，从而导致脆化，今天我们所看到的大部分藏书单位藏存的民国书籍发黄、发脆、掉渣、装帧结构破坏正是由此所致，据专家调研发现，百分之八九十的民国文献纸张已经达到严重老化程度。随着时间推移以及民国文献自身纸质载体的局限性，民国文献的老化、损坏程度日益严重，资料保存面临危机，引起了学术界、文化界的高度关注。2012 年 2 月，由中国国家图书馆牵头正式启动了“民国时期文献保护计划”，开展民国文献普查、建设标准化库房、有条件的民国文献脱酸、编纂民国文献书目索引等保护工作，并在原生性保护的基础上，实施再生性保护，如缩微复制、影印出版、数码扫描、数据库建设等。《民国艺术史料丛编》的出版，正是大象出版社对民国文献实施再生性保护的重要举措。

大象出版社作为一家颇具影响的教育出版机构，在历任社长的主导下，注重历史文献的整理和出版，已形成专业化、规模化的民国文献出版品牌。近年来，先后出版《民国史料丛刊》、《民国史料丛刊续编》（以上两种共 2268 册）、《民国教育史料丛书》（1120 册）、《中国抗日战争史料丛刊》（1037 册）等大型文献整理项目。每一套丛书的编辑、影印、出版，无不精益求精，追求卓越，尽可能准确地再现历史史料的真实性，延续历史文献的生命力，更为中国现代社会艺术、历史、文化、教育、军事等学科的学术研究提供了严肃、翔实、便捷的史料保障。即将出版的《民国艺术史料丛编》，底本采用灰度图，高清扫描，布面精装，结合目前美术院校专业设置的实际，分为“艺术理论”“书法”“绘画”“雕刻、摄影、工艺美术”四编，共计436册，每编单独定价，方便图书馆和资料室根据需要灵活采购。

民国虽然短暂，三十八年弹指一挥间，但作为社会转型、思想更替的重要时期，也是新事物、新学术勃然而兴的年代，民国时期的哲学、人文社会科学、自然科学得到了前所未有的发展。民国艺术也不例外，它既是时代精神的典型呈现、历史瞬间所铭刻的民族记忆，也是中华民族弥足珍贵的永恒文化遗产，值得进行认真的总结、汲取和借鉴。今天的出版人对民国艺术史料所进行的挖掘、抢救与保护功在当下、利在千秋！

是为序！

李景文

2020年4月于开封

河南大学仁和小区

目 录

艺术理论
………………………………………………………… 001

书法
………………………………………………………… 091

绘画
………………………………………………………… 157

雕刻、摄影、工艺美术
………………………………………………………… 275

艺术理论

第 1 册

《美术概论》

黄忏华著，商务印书馆发行，1927 年（民国 16 年）8 月初版。

为百科小丛书第 134 种。共分 8 章。第一章美术底本质；第二章美术底要素；第三章美术底制作；第四章美术底分类；第五章美术和别的文化底关系；第六章绘画艺术一斑；第七章雕刻艺术一斑；第八章余论，涉及艺术的流派及主张等。

《东方艺术与西方艺术》

王云五、李圣五主编，商务印书馆发行，1933 年（民国 22 年）12 月初版。

东方杂志社 30 周年纪念刊。本书收录向达《明清之际中国美术所受西方之影响》、婴行《中国美术在现代艺术上的胜利》两种。前一种分别论述了明清之际中西交通之梗概、明清之际之西洋教士与西洋美术、明末清初画坛中之西洋写真术、清初画院与西洋画、民间画家与西洋美术、清初中国建筑上所受西洋之影响、清初瓷器与西洋化，最后在综论中分析了西洋美术在中国不能发展之大的三点原因。后一种分别论述了现代西洋画的东洋画化以及西洋美学之“感情移入”说与中国画论的“气韵生动”说。

《今日之艺术》

里德著，施蛰存译，商务印书馆发行，1935 年（民国 24 年）10 月初版。

共分 5 章。第一章背景，第二章从科学到象征主义，第三章主观的写实主义，第四章抽象，第五章主观的观念论之理论。书前有原著者序。书中有插绘 100 多幅。

《艺术学大纲》

张泽厚著，上海光华书局印行，1933 年（民国 22 年）10 月出版。

本书共分 12 讲，分别为艺术理论之前提条件、艺术的起源、艺术的发展、艺术上的功利主义和至上主义的解释、艺术的变革和倾向、艺术的目的性、艺术的意义、艺术思潮与社会背景、时代给与艺术的特质、艺术与他种科学、现代造型艺术论、造型艺术创作论。

第 2 册

《美术论》

罗丹讲，吉塞尔记，曾觉之译，上海开明书店出版，1930 年(民国 19 年)10 月初版。

共分 11 章。书前有引言、嘱词、弁言等内容。第一章美术上的唯实论；第二章在美术家，自然界所有都是美；第三章模塑法；第四章美术上的运动；第五章图画与颜色；第六章妇女的美；第七章古之人，今之人；第八章美术上的思想；第九章美术上的神秘；第十章飞帝亚斯与密开朗治；第十一章美术家的效用。书中有插图近百幅。书前有《罗丹研究》，内容包括罗丹生平和作品介绍，并附有罗丹作品的大略编年表和参考书一览及后记。

《鲁迅论美术》

张望编，东北书店出版，1948 年(民国 37 年)10 月初版。

辑录鲁迅论述美术的文字，包括序文、小引、附记、后记等，共计论文 33 篇，书简 24 篇。其中有《〈陶元庆氏西洋绘画展览会目录〉序》《当陶元庆君的绘画展览时》《看司徒乔君的画》《一八艺社习作展览会小引》《绘画上的写实性》《新俄画选小引》《论翻印木刻》《记苏联版画展览会》等文章。书前有鲁迅手迹等，书后附录张望《鲁迅先生与美术》和《鲁迅先生与中国新木刻》两文，以及编后记。

第 3 册

《论美》

马采著，美学研究会，1948 年(民国 37 年)5 月出版。

共分 5 章。主要内容：一导论——美是什么，二变化的统一，三生命的表征，四静观的态度，五美与艺术人生。书后附录《论艺术的理念的进展》。

《美学概论》

陈望道编著，民智书局，1927年(民国16年)8月初版。

共7章。第一章美和美学，包括美底要求、美底种类、美学底问题对象及研究方法；第二章美意识概论，包括美意识之客观的方面、美意识之主观的方面、审美的态度和别种的态度；第三章美底材料，包括美与感觉、感觉底种类、视觉——色和形、听觉——音、视听以外的感觉；第四章美底形式，包括形式底意义、反复与齐一、对称与均衡、调和与对比、比例、形式原理；第五章美底内容，包括内容底概念、自然和人生、知的内容、联想内容、类型内容、象征内容、情的内容、感情移入；第六章美底感情，包括主观的情感与客观的内容、材料感情、形式感情、内容感情、美的情趣底种种形相；第七章美的判断，包括理解判断与价值判断、美的印象与美的判断、个人的趣味与社会的情形。前有作者序言。

《美学浅说》

吕澂著，商务印书馆发行，1923年(民国12年)1月初版，1926年(民国15年)11月4版。

为百科小丛书第11种。共分6章，分别为现代的美学和从前的美学、现代美学的源泉——斐赫那的美学和申佩尔的艺术研究、现代美学的分歧点和统一点、什么是美感、什么是艺术品、艺术和人生。书后附录书目。

《现代美学思潮》

吕澂著，商务印书馆，1931年(民国20年)4月初版。

万有文库本。共分5章。第一章导论，包括美学的对象和性质、过去的美学思想发达的概观；第二章晚近美学思想的开展，主要论述了斐赫那及其后继者、晚近美学的主要趋势和问题；第三章美的鉴赏之心理研究；第四章艺术的创作研究；第五章艺术之美学的考察；结论。

《谈艺录》

伍蠡甫著,商务印书馆,1947 年(民国 36 年)8 月初版。

共收录作者的 10 篇文章,其中 9 篇论文 1 篇译文,分别是《文艺的倾向性》、《试论距离、歪曲、线条》、《中国绘画的意境》、《再论中国绘画的意境》、《笔法论》、《中国绘画的线条》、《故宫读画记》、《关于顾恺之〈画云台山记〉》(附顾恺之《画云台山记》)、《中国的古画在日本》、《利奥那多·达·文西的〈最后晚餐〉》(译文)。卷首有伍蠡甫自序。

第 4 册

《艺术之本质》

范寿康著,商务印书馆发行,1930 年(民国 19 年)4 月初版。

万有文库本。共分 8 章,第一章绪论,第二章至第八章将艺术之本质概括为崇高、优美、感觉美、精神美、悲壮、滑稽与谐谑、丑 7 个部分,对每个概念的内涵、分类、特征、意义等情况作了详细介绍。

《美术的表现与背景》

板垣鹰穗著,萧石君译,开明书店,1931 年(民国 20 年)6 月初版。

全书分为绪论、希腊思潮的推移与神像的蜕变、基督教寺院形式的蜕变、文栖的人与艺术、法兰西大革命与国民美术的起源、印象派的归结点——穆列的连作等 6 章。书前有译者的例言,并有参考图 28 幅。

《文艺概论》

钱歌川著,上海中华书局,1930 年(民国 19 年)12 月出版,1932 年(民国 21 年)9 月再版。

共分 4 章,分别为艺术概论、文学概论、美术概论、音乐概论。论述了什么是艺术及艺术的起源,并分述了文学、美术、音乐的特质、效果及分类等。书前有作者钱歌川的序。

《艺术丛论》

林风眠编著，正中书局，1936年（民国25年）3月京初版，1947年（民国36年）6月沪1版。

收录林风眠写于1926年至1934年间的艺术相关的文章9篇，分别为《东西艺术之前途》（1926）、《致全国艺术界书》（1927）、《原始人类的艺术》（1928）、《我们要注意》（1928）、《徒呼奈何是不行的》（1928）、《中国绘画新论》（1929）、《前奏发刊词》（1930）、《美术的杭州》（1932）、《什么是我们的坦途》（1934）。书前有作者林风眠的自序。

第5册

《艺术的起原》

格罗塞著，蔡慕晖译，商务印书馆发行，1937年（民国26年）2月初版。

本书是德国艺术史家格罗塞的重要著作，全书共分11章。分别为艺术科学的目的、艺术科学的方法、原始民族、艺术、人体装饰、装潢、造型艺术、跳舞、诗歌、音乐、结论。书前有著者序。书中有插图32幅。

《艺术方法论》

川口浩著，森堡译，大江书铺，1933年（民国22年）5月初版。

文艺理论小丛书。全书分3部分。分别讨论了题材、主题、方法，艺术方法上的两个基本方向——现实主义与玄想主义，普罗列塔利亚文学底方法等问题。

《艺术概论》

俞寄凡编著，世界书局，1932年（民国21年）12月出版。

共分4章。第一章总论，解释艺术之不可解；第二章艺术之独立性，下设10节，分别探讨了艺术品之特殊性、纯粹形体之认识、构成形体之要素——线与色、艺术上之个性、再现的境地与表现的领域、表现之法式、样式化运用与样式之获得、形式与内容之象征的和合、自然之生动感与物之势、游戏与艺术之比较；第三章艺术之社会性，下设10节，分别探讨了艺术之起源、最古之再现艺术与其发生原因、艺术之创生与社会之普遍的感情、艺术之社会的任务、传播人类的共感、艺术是创造的新意识、艺术之特相与环境、艺术之时代的差别相、艺术之民族的及国土的差别相、艺术之阶级的差别相；第四章结论，艺术之鉴赏与批评。书前有作者自序。

第6册

《何谓艺术》

林文铮著，光华书局，1931年(民国20年)3月初版。

本书为林文铮的美育论文集，共收录关于艺术的论文15篇，包括《何谓艺术》《由艺术之循环律而探讨现代艺术之趋势》《心灵之解放者》《从亚罗波之神话谈到艺术之意义》《中国艺术之重要》《莫忘记了雕刻和建筑》《艺术运动》《艺术运动社宣言》《科学家与艺术家之责任》《首都美术展览会之意义》《青年与艺术》等。书前有作者自序。

《新艺术论》

蔡仪著，商务印书馆，1943年(民国32年)7月初版。

共分8章。第一章序说，分别讨论了艺术与现实、艺术与科学、艺术与技术、艺术的特征等问题；第二章艺术的认识，分别讨论了认识是现实的反映、艺术是一种认识的表现、艺术的认识的特质等问题；第三章艺术的表现，分别讨论了艺术的表现是艺术的认识的摹写、艺术的表现与宣传、艺术表现的技巧等问题；第四章艺术的相关诸属性，包括艺术的内容与形式、艺术的主观性和客观性、艺术反映主观的个性与阶层性、艺术反映客观的时代性和永久性等内容；第五章典型，包括现实的典型与艺术的典型、典型的性格与典型的情势、正的典型和负的典型等内容；第六章描写，包括典型与描写、离心的描写与求心的描写等内容；第七章现实主义，包括现实主义概说、现实主义发展的诸阶段、新现实主义的艺术思想史的渊源、创作方法与世界观等内容；第八章艺术的美与艺术评价，包括艺术的真与艺术的美、艺术的评价等内容。

《艺术简论》

青野季吉著,陈望道译,大江书铺,1928 年(民国 17 年)12 月初版。

文艺理论小丛书。共分 9 章,分别讲述了何谓艺术、艺术发达底条件、最古的艺术、绘画雕刻及诗底发生、关于封建时代底艺术、关于资产阶级样式的艺术、关于资本主义和艺术、艺术无上主义和功利主义、烂漫主义和现实主义等内容。

《美学纲要》

黑田鹏信著,俞寄凡译,商务印书馆,1922 年(民国 11 年)6 月初版,1923 年(民国 12 年)9 月再版。

师范学校用书。共分 6 章。第一章总论,包括美的种类、美学的问题对象和研究方法、美学的功能等;第二章关于美学的诸问题,讨论主观和客观、关心和无关心、美和实用、实在和假象、真善美的关系等问题;第三章做美材料的感觉,包括感觉的种类、色形音、视听以外的感觉以及诸感觉的比较等;第四章美的形式,探讨形式的意味、单纯的美、形式原理、统调和渐层、反复、调和和对比、对称比例等问题;第五章美的内容,包括内容的意味、做美的内容的自然和人生等;第六章美的感情,探讨从感觉到感情、材料感情、形式感情、内容感情、感情移入等问题。书前有译者俞寄凡的序。

第 7 册

《艺术思潮》

华林著,出版合作社,1925 年(民国 14 年)10 月初版,1926 年(民国 15 年)6 月增订再版。

有关艺术的论文集,收录《艺人生活》《罗马之印象》《卫尼司之艺术》《卫尼司之艺术杂谈》《社会的缚束和个人的天才》《佛市中之漂泊者》《艺人浅识》《艺术之创造》《我之艺术观》《深密派之绘画》《艺术世界》《沙华勒之绘画》《艺术与公共生活》《柱石之进化》等 28 篇。卷首有著者的引言,书前有插图 10 幅。

《科学的艺术论》

苏联康敏学院文艺研究所编,适夷译,读书出版社,1940年(民国29年)10月初版,1947年(民国36年)5月5版。

本书是马克思主义文艺理论译著。其内容共分3部分。第一部分社会生活中艺术的地位,包括上层建筑的艺术、艺术发生中劳动的任务、奴隶制度与古代文化、理论思维的历史限制性、资本主义社会中艺术劳动的地位、关于文化的种种形态(科学、技术、艺术)不均衡的发展、关于作风、新社会斗争中旧文化形式的利用等内容;第二部分关于文学的遗产,包括古代希腊艺术中社会制度的反映、家族的形态与艺术中的反映、文艺复兴及其艺术、资产阶级对于文化上的积极的与消极的方面、歌德与席勒时代的德国、关于歌德、关于小资产阶级作家、关于反动的空想主义等;第三部分观念形态的艺术,包括社会生产与艺术创造、社会生产与艺术感受性、存在规定意识、物质生产劳动与精神生产劳动的相互关系、资本主义社会精神劳动与肉体劳动的分离等。书后有外村史郎为本书所作的解题。

《艺术学新论》

甘粕石介著,谭吉华译,辛垦书店,1936年(民国25年)出版。

本书除绪论外,共分8章。第一章德意志观念论底美学,讨论了康德、黑格尔的美学,以及黑格尔以后之形而上学的美学;第二章实证的艺术理论,探讨了泰纳、格洛塞的艺术理论以及其他的"经验的"美学;第三章现代日本底美学,探讨了日本自然主义、人道主义的、主观的观念论的艺术理论和美学;第四章艺术社会学,主要讨论了艺术史与艺术评价的问题;第五章艺术与科学,讨论了科学底方法、艺术的概括、科学的方法对艺术的方法之渗透等;第六章艺术的世界观,探讨了艺术家底世界观和艺术的世界观之本质的意义;第七章创作方法与世界观,探讨了创作方法与世界观之相互渗透、写实主义与理想主义的问题;第八章天才,讨论了作为自然的素质的天才、天才底自然科学、天才底社会法则等。书前有译者序和著者序。

《机械艺术论》

薛效文辑译，外国语研究会，1931年（民国20年）7月出版。

本书收录与机械相关的艺术论文共11篇，分别为《机械美之诞生》（板垣鹰穗）、《机械与文学》（新居格）、《机械与音乐》（铃木贤之进）、《机械与舞踊》（光吉夏弥）、《机械与建筑》（香野吉雄）、《机械与绘画》（中原实）、《机械与演剧》（村山知义）、《机械与照像》（堀野正雄）、《影片与机械》（清水光）、《机械与艺术》（石滨知行）、《机械美之构造》（中井正一）。

第8册

《艺术论》

卢那卡尔斯基著，鲁迅译，大江书铺，1929年（民国18年）6月初版。

共分5章。一艺术与社会主义，二艺术与产业，三艺术与阶级，四美及其种类，五艺术与生活。后附《美学是什么》。书前有鲁迅小序、原序。

《艺术论》

蒲力汗诺夫著，鲁迅译，光华书局，1930年（民国19年）7月初版。

科学的艺术论丛书。收录了蒲力汗诺夫的3篇有关艺术的论文，分别为《论艺术》《原始民族的艺术》《再论原始民族的艺术》，以及论文集《二十年间》第3版序。书前有蒲力汗诺夫肖像和鲁迅的序言。

《艺术教育学》

雷家骏编，商务印书馆，1925年（民国14年）10月初版。

师范丛书。卷首有序说，讨论何谓艺术、何谓教育、何谓艺术教育。除序说外，全书共分4编，每编各有目次。第一编总论，共分6章，主要讨论了艺术教育的缘起、意义、派别、要点、效能、影响。第二编各论，共分12章，讨论了艺术教育与德育、知育、体育、群育、宗教、职业、哲学、美学、心理学、家庭、学校、社会的关系等。第三编实施论，主要讨论了实施艺术教育的目的、障碍、先决问题、范围,以及家庭、学校、社会艺术教育的实施等问题。第四编余论,主要包括艺术教育家各个的主张、艺术教育学说的批评、新学制与艺术教育等内容。书前分别有马客谈和吕澂的序,以及编者的自序。

第9册

《艺术社会学》

佛理采著,胡秋原译,神州国光出版社,1931年(民国20年)5月初版。

白沙社丛书。共分20章。一艺术社会学之问题,二艺术之起源,三艺术之社会底机能,四艺术生产之形式,五美术之隆盛与衰颓,六艺术之两个根本底典型,七建筑雕刻及绘画之霸权之推移,八建筑之两种根本底格式,九绘画之两个典型,十艺术上理想主义底作风与写实主义底作风,十一艺术上的动物、植物、人物及事物,十二艺术上的劳动,十三艺术上的儿童,十四裸体画,十五肖像画,十六宗教画与风俗画,十七风景画与静物画,十八艺术上的运动、远近、光线之诸问题,十九色彩之社会学,二十艺术上的阶级斗争与阶级同化。书后附录《工业资本主义之艺术》。书前有插图目录,但本版本图缺。卷首有原著者肖像、白苇序文、译者序言、原著者之序、原著者传略及艺术学者对于本书之赞词。

《艺术哲学ABC》

徐蔚南著,世界书局,1929年(民国18年)9月出版。

分上、下编。上编艺术的性质,共分7章,分别为艺术品所关系的全体的考察、艺术与模仿、绝对正确的模仿是艺术的目的吗、人物事件的论理的表现、对象的改变、建筑与音乐的考察、艺术对于人生的价值。下编艺术品的制作,共分11章,分别为艺术品产生法则的立足点;植物与艺术品的比较;精神的温度;精神的温度对于艺术品的影响;四个主要时代;希腊罗马的情境;中世纪的情境;君主时代的情境;民主政治时代的情境;艺术品产生的法则;艺术的将来。书前有ABC丛书发刊旨趣和本书导言。

第 10 册

《艺术哲学》

泰勒著，沈起予译，群益出版社，1949 年（民国 38 年）1 月出版。

共分 5 篇。第一篇论艺术品的性质与制作，内容包括艺术品的性质论、艺术品的制作；第二篇意大利文艺复兴期的绘画，主要探讨了意大利绘画的性质和条件；第三篇洼地诸国的绘画，主要讨论了洼地诸国的绘画恒久的原因及各国特定历史时期的绘画情况；第四篇希腊的雕刻，主要讨论了希腊的民族特性、古希腊时期的人文环境及文化制度等；第五篇艺术上的理想，内容包括理想的种类与阶段、性质的重要的程度、性质的有效程度、效果集中的程度等。书前有插图 34 幅、作者序和译者序——《泰勒的艺术哲学思想的出发点》。

第 11 册

《美的哲学》

徐庆誉著，世界学会，1928 年（民国 17 年）4 月初版。

世界学会哲学丛书。书前有导言，探讨研究本问题的旨趣与方法、美学美术与美的意义。除导言外，全书共分 16 章。第一章讨论美的根本问题，第二章讨论文艺上表美的三种主义——象征主义、古典主义、浪漫主义，第三章至第八章主要讨论建筑、雕刻、绘画、音乐、诗歌、跳舞，第九章至第十三章主要讨论美术与两性、美术与家庭、美术与政治、美术与战争、美术与宗教，第十四章至第十六章讨论佛教的美术、基督教的美术、20 世纪的新美术。

《新美学》

蔡仪著，群益出版社，1948 年（民国 37 年）4 月出版。

共分 6 章。第一章美学方法论，包括美学的途径、领域、性格等内容；第二章美论，包括旧美学“主观的美”论的矛盾、旧美学的美论的错误、美的本质、美与事的个别及种类等内容；第三章美感论，包括美感诸旧说批判、美的认识、美感的性质与根源等内容;第四章美的种类论,具体讨论了单象美、个体美、综合美、自然美、社会美、艺术美等;第五章美感的种类论,具体讨论了雄伟的美感和秀婉的美感、悲剧的美感和笑剧的美感等;第六章艺术的种类,分别讨论了单象美的艺术、个体美的艺术和综合美的艺术。书前有作者序。

第12册

《艺术与社会生活》

蒲力汗诺夫著,雪峰译,水沫书店,1929年(民国18年)8月初版。

科学的艺术论丛书。是我国现代著名诗人、文艺理论家冯雪峰,根据俄国蒲力汗诺夫在巴黎等地的演讲(后收入著者全集第十四卷中),据藏原惟人的日译重译而来。在这一书中,蒲力汗诺夫探讨了艺术与社会生活的关系问题。书前有译者序志、著者之序。

《艺术之社会的基础》

卢那卡尔斯基著,雪峰译,水沫书店,1929年(民国18年)5月初版。

科学的艺术论丛书。全书收录了3篇文章,分别为《艺术之社会的基础》《关于艺术的对话》《新倾向艺术论》。书后有译者附记。

《美育实施的方法》

蔡元培等合著,上海商务印书馆,出版日期不详。

教育杂志16周年汇刊、教育丛著第22种。收录了4篇论文,分别为《美育实施的方法》(蔡元培)、《中学校的美育实施》(吕凤子)、《学校里美育的训练》(何仲英)、《新制小学美术课程教学的理论和实际》(雷家骏)。

第 13 册

《艺术通论》

向培良著，商务印书馆，1940 年（民国 29 年）9 月初版。

共分 10 章。第一章本质论，第二章假象论，第三章内容论，第四章形式论，第五章材料论，第六章探源论，第七章创作论，第八章鉴赏论，第九章思潮论，第十章效果论。书前有作者自序，书后附参考书目。

《艺术论集》

丰子恺等著，上海中华书局，1935 年（民国 24 年）3 月出版。

新中华丛书文艺汇刊。收录了有关绘画与音乐的文章，共计 8 篇，分别为《最近世界艺术的新趋势》（丰子恺）、《哲学与艺术》（宗白华）、《二十世纪的西洋画派》（凌琳如）、《中国音律之进化》（王光祈）、《大众艺术的音乐》（丰子恺）、《音乐之史的发展》（傅雷）、《音乐与科学》（凌丽茶）、《商业艺术》（丰子恺）。书前有编者序言。

《艺术论集》

李朴园著，光华书局，1930 年（民国 19 年）7 月出版。

本书收录了李朴园关于艺术研究的相关著作，分为罗斐尔前派、19 世纪艺术的演变史、艺术大会与艺术运动 3 个专题研究。介绍了罗斐尔前派的主要代表画家以及每位画家对艺术的感悟等。

第 14 册

《艺术论》

金子筑水著，蒋径三译，明日书店出版，1929 年（民国 18 年）6 月初版。

共分 11 章。分别论述了艺术的不可解，艺术美，功利的艺术观，模仿论，艺术的主观性、艺术的普遍性——自由游戏的思想，人生的普遍的意味、艺术美的诸形式——艺术的创造，主情的及主智的艺术观、形式美及内容美，艺术与学术，艺术与实际及道德，艺术与宗教,艺术的独自性。书前有钟敬文的序。

《艺术简说》

潘淡明编,中华书局,1948年(民国37年)2月初版。

中华文库初中第一集。共分10章80个小节。概论艺术的特性、分类、材料、内容、形式、制作、手法流派和样式、鉴赏和批评、起源、效果。书前有图版6个。

《艺术漫谈》

徐延年著,美术研究社,1929年(民国18年)10月初版,1930年(民国19年)4月增订再版。

收录《艺术漫谈》《美术与人生》《论裸体艺术》《西洋绘画的历史及其派别》《美术之分类》等5篇论文,每篇各有目次。书后附有《看了全省教育成绩展览会的感想》一文。

《艺术漫谈》

倪贻德作,上海光华书局,1928年(民国17年)1月出版。

共分两部分。第一部分收录文章10篇:《论裸体艺术》《艺术之都会化》《近代艺术之趋向》《新的国画》《抒情的绘画》《安乐宫观画述感》《评晨光美术展览会》《看了万国美术展览会之后的感想》《印象派运动之先驱者》《印象派的理论》;第二部分收录文章10篇:《女性与艺术》《画家窦迦》《批评与创作》《作者与观众》《艺术家之孤独》《艺术家的生活问题》《天才与艺术》《立方主义》《稚拙美》《旅杭杂感》。

第15册

《艺术家的难关》

邓以蛰著,古城书社,1928年(民国17年)2月初版。

本书为论文集。共收录8篇文章,分别是《艺术家的难关》《诗与历史》《戏剧与道德的进化》《戏剧与雕刻》《中国绘画之派别及其变迁》《观林风眠的绘画展览会因论及中西画的区别》《对于北京音乐界的请求》《民众的艺术》。有插图 15 幅。

《艺术三家言》

傅彦长、朱应鹏、张若谷著，出版信息不详。

本书为傅彦长、朱应鹏、张若谷三人著作的结集。分上、中、下 3 卷。上卷收录有《艺术之标准》《中华民族有艺术文化的时候》《民族主义的艺术》《艺术与时代精神》《国人所应该走底艺术的大路》《为人生而艺术的一个解释》等 32 篇文章。中卷收录有《正统嫡派的艺术思想》《艺术的欣赏》《艺术家与气节》《艺术与运动》《希腊思想在西洋文化史上之地位》《斥妄》《小调》《神话》《艺术之护法者》等 23 篇文章。下卷收录有《研究音乐的步骤》《上海市政厅之音乐会》《听音乐会后》《韦贝尔百年纪念》《室内乐与独奏会》《歌剧的乐式》《歌剧〈浮士德〉》等 26 篇文章。书前有徐蔚南的序和傅彦长肖像。

第 16 册

《艺术谈概》

东方杂志社编纂，蔡元培、胡愈之等著，商务印书馆，1923 年(民国 12 年)12 月初版，1925 年(民国 14 年)7 月 3 版。

本书是东方杂志 20 周年纪念刊物，东方文库第 68 种。共收录文章 10 篇，分别是《赖斐尔》(蔡元培著)、《法国大雕刻家陆亭》(罗罗译述)、《意大利歌者喀露沙》(愈之述)、《谷虚的新派绘画》(马鹿译述)、《战后法国新艺术及其批评》(叆叇译述)、《表现主义的艺术》(幼雄译述)、《苏维埃俄国下的艺术》(松山译述)、《印度美术及其近代之变迁》(愈之译述)、《建筑之柱头》(华林著)、《胜清画概》(无逸老人述)。

《艺术家修养论》

洪毅然著，出版社信息不详，1936 年(民国 25 年)9 月初版。

本书是罗苑丛书之一，是中国第一部专论艺术家修养的著作。论述什么是艺术、艺术家以及艺术家在人格、技术、理论等方面的修养。共分 7 部分。一引言，二艺术是什么,三艺术家是什么,四艺术家底人格修养,五艺术家底技术修养,六艺术家底理论修养,七结论。书前分别有林文铮、李朴园、潘谷神的序和作者的自序,书后附录《艺术家底生活问题》一文。

《现代艺术评论集》

林文铮、李朴园等著,世界书局,1930年(民国19年)1月出版。

本书是搜集当时名人短篇作品,分类汇集而成的有关艺术的评论集。共收录31篇文章。包括《何谓艺术》(林文铮)、《谈谈艺术运动》(李朴园)、《艺术与社会》(汤鹤逸)、《民众的艺术》(邓以蛰)、《人间方面的艺术倾向》(包罗多)、《致全国艺术界书》(林风眠)、《中国画与西洋画》(丰子恺)等。书前有编例。

第17册

《新美术论文集》(第一集)

沃渣编,东北书店牡丹江分店,1947年(民国36年)8月出版。

新文艺丛刊之七。收录文章28篇,分别是《抗战八年来解放区的美术运动》(胡蛮)、《绘画和现实生活的关系——介绍延安鲁艺美术系的绘画教育》(王曼硕)、《谈谈绘画》(冯宿海)、《狭隘的趣味如何妨碍创作》(王朝闻)、《画什么》(张望)、《漫谈"连环图画"》(张望)、《从展览会看美术工作》(力群)、《美术工作与群众的进一步结合》(艾思奇)、《几种美术宣传方式的试验》(贾怀济、平凡等)、《街头美术》(张仃)等。书后附编后记。

《中国艺术论丛》

滕固编,商务印书馆,1938年(民国27年)7月初版。

本书原为《教育部第二次全国美术展览会专刊》论文集,后以《中国艺术论丛》为题,于1938年由商务印书馆出版。共收录文章20篇。分别是《书法之欣赏》(邓以蛰)、《中西画法所表现之空间意识》(宗白华)、《我们需要西洋画吗》(秦宣夫)、《中国绘画的变》(吕凤子)、《画之南北宗及其废兴》(葛康俞)、《国画管窥》(卞僧慧)、《故宫博物院参加美展会之书画》(马衡)、《书画与装潢》(蒋吟秋)等。书前有初印本编辑弁言、重印弁言。

《中国艺术论集》

岑家梧著,考古学社,1949年(民国38年)1月初版。

共收录文章9篇。分别是《周昉仕女画研究》《唐代妇女的装饰》《唐代花鸟画的发展》《中国画的气韵与形似》《中国艺术考古学之进展》《中国民俗艺术概说》《中国边疆艺术之探究》《论艺术社会学》,最后一篇《中国艺术对于近代欧洲的影响》为作者的妻子冯来仪所作。书前有陈钟凡、岑仲勉的序及作者自序。

《艺术学纲要》

黑田鹏信著,俞寄凡译,商务印书馆,1922年(民国11年)6月初版。

本书是师范学校用书,是在我国出版发行的第一部艺术学专著。共分10章。第一章艺术和艺术学,总论艺术是什么、艺术学和美学及其内容;第二章艺术的要素,介绍艺术的材料、内容、形式;第三章艺术的分类,介绍分类标准及空间、时间、综合艺术;第四章艺术的制作,介绍艺术制作的方法和过程;第五章艺术的手法样式及流派;第六章艺术的鉴赏,介绍鉴赏的方法和美的批评;第七章趣味,讨论艺术生活的根本;第八章艺术的起源,介绍模仿说、游戏说、表现说、装饰说四种起源说法及其共通点——艺术冲动;第九章艺术和国民性及时代精神,介绍了国民性的意义、国民性的原因及时代精神的内涵等;第十章艺术的效果,介绍了知的效果、道德的效果以及兴奋和沉静、亲和、快乐的向上、人生的美化——理想的实现等效果。书前有滕固序和译者序。

第18册

《艺术与新生活运动》

林风眠著,南京正中书局,1934年(民国23年)5月初版,1937年(民国26年)4月5版。

新生活丛书。共分5章。一绪论;二艺术与社会,探讨艺术的本质、为艺术的艺术、为人生的艺术、艺术对于人生的意义、艺术家与时代；三艺术家与生活，讨论生活与艺术、艺术家的思想与生活、艺术家的生活与艺术作品；四艺术家的新生活，讨论新生活的意义、新生活与人生观、新生活的要素及方式；五结论。书前有新生活丛书发刊旨趣。

《走向十字街头》

厨川白村著，绿蕉、大杰译，启智书局，1928 年(民国 17 年)8 月初版。

本书收录了 19 篇文艺作品。分别是《文艺上的 Realism》《文艺与性欲》《再归于民众之手》《演剧与观客》《西洋的蛇性之淫》《被强迫的文明》《裸体美术的问题》《西班牙剧坛的将星》《高尔斯华斯的剧》《丹塞尼的戏剧》《作家的外游》等。

《美术与美术教育》

温肇桐著，世界书局，1948 年(民国 37 年)1 月出版。

收录文章 14 篇。分别是《当前美术应有的新倾向》《老子思想与中国绘画》《唐代山水画鼎盛因素之试论》《蒋廷锡之生涯与艺术》《吴昌硕的艺术》《鲁迅与中国新兴木刻运动》《绘画的看法》《读〈抗战八年木刻选集〉》《我写〈中国名画家丛刊〉》《当前中小学的艺术教育问题》《修正小学美术课程标准的检讨》《为什么要恢复“美术科”》《美术教学的几个实际问题》《儿童绘画及其指导方法》。书前有沈佩畦的序和作者的付印前记，书后附有著者已刊书目。

《美术及音乐教学法》

教育杂志社编辑，上海商务印书馆，1925 年(民国 14 年)12 月初版。

本书是教育杂志 16 周年汇刊、教育丛著第 56 种。收录雷家骏《小学美术科教学法》、江晓因《小学音乐教学法》、顾西林《小学音乐教学法》等 3 篇作品。

《儿童的美术享乐与应用》

托德、盖尔著，董任坚译，世界书局，1941 年(民国 30 年)10 月初版。

共分两编。第一编享乐部分，分 12 章，包括导言、塑像、小学六年级女生做纸娃娃、漫画、画脸、铅笔速写、彩画、图案、发展个性、教师的部分、儿童的画题、美术史。第二编应用部分，分 8 章，包括塑一种要用的东西、遮日光的彩釉玻璃窗片、礼物和玩具店、瓦楞纸板的用处、美术对课程里别种科目的帮助、戏剧布景、日常生活里的美术、结论。书前有前言，书中有插图 101 幅。

第 19 册

《儿童美术鉴赏指导法》

蒋息岑主编，吴成均编著，上海大东书局，1933 年（民国 22 年）5 月初版。

儿童教育丛书第 7 种。共分 8 章。第一章绪论；第二章艺术的意义和绘画，讨论美是什么、艺术是什么；第三章绘画的鉴赏，讨论绘画的鉴赏态度、鉴赏指导、鉴赏过程及美术讲话；第四章绘画理论，讨论美的形式原理、绘画要素及构图；第五章鉴赏能力，讨论欣赏能力的进步、儿童的美的判断、绘画鉴赏和性别、美的判断和学业成绩；第六章鉴赏资料，讨论资料选定的范围、搜集资料的要领、选定资料的实际的例、关于名画的选定；第七章鉴赏指导的实际，讨论了分年指导法及指导的时期、时间、顺序、方法；第八章洋画鉴赏和讲话资料，包括西洋绘画概说和希腊、罗马、Renaissance、十七八世纪、第 19 世纪、第 20 世纪各个时代的绘画。

《小学教师应用美术》

俞寄凡编著，世界书局，1933 年（民国 22 年）6 月初版，1934 年（民国 23 年）8 月再版。

高中师范教本。共分 3 编。第一编小学教师应用的研究，包括关于艺术、绘画、艺术教育及儿童心理的常识，小学校之美术科，描画能力之启发与指导；第二编小学教师应有的实习，包括单色画、彩色画、油画、图画上之三大要件、透视画法、图案画法、中国画法要录、剪贴、塑造等；第三编小学美术科适用的教材与教学法，包括儿童描写上最适宜的材料、单色之表现法、混色法、色之观察及表现法、调子、静物写生、构图、室外写生等内容。书前有编辑大意。

《小学劳美合一教学的研究》

温肇桐编著,世界书局,1949年(民国38年)4月出版。

共分5章,分别是劳美合一教学的理论研究、劳美合一教学的科学研究、劳美合一教学的教材研究、劳美合一教学的方法研究及劳美合一教学的诸问题。书前有作者自序,书后有主要参考书目,并附录《接受经验·接受教训——上海市儿童劳美展览会总检讨》。

第20册

《小学美术教育》

俞寄凡编,商务印书馆,1934年(民国23年)8月初版。

师范小丛书。共分12章。第一章小学校美术科之革新;第二章艺术之意义和绘画,讨论美是什么、艺术是什么;第三章绘画之欣赏,包括欣赏绘画的态度、指导、过程;第四章绘画之理论;第五章欣赏能力;第六章欣赏材料;第七章欣赏指导之实际;第八章欣赏之指导者;第九章中国画和西洋画;第十章中国画和西洋画之时代的变迁;第十一章绘画以外之欣赏材料;第十二章结论。书前有作者序。

《中学师范应用美术》

朱琼颐、汪鸿年等编辑,北师特科美术研究组,出版时间不详。

分16个专题,分别是艺术概论、西画、水彩画、油画、色粉笔画、透视学、图案画、色彩学、国画、剪贴画、塑造、黑板画、艺术教育、美学、美术史、美术科教授法,各有目次。书前有编辑大意、韩秋圃的序、李智超的序。书后附录"二十一年度教育部颁行之美术课程标准一份"。

第21册

《国民教师应有的美术基础知识》

温肇桐编,商务印书馆,1948年(民国37年)2月初版。

国民教育文库。共分 5 章。第一章美术理论的知识,包括美术的本质、部门、材料、形式与内容、目的、创作、欣赏等内容;第二章美术历史的知识,包括美术的发生与发展、中国美术的演变、西洋美术的发达等内容;第三章美术表现的知识,包括远近法、明暗、色彩、构图、国画六法、素描、水彩画、木刻、漫画、雕塑、图案等内容;第四章美术欣赏的知识,包括绘画、雕刻、建筑、工艺美术、儿童美术等的欣赏;第五章美术教育的知识,包括美术教育的发达、含义、效能、实践等诸问题。每章后附有本章参考书。书前有作者自序。

《艺术教育设施法》

H. T. Barley 著,俞寄凡译,商务印书馆,1925 年(民国 14 年)10 月初版。

上海美术专门学校丛书。共分 8 章。第一章艺术教育之目的及方法,第二章校舍运动场花坛等之艺术教育作用,第三章教室之艺术教育作用,第四章学校之整顿,第五章学校方面之服装,第六章学校课业之艺术教育作用,第七章艺术教育之特殊教授,第八章教师是艺术教育之中心。书前有译者序言。

《艺术教育重要法令》

教育部社会教育司编印,1942 年(民国 31 年)1 月出版。

此书共收集艺术教育相关章程、办法、法令,共计 12 种。

《国立杭州艺术专科学校一览》

出版信息不详。

本书收录有插图、校歌、校历、学历、沿革、组织大纲、系统表、教务规程、秘书处事务规程、训育处规程、杂则、附则、同学录、招生简章等方面的内容。

《上海美术专科学校概况》

出版信息不详。

包括校史、学校历、组织大纲、学程、现任教职员名录。

第22册

《美育与美术》

吕凤子著,出版情况不详。

正则丛刊。辑录了吕凤子1942年3月至1947年6月有关美育和美术的讲话,共15段。

《艺术教育》

中华平民教育促进会,1933年(民国22年)9月出版。

内容包括艺术与教育、艺术教育的原则、艺术教育的内容、结论。

《苏州美术专科学校一览》(民国22年度)

包括本校史略,行政系统表,插图,校董题名,现任职员、教授一览,组织大纲,教务规程,教务细则,训育方针,训育规程,管理规则,事务规程,事务处各股办事细则,秘书处规程,秘书处各股办事细则,杂则,民国22年度招生简章,本校特设钢琴选科招生简章等内容。

《中华学艺社概况》

中华学艺社总办事处编,1936年(民国25年)7月出版。

包括总社所照片,沿革小史,社章,组织系统图,总社、分社现任职员录及总社历任职员,教育、出版事业及历届年会等,社员所在地、学历、学科、职业统计表。

《美术》(创刊号)

广州市市立美术学校编辑,1935年(民国24年)10月出版。

包括发刊辞,论著《宾虹画语录》《什么是美》《不蠹斋随笔》《清朝两个代表作家》《易林画谱》《颙园诗话》《写经图卷画记》等7篇,诗章若干首,插图若干幅。

《美术》（第四期）

广州市市立美术学校印行，1936年（民国25年）1月出版。

收录插图17幅，篆刻作品若干篇，论著《农民美术概观》、《世界现代绘画概观》（续完）、《犹太人艺术家夏迦尔》、《构成画的条件》（续）等8篇，诗词若干首。

《艺术学院创作运动专号》

出版信息不详。

全书包括：一小引，范文澜作；二对于文艺创作运动放感想；三创作运动动员报告；四创作运动实施纲领；五创作运动悬赏揭晓，有剧本、活报剧、快板剧、歌表演、大秧歌等七类奖项；六创作运动总结报告；七创作经验谈，收录《关于剧本创作的两点教训和两点提醒》《我的感想》《词与曲》《我怎样写成了民歌交响乐》等论文16篇；八附录有创作运动以前的几个剧作介绍、北大剧团组织纲领等，附录部分内容残缺。

第23册

《美术》（第二卷第一号）

上海美术学校美术杂志社发行，1920年（民国9年）3月出版。

收录有《近代绘画主义的先驱者果牙》《风景画的变迁》《作画要怎样才有价值?》等6篇文章，诗3首，记载2篇，思潮6篇，杂评10篇，美术界消息（国外4则、国内4则），插画若干幅。书前有本刊革新通告，果牙肖像和李骧君肖像及其作品1幅，本刊启事7则，本刊宣言、编例及标点用法等内容。

《美术》（第二卷第二号）

上海美术学校美术杂志社发行，1920年（民国9年）4月出版。

收录有《美术与人生》《造形美术的沿革》《近代底三个美术家》《叔本华与哈儿特曼对于美学的见解》等12篇文章，诗歌4首，纪载2篇，思潮13篇，杂评4篇，读者栏1篇，通讯2篇。书前有米勒自画像及其作品2幅。

《**美术**》(第二卷第三号)

上海美术学校美术杂志社发行,1920 年(民国 9 年)8 月出版。

收录有《艺术教育家的修养》《希尔恩的美学》《绘画上应该注意的条件》《日本美术院》等 10 篇文章,记载 2 篇,思潮 6 篇,杂评 1 篇,诗 12 首,通讯 3 篇。书前有插图 3 幅。

《**美术**》(第二卷第四号)

上海美术学校美术杂志社发行,1921 年(民国 10 年)3 月出版。

收录有《艺术批评的根据》《个性在绘画上的要点》《美术品和美术家的人格》《裸体艺术与道德问题》等 9 篇文章,杂评 3 篇,思潮 7 篇,美术界消息 3 则,记载 1 篇,调查 1 篇,杂俎 1 篇,通讯 4 篇。书前有孟库自画像及其作品 2 幅。

第 24 册

《**西洋美术概论**》

陈之佛编,现代书局印行,1934 年(民国 23 年)4 月初版。

共分 12 章。第一章原始时代的美术,原始时代即青铜时代;第二章埃及的美术,包括埃及艺术的发端,金字塔、雕刻、绘画等内容;第三章希腊的艺术,包括希腊古美术品的发掘、希腊的建筑与雕刻、希腊的绘画等内容;第四章罗马的美术,包括罗马初期的艺术,罗马的建筑、雕刻、比桑丁艺术的发动等内容;第五章基督教时代的美术,包括初期基督教的美术,基督教的建筑与装饰的勃兴等内容;第六章文艺复兴与意大利,包括文艺复兴的萌发,初期的建筑、雕刻、绘画以及文艺复兴末期的美术等内容;第七章西班牙的美术,讨论 15 世纪以前的西班牙艺术与西班牙兴盛时期的绘画;第八章荷兰的美术,讨论弗来米希派、达希派的绘画和荷兰的风景画;第九章德意志的美术,主要讨论德意志的雕刻与绘画;第十章法兰西与英吉利的美术,包括路易时代、18 世纪英吉利的美术以及法兰西革命与艺术的转变等内容;第十一章 19 世纪欧罗巴的美术,包括古典主义的美术、浪漫派的勃兴、拉斐尔前派的兴起、理想派的绘画、巴比宋派、写实主义的绘画等内容;第十二章现代的美术,讨论了野兽派、立体派、未来派、描象派、表现派的美术思想。书前有编者序言、插图 83 幅、绪论。

《现代欧洲艺术思潮》

吴景崧著,永祥印书馆,1945 年(民国 34 年)5 月初版。

范泉主编青年知识文库第一辑第 11 种。共分 12 章。一小引,二传统艺术方法的摆脱,三所谓后期印象派,四关于野兽派,五现代德国画派,六抽象形式理论的历史根据,七立体主义,八主观底理想主义,九未来派,十两个德国画家,十一超现实主义派,十二结论。

《现代欧洲的艺术》

玛察著,雪峰译,新艺丛书社出版,1946 年(民国 35 年)订正重版。

共分 6 部分。分别是序论,艺术及文学的各种流派,文学及艺术的各种倾向,新演剧领域上的实验,新音乐发展的一般轮廓,结论。除序论外,每部分各有目次。书前有译者序记、弗理契序,书中有插图 21 幅,书后附索引、参考书、引用的著者及书。

第 25 册

《民众艺术及工人娱乐》

国际联盟世界文化合作院编,许斋译,世界书局,1935 年(民国 24 年)7 月初版。

共分 4 卷。卷一总论,具体讨论现代生活中的民众艺术、利用民众艺术于工余是否可能及其实现方法、各国为艺术教育及救护民众艺术的各种事业、文化合作机关与国际劳工局合作的可能等内容;卷二国际民众艺术委员会及世界文化合作院对民众艺术的调查;卷三工余及民众艺术问题的各国报告;卷四书目。书前有序。

《一九三五年的世界艺术》

林风眠编著,商务印书馆,1936 年(民国 25 年)7 月初版。

1935 年世界概况丛书。共收录 15 篇文章,且均为译文。分别是《回到主题上来》《主题之选择》《野兽主义之结算》《立体主义之创造者》《德国大画家马克斯利柏曼》

《巴黎意大利艺术展览会》等。主要介绍了法国艺术界对立体主义、野兽派及其他现代艺术诸流派的评价等。书前有弁言、插图 35 幅。

《近代欧洲绘画》

康斯特博著,张道藩译,商务印书馆,1928 年(民国 17 年)8 月初版。

共分 11 章。第一章印象派,第二章过渡画家,第三章蚀刻金属版,第四章当代艺术运动,第五章寄象派及佛威派,第六章立体派,第七章未来派,第八章近代英国画,第九章近代德国画,第十章近代俄国画,最后为结论。书前有译者引言、绪论、插图 28 幅(缺 4 幅),书后附录美利坚合众国绘画。

第 26 册

《苏俄艺术总论》

弗理曼等著,克己译,国际书局,1933 年(民国 22 年)2 月初版,1933 年(民国 22 年)10 月再版。

共分 6 章。第一章过去与现在,第二章苏维埃文学上的人物,第三章苏维埃演剧,第四章苏维埃映画,第五章苏维埃绘画和建筑,第六章苏维埃音乐。包括苏俄时期的文学、戏剧、电影、绘画、雕刻、建筑和音乐等方面内容,较全面地论及了俄国艺术运动的各个艺术门类。书前有原著者序、译者的话。

《苏联艺术的发展》

刘汝醴译述,旅大中苏友好协会出版,1949 年(民国 38 年)8 月初版。

友谊丛书之 25。共分 3 编。第一编苏联美术的发展,包括苏联革命前的艺术、革命后的美术界、抗战期间的绘画和雕刻、胜利后的美术动态等内容;第二编苏联的音乐生活,包括近代俄罗斯的音乐、苏联的音乐生活、大都市的音乐盛况、为新时代建设的歌剧运动、音乐大众化运动等内容;第三编苏联的建筑思想,包括象征主义、合理主义、构成主义、折衷主义、无产阶级建筑家协会、苏联建筑的发展发向等内容。书前有自序。

第 27 册

《法兰西近代画史》

板垣鹰穗著，许达译，文华美术图书印刷公司，1931 年（民国 20 年）11 月初版。

共分 9 章。一法兰西绘画的特质，二法兰西绘画的先驱者，三古典主义，四浪漫主义，五理想画和装饰画，六 1930 年的风景画，七写实主义和平民主义，八印象派及其前后，九塞尚奴及其以后。书前有著者序言、译者序言、插图 40 余幅。

《现代英国绘画史略》

刘思训编，中华书局，1930 年（民国 19 年）10 月出版。

常识丛书第 37 种。本书自沙琴脱起以迄于奥格司脱・约翰，叙述现代英国画坛上几个主要人物与几个重要的艺术团体，并稍阐明其艺术之旨趣与运动之经过。主要人物有白朗格威、凯姆龙、乾姆士・泼雷窦、威廉・尼柯儿笙、阿尔封史・李格罗士、克勒逊、威尔逊・史底亚等；流派有格兰斯哥派、新英国艺术集社、丝柳特学校等。书前有绪论，书后附后言。

《英国绘画》

牛顿著，傅雷译，商务印书馆，1948 年（民国 37 年）6 月初版。

英国文化丛书。共分 10 章，包括荷加斯以前的英国绘画、18 世纪——肖像画时代、威廉・勃莱克及其影响、行猎图、19 世纪的风景画及其起源、忒纳与康斯塔布尔、华兹与拉斐尔前派、惠斯勒与英国的印象派、20 世纪、回顾等内容。书前有英国文化丛书委员会名单、十二种丛书书目，朱经农为该丛书所作的序，另有导言。书中有插图 19 幅。书后附录译名对照表、参考书目。

《日本新美术的新印象》

刘海粟编辑，商务印书馆，1921 年（民国 10 年）5 月初版，1925 年（民国 14 年）2 月 3 版。

本书是刘海粟赴日本考察绘画及美术教育后所作,在记事中有作者的评论和感想。本书分作两篇。第一篇日本美术展览会的鸟瞰,包括帝展琐记、日本美术院展览会、二科会、草土社展览会、日本美术协会、女子美术学校追悼展览会等内容;第二篇日本的艺术教育,包括东京美术学校、东京女子美术学校、太平洋画会研究所、日本美术学校、日本美术院研究所、京都高等工艺学校、川端画学校等内容。书前有吕澂的序、作者刘海粟自序、凡例。

第28册

《意大利及其艺术概要》

李金发著,商务印书馆,1928年(民国17年)5月初版。

文学研究会丛书。本书介绍了意大利的艺术史,内容包括文艺复兴杂述、意大利历史略表、社会概情、过阿尔卑斯山和米郎、威罗那、威奴姐、布莱惹、蕙兰紫、罗马、拿破里等艺术要镇。书前有本书著者的其他作品书目、序言、插图6幅,书后附本书参考书目。

《西画论丛》

倪贻德著,中华书局,1936年(民国25年)9月出版。

共分15章。分别是:绘画论;绘画的鉴赏;近代风景画;海的画家;法兰西三大平民美术家;近代绘画的代表作,介绍了恩格尔、特拉克洼、柯洛、陀米埃、柯尔培、莫奈等人的作品;印象派的绘画;新印象派的绘画;塞尚及其以后;理想画家与装饰画家;现代绘画之理论的基础;现代绘画的技巧论;现代绘画的画派论;现代女画家;超现实主义概观。书前有著者序,插画12幅。

《近代西洋绘画》(二册)

俞寄凡译述,商务印书馆,1924年(民国13年)4月初版。

东方文库第69种,东方杂志20周年纪念刊物。上册分5章。分别是:一近代法国的绘画;二近代比利时的绘画;三近代意大利的绘画;四近代西班牙的绘画;五近代英国的绘画,包括英国绘画发达略史、勃洛文的思想、拉飞尔前派的画家、新拉飞尔前派的画家、古典派画家等内容。

下册分7章。分别是:六近代德国的绘画,包括比利时画家的影响、过渡期画家柯尔白哈、维也纳画家、柏林的画家、宗教画和历史画等内容;七近代荷兰的绘画;八近代俄国的绘画;九近代瑞典的绘画;十近代瑙威(挪威)的绘画;十一近代丹麦的绘画;十二近代匈牙利的绘画。

第29册

《美术考古学发现史》

米海里司著,郭沫若译,乐群书店,1929年(民国18年)7月出版。

共分11章。第一章至18世纪末所有关于古代美术品的吾人之知识,第二章拿破仑时代,第三章希腊国土回复,第四章弈屈鲁里亚墓地与古代绘画,第五章东方的各种诸发见,第六章希腊的神域,第七章古代都市,第八章先史时代研究希腊太古,第九章古典诸国的单独发见,第十章外方诸国的单独发见,第十一章发见与学术。书前有原序、插图16幅,书后附勘误表。

第30册

《近百年古城古墓发掘史》

郑振铎著,商务印书馆,1931年(民国20年)8月初版,1935年(民国24年)6月国难后第1版。

王云五主编的百科小丛书。本书是郑振铎先生重要作品之一,以图文并茂的形式及时向中国学术界介绍了国外19世纪到20世纪初的重大考古发现,例如古埃及、古巴比伦、古希腊等重要遗迹的发现和发掘历程。共分11章。第一章阿比多斯及埃及第一朝的陵墓,第二章梦城,第三章底比斯城及其死城,第四章都丹喀门王墓,第五章巴比伦南部的城国,第六章巴比伦城,第七章尼尼微,第八章推来城,第九章阿加绵农墓,第十章克里特,第十一章巴力斯坦。书前有作者序,书后附录参考书目。

《先史考古学方法论》

蒙德留斯著，滕固译，商务印书馆，1937 年(民国 26 年)1 月初版，1937 年(民国 26 年)3 月再版。

共分 4 章。一考古学上之年代学，介绍了相对的年代和绝对的年代的划分和使用方法；二论发见物，介绍了住区遗址、墓域及坟丘中的发见物，窖藏发见物，发见物之相对的新旧等内容；三体制学的研究，包括发见物的互相关系和并行性；四体制学的联类，介绍了意大利的金属斧锛、北欧的金属斧锛、意大利的青铜短剑及长剑、北欧的青铜长剑、意大利的扣针、希腊的扣针、北欧的扣针、北欧的青铜容器、意大利的容器、莲花纹缋和棕叶式纹缋等内容。书前有译者序言、译者例言，书后有附图索引。

《古物研究》

滨田耕作等著，杨链译，商务印书馆，1936 年(民国 25 年)7 月初版。

史地小丛书。共分 11 章。分别为：一中国古代贝货；二爵与杯；三秦之金人；四木难珠与如意珠；五金蚕；六胡床；七提瓶；八舞乐之浑脱；九楛矢；十长生；十一朝鲜通宝钱。作者通过对中国古代货币、酒具、金器等的考证研究，反映了各时代的社会生活，史料丰富，亦可用于文物和收藏等方面的研究。书前有插图 23 幅。

第 31 册

《敦煌莫高窟志略》

国立敦煌艺术研究所编印，1948 年(民国 37 年)8 月出版。

介绍了敦煌莫高窟的沿革、现状、石室型式及内容、各时代修建石室统计。书后附英文版全文。

《敦煌石室记》

谢稚柳记，1949 年(民国 38 年)4 月出版。

介绍了莫高窟、西千佛洞、榆林窟、水峡口石窟等的历史沿革、传说故事、现状、石窟形式、壁画风格以及石像、题记、题名等内容，并附敦煌壁画插图12幅。书前有作者序。

《征途访古述记》

滕固著，商务印书馆，1936年(民国25年)6月初版。

史地小丛书。分视察豫陕古迹记和访查云冈石窟略记两部分。前部分据视察路线介绍了徐州半日、开封之盘桓、安阳小住、宝山石窟、洛阳白马寺、龙门石窟、渭水古陵墓、长安寺塔等沿途古迹古物的保存状况，后部分介绍了云冈石窟之来源、石窟概述、石窟之艺术等内容。

《西陲吟痕》

张默尹编，出版信息不详。

当年真实的名胜古迹照片，并配以书法文章，是一本集书法与名胜古迹于一体的宣传册。古迹包括轩辕黄帝陵、桥陵古柏、周文武陵、秦始皇陵、汉武帝陵、唐太宗昭陵、华山、华山苍龙庙、华山玉泉院、骊山华清池、终南山、杜公祠、慈恩寺、唐三藏塔、庆寿寺大佛、千佛洞壁画、甘肃敦煌千佛洞塑像、塔尔寺、贺兰山、华严寺塑像、云冈石窟、晋祠等。

《国立北平故宫博物院年刊》

国立北平故宫博物院，1936年(民国25年)7月出版。

收录《周王㝬钟考》(唐兰)、《新嘉量考释》(马衡)、《释庬》(励乃骥)、《清太祖起兵为父祖复仇事详考》(孟森)、《整理档案方法的初步研究》(方甦生)5篇论文，附录《赴英参加伦敦中国艺术国际展览会记》(庄尚严)、《中国艺术国际展览会参观记》(傅振伦)2篇文章。书前有本刊编辑略例，书中有图版16幅。

《国立北平故宫博物院出版物总目》

国立北平故宫博物院，1936年(民国25年)7月编印。

总目共分23个类别，分别是月刊、周刊、书翰、名画、书画合璧、影印金石、印谱、照片、信片、地图、图像、书影、目录、丛书、史籍、史料、谱录、诗文集、杂著、信封笺纸、金石拓本、日历、杂件。每个类别下列出版物名称,如月刊类下有《故宫书画集》《故宫》,周刊类下有《故宫周刊》《故宫周刊(合订本)》等。

第 32 册

《元大都宫殿图考》

朱偰著,商务印书馆,1936 年(民国 25 年)9 月初版。

是有关北京宫苑考释的建筑学著作,故都纪念集第一种。共分 6 章。第一章导言;第二章史料之选择及其批评;第三章元大都故城考;第四章元宫城之四至及诸宫之地点;第五章宫殿坛庙分叙,包括宫城诸门、大明殿、延春阁及玉德殿、御苑、万寿山或万岁山、太液池、兴圣宫、隆福宫及西御苑、不可考之诸殿、太庙及社稷二坛;第六章结论。书前有插图 7 幅、诗 1 首及作者序。

《广州华林寺五百罗汉堂图记》

冯武越著,北平友联中西印字馆,1935 年(民国 24 年)出版。

共分两部分。第一部分内容包括林寺略史、罗汉堂考、罗汉考;第二部分为图影,主要是五百罗汉单身图影。书前有题记诗稿、作者序,书后附法文说明书、英文说明书。

《古玉概说》

滨田耕作著,胡肇椿译,中华书局,1936 年(民国 25 年)11 月发行,1940 年(民国 29 年)2 月再版。

上海市博物馆丛书丙类第 4 种。共分 11 章。一什么是玉;二玉之产地;三玉之种类与其加工法;四玉器与石器;五圭及其与有关系的玉器;六璧及其与有关系的玉器;七琮与璇玑;八刀剑及带饰等用的玉器;九附属于身体的各种玉器——葬玉;十其他的各种玉器;十一结论。书前有原序、译序,书中有插图 26 幅。

《论古杂识·古玉图考补正》

吴大澂、郑文焯著,江苏省立苏州图书馆校印,1940年(民国29年)5月出版。

吴中文献小丛书之十五。两种著作各一卷,均为金石考古类中关于古玉方面的研究著作。书前有序。

《石经论著目录》

杨殿珣著,1936年(民国25年)12月出版。

国立北平图书馆馆刊十卷六号抽印本。是关于石经研究的目录学著作。分石经通论、熹平石经、正始石经、开成石经、广政石经、嘉祐石经、绍兴石经7类。每一条目下,有作者及其刊本。

《钧窑考证》

荆子久著,1935年(民国24年)4月初版。

本书是第一部钧窑研究专著。分为上、下编。上编绪论,共分7章,包括钧窑起源及沿革、钧窑之釉色、钧窑釉色之旧说、钧窑能力与其制品数量、雨过天晴之起源、钧窑之雨过天晴、钧窑之种类等内容;下编鉴认法,共分6章,包括胎、釉、底、里、器式、器音等内容。书前有卷头语、勘误表。

《杭县良渚镇之石器与黑陶》

何天行编,1937年(民国26年)出版。

吴越史地研究会丛书之一。本书以中英文对照的形式发行。内容包括:一绪言;二遗址的发见;三地层的大概;四遗物的种类,包括石器、黑陶两类;五结语。后附卫聚贤《中国最古的文字已发现》一文,以及图版20个。书前有卷头语、插图7幅。

《集古虎符鱼符考》

瞿中溶编,1921年(民国10年)10月百一庐景印。

百一庐金石丛书第6册。共一卷,原附于《集古官印考》后。著录虎符、鱼符、龟符十九钮,始自汉魏迄于宋元,是研究古代虎符、鱼符、龟符的专著。

《骉氏编钟图释》

国立中央研究院历史语言研究所印行,1931年(民国20年)8月图版在上海付印,1932年(民国21年)2月释竟并拓片在北平补印。

内容包括:一引言,二钟之种类及其形制,三释文,四钟之出土地及作钟年代,五晋器之纹样及其所受外来之影响,六余论。书前有编钟图若干幅。

第33册

《考工记图》

戴震撰,安徽丛书编印处印行,1936年(民国25年)出版。

分上、下两卷。初成书时,图后原无注。后来吸取东汉郑众、郑玄的注,再加考订,成为补注。对《考工记》中的宫室、车舆、兵器、礼乐等,分别列图说明,对文物、制度、字义等加以考证,是研究我国先秦文物制度的重要参考书。书前有纪晓岚序。

《考工记》

杜牧注,陕西通志馆印。

关中丛书本。《考工记》是中国科技史的重要文献之一,是中国最早的手工业技术文献。它保留有先秦大量的手工业生产技术、工艺美术资料,记载了一系列的生产管理和营建制度。历代研究者不乏郑玄、杜牧、王安石、戴震、程瑶田等著名学者。此本为杜牧亲自注解。书后附1934年(民国23年)跋。

《增订历代符牌图录》

罗振玉辑,东方学会,1925年(民国14年)影印。

分上、下两卷。汇辑秦汉至晚清之符牌、令牌、腰牌以及虎符、鱼符、龟符等,据符牌拓片影印。卷上收录节6种、符83种,卷下收录牌66种,后补遗符两种。书前有序两篇。

第34册

《远西奇器图说及其他一种》（二册）

商务印书馆，1936年（民国25年）12月初版。

丛书集成初编本。《远西奇器图说》，邓玉函口授，明代王徵译绘。是中国第一本有关西方力学的编译著作，被认为是一部伟大的科学启蒙著作。全书图文并茂，每条定理都有插图说明。共分3卷。第一卷介绍重学、力艺与力的定义，第二卷介绍杠杆、等子权度、轮轴、斜面、藤线器（即螺旋）等简单机械的原理及计算方法，第三卷介绍各种较复杂的实用机械，如起重机、提水机械、风车、水泵、转磨、水日晷、解石、解木等。书前有钦定《四库全书》提要、王徵序。

《新制诸器图说》，明代王徵著。是我国第一部物理学著作，书中记载了王徵研制的虹吸器、自行磨、自行车等器械的机构和用法，每种器械后面均附图说。书前有王徵小序。

《古经服纬》

雷镈撰述，雷学淇注释，商务印书馆，1936年（民国25年）12月初版。

丛书集成初编本。雷镈感慨古今礼制日坏，希有所发扬，故作《古经服纬》三卷考古今服饰，起于冕弁，以及服制之等，终于丧服之制，原原本本，为之说明。其子学淇为之笺注，博引诸经，以至汉唐以来注家之说，予以恰当取舍，力驳治经之伪言，订证旧训之讹误。如分别绞衣缟衣之不尽用帛，缟冠之不用生绢之类，于古义尤多发明。

《云林石谱及其他二种》

商务印书馆，1936年（民国25年）12月初版。

丛书集成初编本。《云林石谱》三卷，宋代杜绾撰，是我国古代载石最完整、内容最丰富的一部石谱，涉及名石共116种。作者详细考察了这些名石的产地，还细数其采取方法、形状、颜色、质地优劣、敲击时发出的声音、坚硬程度、纹理、光泽、晶形、透明度、吸湿性、用途等方面的各自特点。还按其性质进行了分类，并为石灰岩、石钟乳、砂岩、石英岩、玛瑙、水晶、叶腊石、云母、滑石、页岩及部分金属矿物、玉类化石等。书中记载的石头产地范围广达当时的 82 个州、府、军、县和地区。书前有该书的《四库全书》提要、孔传的序,书后有鲍廷博跋。

《石谱》一卷,清代诸九鼎撰。此书录石 20 种,即沧浪独钓石、海濑璎珞石、仙人戏龙石、织锦石、寒溪松影石、秋雪芙蓉石、镜中花石、丹枫独秀石、云君山鬼石、万花石、五粒新松石、宋锦石、轩辕帝女白松石、龙卵石、星宿海石、聚珍石、墨竹石、礼星石、吉祥云石、锦茄石。每种之下述其形状,并附以赞语,也为后人所效法。书前有纪映钟序、作者自序,书后有海陵黄云仙裳所作跋。

《观石录》一卷,清代高兆撰。作者归里还乡,将他在 11 位友人处观赏到的寿山石 140 余枚,分定神品、妙品、逸品,按其形色进行描绘,辑录成册。

第 35 册

《鼎录及其他二种》

商务印书馆,1936 年(民国 25 年)12 月初版。

丛书集成初编本。《鼎录》一卷,南朝梁虞荔纂。“兹录所隶鼎事,凡七十有二”(书后跋语),主要记录鼎上文字。书后有王谟跋语。

《绍兴内府古器评》二卷,宋代张抡撰。共收铜器 195 件(上卷 98 件,下卷 97 件)。除下卷中的博山炉外,皆为汉代以前器物。所收器物不绘图形,不摹款识。有铭文者,在器名下注明字数,加以考释。对有些器形、用途亦有简要说明,并附评论。沿用《博古图》旧说者不少。书后有毛晋跋语。

《考古图释文》一卷,宋代赵九成撰。《考古图释文》是为《考古图》一书所收的器物铭文而作的释文。录有铜器铭文 85 器,共 821 字。

《续考古图》

商务印书馆,1936 年(民国 25 年)12 月初版。

丛书集成初编本。全书共 5 卷,撰人不详。每一器物均有插图,图文并茂。器物收录,先后不以类从,依藏家编次,不别器类。书前有陆心源序。

《簠斋藏器目及其他四种》

商务印书馆,1936年(民国25年)12月初版。

丛书集成初编本。《簠斋藏器目》《簠斋藏器目第二本》各一卷,清代陈介祺编。为陈介祺所藏器物的著录。

《嘉荫簃藏器目》一卷,刘喜海编。著录藏品81件,有钟、鼎、彝、敦、盘、盉、鬲、簠、簋、豆、卣、尊、斝、角、觚、觯、爵、甗、矛、铜范、诏版等。

《石泉书屋藏器目》一卷,李佐贤编。《爱吾鼎斋藏器目》一卷,李璋煜编。以上两书都是收藏家登记斋中庋藏器物的名目。

《双虞壶斋藏器目及其他七种》

商务印书馆,1936年(民国25年)12月初版。

丛书集成初编本。《双虞壶斋藏器目》一卷,吴式芬编。《选青阁藏器目》一卷,王锡棨编。《愙斋藏器目》一卷,吴大澂编。《怀米山房藏器目》一卷,曹载奎编。《木庵藏器目》一卷,程振甲编。《平安馆藏器目》一卷,叶志诜编。《梅花草盦藏器目》一卷,丁彦臣编。以上都是收藏家登记斋中庋藏器物的名目。

《簠斋传古别录》一卷,陈介祺编。本书是陈介祺将自己的传拓经验和教拓记录编辑而成,是我国首部传拓专著,影响深远。

《积古斋藏器目及其他四种》

商务印书馆,1936年(民国25年)12月初版。

丛书集成初编本。《积古斋藏器目》一卷,阮元编。本书据翁方纲所著《积古图》后记及《瀛舟笔谈》内容所载入录。《清仪阁藏器目》一卷,张廷济编。清仪阁中所藏器物的名目。

《从古堂款识学》一卷,徐同柏考释。是一本铜器铭文考证著作。徐氏研究金石,时有心得,说古文形义,举证经史。本书是清金石大家徐同柏金石名著。书后有赵之谦跋语。

《周无专鼎铭考》一卷,罗士琳考演。《两罍轩藏器目》一卷,吴云编。两罍轩中所藏器物的名目。

第36册

《积古斋钟鼎彝器款识》(四册)

阮元编录,商务印书馆,1937年(民国26年)12月初版。

丛书集成初编本。共10卷。是研究清代所见古铜器铭文的专著,著录商、周、秦、汉、晋铜器551件,其法先摹文字,再加考释。书中谓:“欲观三代以上之道与器,九经之外舍钟鼎之属,曷由观之。”可见阮元颇重商周铜器,详述周代有关彝器记载及出土。有《商周铜器说》两篇、《商周兵器说》一篇。《商周铜器说》上篇论古铜器铭文之足重与九经相同。下篇论三代之时,钟、鼎为最贵重之器,又列举周代以前对于器的记载,汉代至唐、宋对于器的发现。《商周铜器说》论古兵器短小,后世变得长大,乃不得不然之势,和度量衡相同。是较早研究钟鼎彝器著作,对后世影响很大。书前有阮元序、朱为弼所撰后叙。

第37册

《新增格古要论》(三册)

曹昭撰,舒敏编,王佐增补,商务印书馆,1939年(民国28年)12月初版。

丛书集成初编本。本书是明初曹昭根据家藏和所见古物撰写而成,主要讲述了中国古代重要的博物、赏鉴的方法和要点分析。此书开创了古物赏鉴类著作的先河和体例,后由王佐对此书做了大量的增补,他主要增补了墨迹、古碑法帖部分,又新增了金石遗文、古人善书画者、文房论、诰敕题跋和杂考等。全书共13卷,分为古琴、古墨迹、金石、古画、珍宝、古砚、古漆器、文房、古今敕诰题跋、杂考等类。书前有舒敏序、曹昭序及凡例、新增凡例。

《古奇器录及其他一种》

商务印书馆,1937年(民国26年)6月初版。

丛书集成初编本。《古奇器录》一书，明代陆深著，是书杂录古人奇器名目，各标出处。末附以江东藏书目录。

《蕉窗九录》一书是明代著名鉴藏家项元汴的一部札记性的著作，分类杂记其见闻。全书按纸录、墨录、笔录、砚录、书录、帖录、画录、琴录、香录的顺序编排。书前有文彭序。

《筠轩清閟录及其他一种》

商务印书馆，1937 年（民国 26 年）6 月初版。

丛书集成初编本。《筠轩清閟录》三卷，题董其昌著。分上、中、下卷。卷上为论玉、论古铜器、论法书、论名画、论石刻、论窑器、论晋汉印章、论砚、论异石、论珠宝十个子目，持论允当，颇中要旨，可为艺术鉴赏之指南。卷中为论琴剑、论名香、论水晶玛瑙琥珀、论墨、论纸、论宋刻书册、论宋绣刻丝、论雕刻、论古纸绢素、论装裱收藏十个子目，亦很有实用参考价值。卷下为叙赏鉴家、叙书画印识、叙法帖源委、叙临摹名手、叙奇宝、叙斫琴名手、叙唐宋锦绣、叙造墨名手、叙古今名论目九个子目，介绍了各方面的能家名手，末叙古今名论目中，介绍了宋人《琴式图》、王僧虔《图书会粹》等几十篇与本书内容有关的名论供大家参考，很有实用价值。此书可供研究古文物器具者之参考。书前有陈继儒序。

《妮古录》四卷，陈继儒著，是一部艺术鉴赏类的随笔集，主要是对中国古代书画作品的著述，也涉及少量的秦汉彝器瑗璧。书前有陈继儒序。

《考槃余事及其他三种》

商务印书馆，1937 年（民国 26 年）6 月初版。

丛书集成初编本。《考槃余事》四卷，明代屠隆著，首卷介绍书版、碑帖，次卷品评纸、墨、笔、砚、画、琴等，末两卷则记载和收录香、茶、炉、瓶及起居、盆玩、文房等一切器用服饰之类。全书所列名目较为琐碎，论述也较为详尽，是屠隆笔记文学作品之代表，从其内容而言，也是今天研究晚明文人生活起居、文房用具之类器物的重要参考书。书前有钱大昕序。

《瓶史》二卷，明代袁宏道著。该书从鉴赏角度论述了花瓶、瓶花及其插法。上卷为瓶花之宜、之忌、之法，下卷分花目、品第、器具、择水、宜称、屏俗、花祟、洗沐、使令、好事、清赏、监戒等。书前有袁宏道序。

《瓶花谱》一卷，明代张谦德著。是书首品瓶，次品花以及折枝、插贮、滋养、花忌等事，而终以护瓶。据书首自言，盖其“稚龄”时作也。

《飞凫语略》一卷，明代沈德符著。此书论字墨法帖及古器真赝之别，皆举生平所闻见者，凡十八条。

第38册

《博物要览》

谷应泰撰，商务印书馆，1939年(民国28年)12月初版。

共12卷。其书论列古器物、字画、织绣、印宝等艺术品。卷一志鼎彝、志杂器、志铜器，卷二志窑器，卷三志金，卷四志银，卷五志真珠，卷六志宝石，卷七志玉，卷八志玛瑙、珊瑚、水晶、琥珀、蜜蜡，卷九志玻璃、琉璃、砗磲、玳瑁、犀角、象牙，卷十志香、志木，卷十一志石，卷十二志锦。该书历来为古玩藏家、经营者、学者所重视，至今仍有很大影响。书前有李调元序。

《小山画谱·传神秘要》

出版信息不详。

借月山房汇钞本。《小山画谱》二卷，清代邹一桂撰。是一部花卉画论著，讲画花卉的技法。上卷首列八法四知，次辨别花卉凡115种，再论用色及制炼之法，下卷先录古人画说并参己意，计43条，再附以胶矾、纸绢、用笔、用水诸法，末附洋菊谱。

《传神秘要》一卷，清代蒋骥撰。是一部肖像画理论著述，人物画诀凡27条，为研究中国肖像画艺术的重要著作之一。书前有该书的《四库全书》提要。

《题画诗·南田画跋·续三十五举·紫泥法》

出版信息不详。

借月山房汇钞本。《题画诗》一卷，清代恽寿平撰。收录题画诗40余首，艺术价值颇高。

《南田画跋》一卷，清代恽寿平撰。是一部画论著作，体现了恽寿平的画学思想。书后有周文鼎所作跋语。

《续三十五举》一卷，清代桂馥撰。是一部篆刻著作。书前有陆费墀和翁方纲的序，书后有宋葆淳所作跋。

《紫泥法》一卷，清代汪镐京撰。此书系汪镐京红术轩所制印泥之秘法。书前和书后分别有汪镐京自作的序和跋。

《清稗类钞》（艺术类）

商务印书馆发行。

本书为《清稗类钞》第30册艺术类。

第39册

《中国京都古物陈列所周铜器》（三册）

古物陈列所编辑，1915年（民国4年）10月出版。

本书是一套周铜器图录。内刊青铜器照片，铭文繁简均列，图文对照。书后有跋。

《南阳汉画象汇存》

孙文清编，金陵大学中国文化研究所，1937年（民国26年）6月初版。

孙文清是南阳汉画像石早期发现与研究者，曾搜集南阳汉画像石270余块。本书内收南阳汉画像石100多种。书前有孙文清两序，书后有商承祚所作跋。

《汉武梁祠画像录》（全二册）

容庚著，北平燕京大学考古学社，1936年（民国25年）10月印行。

考古学社专集第13种。全书分图录和考释两部分。收录了东汉梁武祠堂石室中碑刻画像拓本，计得43石，内容为上古三皇五帝以来各种传说、历史人物故事及祥瑞图等，古朴精美。《汉武梁祠画像考释》对画像之起源、旧拓本之流传、武梁祠原石之发现、武氏碑与武梁祠画像之关系、石室的形制、武梁祠画像所载之故事及其在美术史上的地位、武梁祠画像的印行等情况，均作了较详细的考释与叙述。

第40册

《汉武梁祠画像考》(二册)

吴兴刘氏希古廔刊本。全书共6卷。瞿中溶花费十年左右的时间，"荟粹平昔所记"，著成该书。瞿氏并另摘录四十图别为一卷，"以为考古者之助"(瞿《序》)。此书"于图中事实考之甚详"(刘《序》)，是研究东汉历史与石刻艺术的重要史料。书前有瞿中溶序、刘承干序，书后有《武祠前石室画像考》一篇。

《中国青铜器时代考》

梅原末治著，胡厚宣译，商务印书馆，1936年(民国25年)5月初版。

史地小丛书。对中国古代青铜器的时代进行了一系列的考证，实物考证与理论研究结合，提出了一些与前人研究不甚相同的论点，将考察重点放在青铜器器物本身，以推论古代之文化，具有很强的学术价值。书前有图版12幅。

第41册

《新郑出土古器图志》(初编、续编、附编)

陆军第十四师司令部编，汉口中瀛照相馆，1923年(民国12年)12月初版。

1923年8月，河南新郑发掘出土文物700余件，内有较完整的青铜器百余件，带铭铜器两件，当时驻守新郑的陆军十四师师长靳云鹗，将这批文物运至省会开封，并组织学者用4个月时间，编著成书，即《新郑出土古器图志》。初编、续编为出土器物图录，虽然器物照片品相差，但保存记录了器物入藏前的最初情况。附编收录了有关这次发掘的电报、信札、政府公文和部分发掘记录，这些原始资料对研究新郑古器发现史非常重要。

《郑冢古器图考》(全四册)

关百益编,中华书局,1940年(民国29年)2月出版。

共12卷。书前开列了新郑发现的目录,包括22件乐器、76件祭器、5件兵器、8件杂器以及671件铜器残片。此书包括了新郑出土的几乎所有的器物,除铜器外,还有5块陶片、8件玉器、24片动物牙齿、317枚贝壳等。某些器物有线图、记录和说明。该书以三礼名物制度与新郑出土古器物相印证,对新郑出土古铜器的尺度、造型、纹饰及用途进行详细考证,特别对周王子方器铭进行考证,有《周王子方器识考》一文附于卷七末。书前有关百益自序,末卷为发见郑冢源流记。

第42册

《文湖州竹派及其他三种》

商务印书馆,1939年(民国28年)12月初版。

丛书集成初编本。《文湖州竹派》一卷,元代吴镇纂。本书是中国画竹名家著录书。文湖州即文同(1018—1079),善画墨竹,知名于时,追随者甚多,而形成“湖州竹派”。该书辑录画竹名家25人,故名。

《海岳志林》一卷,明代毛晋辑。该书是由毛晋辑录而成的有关米芾逸闻的一本笔记小说,书前题辞说明了成书由来:“余觅宝晋斋集十余年矣,惜乎不传。凡从稗官野史,或法书名画间,见海岳遗事遗文,辄书寸楮,敩白香山投一瓷瓶中,未可云全鼎一脔肉也。”

《丹青志》一卷,明代王穉登撰。此书排记当时吴郡画人。分神品、妙品、能品、逸品、遗耆、栖旅、闺秀7类,各为传赞。

《画禅》一卷,明代释莲儒纂。载录善书画释者“六十余家”。

《竹谱详录及其他一种》

商务印书馆,1936年(民国25年)6月初版。

丛书集成初编本。《竹谱详录》七卷,李衎述。本书是一部关于竹的种植培养、赏竹用竹的百科全书，也是一部有关画竹的艺术论著，在古代竹谱中具有代表性。全书论述极详，分画竹、墨竹、竹态、竹品四谱，尤详于竹品谱。描述了我国300余种竹类，包括各种罕见竹类，对于其形态、品性、画法均有详细论述。

《天形道貌》一卷，明代周履靖著。本书为周履靖人物画像之汇，先有《画人物论》一篇，次录人物画像版画40幅，均据周履靖摹雕，此为典型明代人物版画，线条逸美，构图疏旷，极简而传神。分各类人物动作如酩酊、题壁、观泉等。

《艺林名著丛刊》

朱剑芒编纂，世界书局，1935年(民国24年)11月初版，1936年(民国25年)5月3版。

共收书7种，依次为包世臣《艺舟双楫》、康有为《广艺舟双楫》、董其昌《画禅室随笔》、笪重光《画筌》、龚贤《画诀》、秦祖永《桐阴画诀》及《桐阴论画》。

第43册

《骨董琐记》(四册)

邓之诚著，和济印刷局，1926年(民国15年)11月初版。

《骨董续记》(二册)

邓之诚著，1933年(民国22年)出版。

《骨董琐记》八卷、《古董续记》四卷。为古董赏鉴之作，内容涉及金石、书画、陶瓷、雕漆、织绣、纸墨笔砚等，并泛及国故、逸闻，共计有一千余条目，资料较为丰富。每卷有小题百余，小巧富生趣，如“银价米价”“藏书印”“葫芦器”“羊脑笺”“日本刀”“女子篆刻”“江浙藏书家”等。有人有物有事有史，可增广见识，悦目消闲。两书分别由叶恭绰、杨庶堪、叶瀚、张尔田等诸学者作序、题签。

第 44 册

《**故宫物品点查报告**》(第一编第一册)

《**故宫物品点查报告**》(第一编第二册)

《**故宫物品点查报告**》(第一编第三册)

《**故宫物品点查报告**》(第一编第四册)

第 45 册

《**故宫物品点查报告**》(第一编第五册)

《**故宫物品点查报告**》(第二编第一册)

《**故宫物品点查报告**》(第二编第二册)

《**故宫物品点查报告**》(第二编第三册)

第 46 册

《**故宫物品点查报告**》(第二编第四册)

《**故宫物品点查报告**》(第二编第五册)

《**故宫物品点查报告**》(第二编第六册)

《**故宫物品点查报告**》(第二编第七册)

第 47 册

《**故宫物品点查报告**》(第二编第八册)

《**故宫物品点查报告**》(第二编第九册)

《**故宫物品点查报告**》(第三编第一册)

《**故宫物品点查报告**》(第三编第二册)

《**故宫物品点查报告**》(第三编第三册)

第48册

《**故宫物品点查报告**》(第三编第四册)

《**故宫物品点查报告**》(第三编第五册)

第49册

《**故宫物品点查报告**》(第四编第四册)

清室善后委员会刊行,1925年(民国14年)3月1日至1930年(民国19年)5月1日。

1924年11月,溥仪被驱逐出宫后,清室善后委员会即组织开展大规模的物品点查工作,清查故宫各种物品,登记造册并加以整理。此间公开刊行《故宫物品点查报告》6编28册。现收录4编20册。

《**北平故宫博物院古物馆南迁物品清册**》(第一册)

北平故宫博物院刊行,1933年(民国22年)2月。

该书为点查北平故宫博物院瓷器、玉器、铜器、字画、杂项物品等南迁物品的装箱清册。卷首有凡例,书后附勘误表。

《**古瓷汇考**》(四册)

上海古瓷研究会,1933年(民国22年)9月再版发行。

著名陶器专著,又名《匋雅》。本书以述论清代瓷器为主,上溯古陶起源,以及历代名窑、匠作、瓷器花色品种样式,乃至制作工艺、款识、古瓷鉴定、市场行情等,均有记载,间杂考辨。对康熙、雍正、乾隆三朝官窑器记录尤为详细。

第 50 册

《文艺复兴小史》

常乃悳编，中华书局，1934 年(民国 23 年)9 月发行。

共分 11 章。第一章导言，第二章东方民族与西欧文化的解放，第三章文艺复兴的前夜，第四章意大利——文艺复兴的策源地，第五章人文主义与古学复兴，第六章文艺复兴与文学，第七章文艺复兴与绘画，第八章文艺复兴与绘画极盛期的五大画家，第九章文艺复兴与雕刻，第十章文艺复兴与建筑，第十一章文艺复兴对于我国的影响。书前有例言，书后附参考书、中西译名对照表。

《近代美术思潮》

黄忏华编述，商务印书馆，1922 年(民国 11 年)9 月初版，1927 年(民国 16 年)2 月 3 版。

共分 3 章。第一章新兴绘画，包括法兰西印象主义、新印象主义、立方体主义、未来主义、后期印象主义、构图主义等内容；第二章新兴雕刻，包括罗丹、穆立尔、美斯多洛和伊壁斯顿的雕刻思想和作品；第三章新兴建筑，介绍了 19 世纪末以来的建筑界和分离派。书前有引言。

《西洋美术史提要》

郭沫若著，商务印书馆，1926 年(民国 15 年)7 月初版。

百科小丛书第 118 种。本书为郭沫若据板垣鹰穗的《西洋美术史》为蓝本编译而成。全书除绪论外，共分 6 章。第一章滥觞时代，第二章古典美术，第三章中世美术，第四章文艺复兴期之美术，第五章十七八世纪之美术，第六章近代美术。书前有序，书后有跋语。

《欧洲文艺复兴史》

蒋方震著，商务印书馆，1921 年(民国 10 年)4 月初版，1933 年(民国 22 年)2 月国难后第 1 版。

共学社史学丛书。蒋方震即蒋百里。全书除导言外，共分 9 章。第一章总论，第二章至第六章分别讨论意大利、法国和北欧的文艺复兴，第七章和第八章主要讨论欧洲的宗教改革对文艺复兴的影响，第九章结论。书前有梁启超的序，以“极有价值”评本书：“然则此书者，吾不敢径指为百里所得之曙光，然吾有以窥其求曙光所由之路也……吾证其为极有价值之作，盖述而有创作之精神者也。”

《欧洲文艺复兴小史》

陈衡哲著，商务印书馆，1930 年（民国 19 年）4 月初版。

万有文库本。全书除卷首总论和卷末结论外，共分 5 章，分别是古学的复兴、方言文学的产生、艺术的兴起、科学的兴起、知识工具的进步。书前有著者自序。

《西洋古代美术史》

钱君匋著，永祥印书馆，1946 年（民国 35 年）6 月初版。

青年知识文库第二辑第 6 种。本书分古代美术、中世美术、文艺复兴、古典时代的美术 4 章。叙述了从先史时代美术，经古埃及、古希腊、古罗马的美术，到中世纪、文艺复兴直至古典时代及 19 世纪前期的西洋美术发展概况。

第 51 册

《西洋艺术史话》

木村庄八著，钱君匋译，开明书店，1932 年（民国 21 年）5 月初版。

本书分古代之话、中世之话、近古之话、近世之话、现代之话 5 部分，叙述各国文学、绘画、雕刻、建筑等艺术史。书前有插图 10 幅。

《西洋近代美术史》

钱君匋著，永祥印书馆，1946 年（民国 35 年）9 月初版。

青年知识文库第三辑第 5 种。本书分近代美术、现代美术两章。对近代写实派与自然派、新理想派、印象派等美术流派，以及现代建筑、雕刻、工艺美术等美术发展潮流分别作了叙述。

《西洋美术史》

吕澂著,商务印书馆,1933 年(民国 22 年)12 月初版。

万有文库本。除导言外,全书共分 26 章。第一章和二章分别叙述原始美术和新石器时代、青铜时代之美术,第三章至第九章分别叙述了埃及、迦勒底及亚述、希腊、罗马之美术,第十章至第十四章分别叙述了东西基督教美术、威尼斯之绘画等,第十五章至第二十章分别叙述了文艺复兴时期西洋各国之美术,第二十一章至第二十六章分别叙述了 16 世纪至 20 世纪各国之美术。书前有述例。

《十九世纪法兰西的美术》

刘海粟著,中华书局,1935 年(民国 24 年)3 月出版。

全书分两编。第一编绘画,分 7 章,主要讨论法兰西绘画的古典主义、浪漫主义、理想画与装饰画、一八三〇年代之风景画、平民的美术、印象派及其前后、后期印象主义;第二编雕刻。

第 52 册

《阿波罗艺术史》

赖那克著,李朴园译,商务印书馆,1937 年(民国 26 年)5 月初版。

本书论述了古代至 19 世纪世界各国艺术史发展历程。全书分艺术之起源、光石器时代及青铜时代的艺术、埃及卡尔提阿及波斯、普拉克西泰利斯斯科巴斯及来西巴斯、亚历山大大帝之后的希腊艺术、希腊小艺术等 25 个章节,是一部研究西洋艺术史的启蒙读物。书前有译者序、原序,书后附本书所用汉英人地名检查表。

第53册

《美术史》

姜丹书编纂,商务印书馆,1917年(民国6年)9月初版,1922年(民国11年)4月5版。

本书是教育部审定本科用师范学校新教科书,是现代艺术教育初创时期由中国人编写的第一本美术史教材,在现代艺术教育中有筚路蓝缕之功。全书分上、下篇。上篇中国美术史,分别叙述中国历代建筑、雕刻、书画、工艺美术概况。下篇西洋美术史,又分上世期、中世期、近世期3部分内容。上世期主要叙述埃及、希腊、罗马之美术,中世期主要叙述基督教美术和哥德式美术,近世期主要叙述文艺复兴、意大利美术、中欧及西欧各国美术。书前有编辑大意、桂绍烈序、编者自序。

《艺术之起源》

格罗塞著,陈易译,上海大东书局,1933年(民国22年)10月出版。

共分11章,介绍了艺术科学之目的、艺术科学的方法、原始民族、艺术、身体装饰、装饰、描写艺术、舞蹈、诗、音乐等,对原始艺术的产生、形成和发展作了详尽的探讨和论证。书前有原著者序、胡萩原序、译者序及插图34幅。

第54册

《东洋美术史》(上卷)

史岩著,商务印书馆,1936年(民国25年)7月初版。

共分两编16章。第一编太古史,分绪说、中国艺术之开创时代、中国古代美术之灿烂期、中印度佛教美术之创始期、中印度古代佛教艺术全盛期、旧文化之毁灭与新艺术之创造伟绩6章;第二编中古史,分西域艺术东渐时代之中国美术、佛教沉滞时代之中印度美术、西北印度犍驮罗式美术、印度古代文艺复兴期、中国佛教美术全盛期、中国文化灌输期中日本美术之曙光、印度佛教绝灭前之美术、中国民族艺术之黄金时代、中国文化灌输期中日本美术之勃兴、中国民族艺术之白银时代10章。书前有插图8

幅、作者史岩序、凡例，书中有插图 180 幅。

《挽近美学思潮》

吕澂编，商务印书馆，1924 年(民国 13 年)7 月初版，1926 年(民国 15 年)11 月再版。

百科小丛书第 49 种。全书除书末结论外，共分 5 章，分别是第一章导论、第二章挽近美学思想的开展、第三章美的鉴赏之心理研究、第四章艺术的创作研究、第五章艺术之美学的考察。书后附录本书各章的主要文献。

第 55 册

《西方美术东渐史》

关卫著，熊得山译，商务印书馆，1936 年(民国 25 年)10 月初版。

本书系一部研究西方美术如何传播至东亚的专著。共分 10 章，包括古代欧洲艺术之东渐，为西方艺术东渐之路的西域记，中国中原西方艺术之传统，朝鲜半岛西方艺术之传统，由韩型船传到日本的西方艺术，由遣唐使船传于日本的西方艺术，由南方海路传于极东之西方艺术，由葡萄牙船传播于日本的欧洲艺术，由荷兰船传播于日本的欧洲艺术等内容。书前有著者绪言。

第 56 册

《西方艺术史》(上卷)

马查著，武思茂译，上海开明书店，1931 年(民国 20 年)8 月初版。

该书上卷共分 4 部分，包括引言、印象主义与新印象主义、“旧”与“新”的斗争、从“现象底显示”到“现象底内心揭露”等内容。书前有原书出版声明、译者序言。

《西洋美术史纲要》

萧石君编，上海中华书局，1928 年(民国 17 年)6 月出版，1934 年(民国 23 年)5

月再版。

全书分绪论及建筑、雕刻、绘画3编，专门讨论了西洋美术中具有代表性的三种艺术形式的发展史。书前有编者例言，书中有插图104幅。

《西洋美术史入门》

王光祈编译，中华书局，1939年（民国28年）1月出版。

全书分上、中、下3编。上编上古美术，包括远古诸国及希腊、罗马的美术三章内容；中编中古美术，包括初期基督教美术、亚剌伯人之建筑美术及罗马式、荀提式美术四章内容；下编近代美术，包括意大利之文艺复兴、第15及第16世纪的北方美术、第17世纪的画派及18世纪、19世纪的德国美术等五章内容。书前有译者序言、导言。书后有作者跋语，并附录美术家姓名、美术专门名词、译名对照表。

第57册

《中国美术》（二册）

波西尔著，戴岳译，蔡元培校，商务印书馆，1923年（民国12年）6月初版，1928年（民国17年）8月3版，1934年（民国23年）4月国难后第1版。

世界丛书。共分上、下两卷，详尽地介绍了中国艺术领域的情况，包括雕塑、建筑、青铜、木雕、象牙雕塑、漆器、玉器、石雕、陶瓷工艺品、玻璃制品、珠宝、纺织品、画等，文字内容丰富，又辅以大量图片解说。共有135幅图，每幅有图说，每卷末又列图解，详细说明图片的内容、尺寸。书前有初版序言、再版序言。

《中国美术发达史》

刘思训著，商务印书馆，1946年（民国35年）5月（重庆、上海）初版。

艺术研究丛书。全书分自太古至秦汉、魏晋南北朝、自隋唐至宋、元明清4编。根据中国美术门类的特点，将每一个朝代的美术分雕塑、建筑、绘画和书法四大类进行叙述。采用美术作品和文献典籍相结合的研究方法，在论述古代美术有关内容缺乏遗物考证时，则以典籍著录为依据进行补充，并对典籍中相关内容进行严密的理智分析。

在中国现代之美术史学科建设中，有其独特的学术价值，是20世纪40年代重要的美术史著述之一。书前有编辑例言，书后附参考书。

第58册

《中国美术史》

胡蛮著，群益出版社，1948年（民国37年）8月出版。

共分12章。分别为：第一章原始时代中国的美术；第二章灿烂的“青铜时代”；第三章镕铁的发明与先秦诸子的美学；第四章宗教神话在中国美术上的反映；第五章360年间混乱时代之本色与风流；第六章中国美术的复兴；第七章“朱门酒肉臭”的余韵；第八章从小摆设儿到理学，又从理学到四君子；第九章蒙古可汗统治下的中国美术；第十章在“恢复中华”时代的中华的美术；第十一章回光返照的“天朝”美术；第十二章现代的中国美术。书前有序言、插图26幅及勘误表。

《中国美术史》

郑昶编，中华书局，1935年（民国24年）7月出版。

中华百科丛书。本书是一部研究中国美术发展历程的专题学术著作。全书以六章篇幅和大量传世之作及考古出土珍贵文物资料，系统而又简明地阐述了雕塑艺术、建筑艺术、绘画艺术、书法艺术和陶瓷艺术等中国美术的各种形态自原初社会至明清时期的发展历史和辉煌成就。书前有舒新城为中华百科丛书所作总序，以及本书的编辑大意，书后附录参考书、名词索引。

《中国美术小史》

滕固著，商务印书馆，1926年（民国15年）1月初版。

百科小丛书第90种。全书共分4部分，分别是生长时代、混交时代、昌盛时代、沉滞时代。作者把研究中国美术本身的发展与导致其变化或盛衰的外部原因联系起来，探讨了国际文化交流及外来思想对美术发展的推动。在此书中，作者将建筑置于美术史中的显要位置来描述，并将其联系中国人的宗教文化观念来阐释，在当时可谓独树一帜。书前有弁言,滕固交代了编写该书的缘由。

《中国雕板源流考》

留庵(孙毓修)编纂,商务印书馆,1918年(民国7年)5月初版。

文艺丛刻乙集。本书为较早系统讲述中国印刷史的研究专著,涉及雕板之始、官本、家塾本、坊刻本、活字印书法、巾箱本、朱墨本、刻印书籍工价、纸、装订等内容。

第59册

《中国艺术史各论》

冯贯一著,中日文化协会发行,1941年(民国30年)12月初版。

本书分上、下两册,共20章,论述自周秦时代至民国的书画、铜器、陶瓷、玉器、漆器、丝绣、地毯、文房四宝、建筑、雕刻、碑碣等各种艺术史。书前有作者自序,插图若干幅。

《中国美术的演变》

王钧初著,北平文心书业社印行,1934年(民国23年)10月初版。

共分21章,包括艺术起源的烟幕,火的发现与工具的萌芽,东西文化的亲近血缘,从武器到食器,象形的与图案的,祭坛上的反光,铁的火花与奴隶的血汗,美的意识的传播等内容。本书对中国美术的演变作了系统梳理,是中国美术史领域的重要著作之一。书前有作者序,书中有插图27幅。

第60册

《中国佛教文学与美术》

高观如居士编辑,上海佛学书局,1938年(民国27年)11月初版。

佛学讲义第8种。全书分中国佛教文学、中国佛教美术两大部分。前一部分主要探讨了佛教文学之初页,以及晋代至元明以来之佛教文学;后一部分主要讨论了晋代至元代以后的佛教美术。书前有佛学研究社所作佛学讲义编行旨趣及研究简例。

《佛教美术史印度篇》

戴蕃豫撰,华北居士林佛画研究会发行,1943 年(民国 32 年)1 月出版。

此书是作者对印度佛教美术历史的探索和研究成果。作者按照印度历史朝代更替顺序介绍印度各历史时期的佛学美术状况,尤其是具有代表性的建筑、雕刻、绘画三种艺术形式。本书对于研究印度佛学和美术史的读者来说,都具有一定的阅读价值和参考价值。

《日本美术演进小史》

日本评论社编,正中书局发行,1934 年(民国 23 年)7 月出版。

日本研究会小丛书第 60 种。共分 4 章,分别是小引、明治以前的日本美术、明治大正南朝的日本美术、结尾,简略叙述了日本美术的历史演进情况。

《艺术史的问题》

高濑、甘粕等著,辛苑译,质文社,1937 年(民国 26 年)4 月出版。

文艺理论丛书第 9 种。本书收录了 3 篇论文,分别是《文艺史之研究方法》(高濑太郎著)、《弗理契主义批判》(甘粕石介著)、《苏维埃亚细亚之诗的评价》(G. 克尼兹著)。译者在书前序言中说"每一篇都是把文艺史的问题作为现阶段文艺理论的探求的新著作"。

第 61 册

《秦汉美术史》

朱杰勤著,商务印书馆,1936 年(民国 25 年)7 月初版。

史地小丛书。除导言和结论外,全书共分 3 篇。第一篇秦代美术概况,第二篇汉代美术史总论,分别讨论了两个时期的建筑、金石(雕刻)、书学、绘术等;第三篇文具杂考,内容包括笔考、墨考、纸考、砚考。书前有自序、叙例,书后有附注。

《图腾艺术史》

岑家梧著，商务印书馆，1937年(民国26年)1月初版。

百科小丛书。共分9章。第一章释图腾制，第二章图腾制之地理分布，第三章至第八章分别论述图腾的文学、装饰、雕刻、图画、跳舞、音乐，第九章结论。该书叙述了图腾的发展史，对研究原始人类的活动、原始氏族的社会结构以及民间艺术及其发展史都有重要意义。书前有插图14幅、陈钟凡序、作者自序，书后附录《中国图腾跳舞之遗制》一文。

《史前艺术史》

岑家梧著，商务印书馆，1938年(民国27年)3月初版。

百科小丛书。本书是一本研究图腾艺术的史前艺术史专著。共分5章，包括史前时代、旧石器时代的艺术、新石器时代的艺术、铜器时代的艺术等内容。书后附录《史前人类之身体装饰》一文和参考书目。

第62册

《中国艺术史概论》

李朴园著，上海良友图书印刷公司，出版时间不详。

除绪论外，共分11章。从原始社会到20世纪30年代初这一段数千年的历史，本书将其划分为10个时期来讲述中国艺术发展的历史，重点涉及各个时代造型艺术即建筑、雕刻、绘画的发展。每个时期为一章，通过解释时代命名的由来，介绍该时期物质生活条件和该时期的社会文化，使读者了解该时期的艺术背景，然后分别介绍该时期建筑、雕刻、绘画的发展状况、技巧、思想等，系统地梳理和呈现了从原始社会到20世纪30年代初中国艺术变迁史。书前有林文铮序、作者自序及插图16幅。

《近代美术史潮论》

板垣鹰穗著，鲁迅译，上海北新书局，1929年(民国18年)出版。

共分10章，除最后一章为注文外，包括民族与艺术意欲、法兰西大革命之前的美术界、古典主义的主导作家、罗曼谛克思潮和绘画、历史底兴味和艺术、从罗曼谛克到印象派的风景画、写实主义与平民趣味、理想主义与形式主义、最近的主导倾向等内容，主要介绍了欧洲近代美术发展的历史。书前有著者序言，书中有插图140幅。

第63册

《中国现代艺术史》

李朴园等撰述，良友图书印刷公司印行，1936年(民国25年)2月初版。

本书选自李朴园、李树化、梁得所、杨邨人、郑君里五人的撰述。共分5部分，其中李朴园撰“工艺美术”，李树化撰“音乐”，梁得所撰“绘画”，杨邨人撰“戏剧”，郑君里撰“电影”，每部分各有目次。

《中国美术年表》

傅抱石著，商务印书馆，1937年(民国26年)3月初版。

本书以年表的形式记录了从上古黄帝至清代中国历代的遗迹遗品。在书前自叙中作者交代了写作缘由及成书经过，认为“一国文化之高下，从美术上观之，实最著明。且年表之例，经纬厘然，一入目，则周秦两汉之雄浑、唐宋明清最后大雅，罗致当前，亦可得其会通。是又繁重史书之所未逮也”，此书之价值也由此可见一斑。书前除了自叙，还有该书序例及中国与朝鲜、日本年历对照表，书后附录历代年号表。

第64册

《抗战与美术》

朱应鹏著，中国文化建设协会主编，商务印书馆，1937年(民国26年)12月初版。

抗战小丛书。本书是全面抗战爆发后，美术抗战的理论代表作。共分6章，包括文艺与宣传、战争与民族、战争与文艺、推动美术宣传、美术家当前的责任、美术与精神训练等内容。书前有本丛书发刊旨趣、前言。

《抗战宣传画》

陈烟桥著,黎明书局发行,1938年(民国27年)5月初版。

战时民众丛书。全书分总论、宣传画的种种、怎样宣传绘画3部分。书前有著者写的序言性文字,交代了成书缘由,书后附录《从美术大众化谈到连环图画》一文。

《美术丛刊》(创刊号)

天津美术馆刊行,1931年(民国20年)10月出版。

设有插图、艺术、考古、消息、附录等栏目。主要刊载美术作品、金石文物、艺术评论、活动消息及天津美术馆的有关情况介绍。此创刊号中刊载插图9幅,有关艺术的论文6篇,考古方面文章5篇,消息2则,附录章则3条、说明书2条、表记4个。书前有严季聪所作序、潘元牧所作缘起、时任天津市市长崔廷献所作天津市美术馆记,书后有卷尾语和勘误表。

《美术丛刊》(第二期)

天津美术馆,1932年(民国21年)10月初版,1933年(民国22年)1月再版。

本期刊载有插图11幅,论文《美术馆之功用》(林风眠)1篇,艺术类文章5篇,考古类文章4篇,消息2则,附录诗歌6首,表记2个。

《中国现代木刻史》

唐英伟著,中国木刻用品合作工厂,1944年(民国33年)7月出版。

新艺丛书。分导言、新兴木刻艺术的起源、木刻艺术运动发展的概况、抗战木刻运动的思潮、中国现代木刻运动的展望5部分。书前有新艺丛书编印部所作前言,书后附录《木刻生活十年》一文。

《西洋绘画史话》

陈之佛、陈影梅编,商务印书馆,1940年(民国29年)1月初版。

中法文化丛书。本书大部分依据日本后藤福次所著《洋画及洋画家》并参考板垣鹰穗之《西洋美术史要》及一氏义良之《西洋美术之知识》编成。共分12章，内容涉及意大利文艺复兴期以前及文艺复兴期的绘画、北欧的绘画、西班牙的绘画、法兰西的绘画、英吉利的绘画、19世纪德意志的绘画、现代欧美诸国的绘画、20世纪的画派等，探讨了自文艺复兴期至20世纪40年代西洋绘画的变迁史。书前有插图9幅、丰子恺序言。

第65册

《造形美术》

福尔倍著，钱稻孙译，商务印书馆，1930年（民国19年）4月初版。

万有文库本。共分3章。第一章容受加工及创作，第二章对于形线及空间之感情，第三章色彩感觉。书前有译者钱稻孙叙。

《最新立体图案法》

俞剑华编，商务印书馆，1929年（民国18年）5月初版。

共分6章。第一章总论，第二章器物形状组成法，第三章尺度律，第四章制作器物之方式，第五章装饰法，第六章器体各部概论。书前有俞剑华自序，书内插图57幅，另附图版21页。

《表号图案》

陈之佛编，上海天马书店印行，1934年（民国23年）4月初版。

本书用通俗的语言对中外表达特定象征含义的图案进行了解读，是中国历史上最早研究中外传统图案的符号象征寓意之作。内容包括象征表号、混合动物、混合人物、基督教艺术的象征表号、用作表号的色、近世的表号、审美表号、西洋的种种表号、中国的表号图案及其意义等。书前有编者陈之佛序，书中有插图160幅，书后附图10页。

《图画教材概论》

吕澂编，郑昶、朱文叔校，中华书局，1924年（民国13年）7月初版。

新师范教科书。共分 10 章。内容包括总说、位置法与轮廓法、远近法与描画法、明暗法与浓淡法、色彩法与配色法、图案法、几何画法与工作图、图画教材与儿童之美的判断、图案教材与儿童之描画能力、图画教材之选择排列及其标准。书前有编辑大意。

第 66 册

《基本工艺图案法》

傅抱石编译，商务印书馆，1939 年(民国 28 年)3 月初版，1940 年(民国 29 年)6 月再版。

共分 4 部分，首述重要之原则，次论器体之组成，次论器体之装饰，最后殿以装饰图案实例。书前有凡例。书中有插图 144 幅，书后为图案实例 6 页。

《基本图案学》

傅抱石编译，商务印书馆，1936 年(民国 25 年)2 月初版，1940 年(民国 29 年)12 月 4 版。

职业教科书委员会审查通过的一本职业学校教科书。除卷首总说图案之体系外，全书共分 13 章。第一章要素与资料，第二章写生与便化，第三章美的感觉，第四章构成形式之原理与法则，第五章要素配列上之调和法，第六章单独模样，第七章二方连续模样，第八章唐草模样构成法，第九章四方连续模样，第十章统觉与错觉，第十一章立体美之要件，第十二章成形法，第十三章器体面之装饰。书前有王云五所作编印职业教科书缘起和傅抱石所作序，书中有插图 84 幅。

《电影化装法》

金光洲编，商务印书馆，1938 年(民国 27 年)7 月初版。

电影小丛书。共分 9 章。第一章电影化装的史的考察，第二章电影化装的目的论，第三章电影化装的特性论，第四章电影化装的种类，第五章电影化装的用品与它的实际运用，第六章电影化装与年龄，第七章好莱坞化装法简论，第八章立体化装论，第九章结论——普特符金的话。书后附参考书目。

第67册

《色彩学》

刘以祥著，商务印书馆，1931年（民国20年）4月初版，1934年（民国23年）9月国难后第1版。

共分13章，包括绪论，色之原理，色彩之对比、调和、分解、变化，色彩与情、境之关系，服饰与住宅之配色，保护色在战术上之应用，色彩与摄影术等内容。书后附勘误表。

《色彩学》

史岩编，中华书局，1932年（民国21年）9月出版，1948年（民国37年）4月4版。

共分13章，包括色与光的关系、光带、物体色的产生原因、色彩的三要素、色彩的混合与补色、光线的原色与物体色的原色、色彩的名称与系统的配列、色彩的感觉、色彩的对比、眼的构造与机能、眼的辨识的错误、色彩与感情、色彩材料、色的配合与调合等内容。书前有编者史岩序言。

《色彩学ABC》

俞寄凡著，世界书局，1931年（民国20年）3月初版，9月再版。

ABC丛书。共分22章，内容包括色彩是什么、光与色有如何关系、光源、白光的色带、色之发生原因、所谓原色是什么、绘画上之三原色、心理学上之三原色、色盲病、色之要素与要语、色调等。书前有徐蔚南所作ABC丛书发刊旨趣。

《实用色彩学》

李慰慈编著，商务印书馆，1939年（民国28年）7月初版。

本书原是作者为广州省立第一职业学校编写的讲义，后经职业教科书委员会审查通过，成为职业学校教科书。除绪言外，共分3章，分别是物象色彩的模仿、和色的创造、和色原理之应用。书前有王云五所作编印职业教科书缘起和编者的话。

《色彩学纲要》

吕澂著，商务印书馆，1933 年（民国 22 年）12 月初版。

万有文库本。全书共分为光、色、色觉及其应用 3 编。书后附《标准色与白黑灰对比变化表》《两色对比变化表》《配色表》《主要颜料性质表》。

第 68 册

《色彩学研究》

温肇桐编著，商务印书馆，1947 年（民国 36 年）9 月初版。

艺术研究丛书。共分 10 章。第一章序说，第二章色彩的光学的根据，第三章色彩学的要素与混合，第四章色彩的对比与变化，第五章色彩的感觉，第六章色彩的配合，第七章绘画上的色彩材料，第八章色彩与绘画，第九章色彩与生活，第十章色彩与舞台。书前有编者例言，书后附录《配色图板的制作和使用》和参考书目。

《舞台色彩学》

向培良著，商务印书馆，1936 年（民国 25 年）9 月初版。

戏剧小丛书。共分 9 章，包括总论、色彩原理、各种色彩的特性、运用色彩的几种法则及布景、道具、服装、灯光的色彩等内容。书前有戏剧小丛书编纂例言和作者向培良叙言，书后有参考书目。

《透视学》

嘉择义原著，沈良能译述，商务印书馆，1917 年（民国 6 年）3 月初版，1926 年（民国 15 年）11 月 7 版。

共分 6 章，内容包括释名，透视学大纲，正方形立方体及其应用，平圆曲线，八等边形、六等边形、棋盘形，影及反影。书前有沈良能绪言，书中有插图 336 幅，书后附英、法名词对照表。

第69册

《透视学》

魏元信编,商务印书馆,1939年(民国28年)3月初版。

工学小丛书。共分6编,每编各有目次。包括总论、附平面图透视画法、透视基本法则、物体倾斜、阴影学、反光学等内容。书前有李麟玉弁言、编辑大意、编者自序、例言。

《简易透视画法》

朱铣、徐刚合编,开明书店,1936年(民国25年)11月初版,1949年(民国38年)1月新1版。

本书是一本中等学校教科适用的教科书,专供中等学校图画教学之用。分为平行透视、成角透视、参考图和应用图3部分,内容包括点的透视、直线的透视、平面形的透视、立体的透视等。书前有绪言,书后附录用语对照表及平面几何画法、立体投影画法、简易透视画法练习解答题。

《透视画法》

黄涵秋编,开明书店,1930年(民国19年)12月初版。

共分5章,包括总论、并行透视画法、成角透视画法、阴影的透视画法、虚像等内容。书前有序言,交代了成书缘由。

《透视术便览》

华伦著,陈岳生译,商务印书馆,1937年(民国26年)1月初版。

职业学校参考书。共分4部分,分别为通论、水平视心透视图、倾斜视心透视图及反射图、影、曲线、向心尺等。书前有两序、致谢词、导言。

《透视学撮要》

沈良能译述,1928年(民国17年)12月,上海土山湾印书馆第2版印。

为高小学习绘画之课本。本书内容包括透视学释名、地线、视平线、圆锥视线、测量底稿、透视底稿、透视之线等。书前有沈良能绪言、潘谷声序。

第70册

《透视学》

姜丹书著,中华书局,1933年(民国22年)4月发行,1948年(民国37年)4月4版。

本书为美术教学理论书籍。共分10章,内容包括透视学的基本原则、直线消失于视点时一定的规律、直线消失于距离点时一定的规律、直线消失于余点时一定的规律、直线消失于天际点及地下点时一定的规律、曲线及曲线形体的透视规律、各种规律的应用问题、阴影与透视、反影与透视、写生上的要诀。书前有铜版图2面及卷头语。

《图案》

赵岷泉编绘,商务印书馆,1939年(民国28年)3月初版。

为职业教科书委员会审查通过的职业学校教科书。主要叙述了关于图案一般的知识和方法。除绪言和结论外,共分8章,包括总论、色彩、图案原则、描法论、图案资料、自然和便化、纹样形式和感情、平面模样组织法等内容。书前有时任山东省立济南工业职业学校校长孟宪冀序、例言。书中有插图100幅。书后附录图案制作手续,并附参考图86幅、美术字17篇、花体英文字16篇。

《图案画法》

朱西一编,中华书局,1947年(民国36年)12月初版。

中华文库初中第一集。共分4章,内容包括总说、资料和便化、平面图案画法、立体图案画法等。书中有插图45幅。

第 71 册

《图案法 ABC》

陈之佛著，世界书局，1930 年（民国 19 年）9 月初版，1932 年（民国 21 年）10 月 4 版。

ABC 丛书。共分 9 章，内容包括序说、美的原则、图案与实用、研究图案的方针、自然与便化、模样分类、平面模样组织法、图案色彩、立体图案大意。书前有例言，书后附录《关于图案制作上的种种手续》。

《图案构成法》

朱稣典、潘淡明合编，中华书局，1935 年（民国 24 年）5 月发行，1938 年（民国 27 年）10 月 3 版。

中等学校教科书适用。共分 7 章，内容包括总说、便化的方法、适合模样的构成、二方连续模样的构成、四方连续模样的构成、绘画模样的构成、立体图案的构成。书前有绪言，书后附问题和练习题 85 个。

《图案之构成法》

陈浩雄编著，商务印书馆，1936 年（民国 25 年）6 月初版，1947 年（民国 36 年）7 月 6 版。

为职业教科书委员会审查通过的职业学校教科书。共分 6 章，内容包括总说、图案构成的各要项、各种基本的构成例、各种图案的构成例、器物图案的构成例、参考资料。本书注重实用，图例丰富，共有 160 余面。书前有编者自序。

第 72 册

《艺用人体解剖学》

陈之佛编，开明书店，1934 年（民国 23 年）出版。

共分 3 章。第一章总论；第二章论骨，内容包括总说、头骨、颜面的四腔、头骨余论、躯干骨、四肢骨等；第三章论筋，内容包括总说、头筋、颜面筋余论、颈筋、躯干部筋、四肢筋等。书前有编者序，书后附录人体骨骼与筋肉图解、人体解剖表解、颜面画法的要领，书中有插图120余幅。

《艺用解剖学》

姜丹书著，商务印书馆，1930年（民国19年）11月初版，1947年（民国36年）4月2版。

共分8章。第一章绪论；第二章骨骼概论；第三章骨骼各论，内容包括躯干、上肢骨、下肢骨、头骨等；第四章筋肉——肌肉概论；第五章筋肉各论，内容包括背筋、肩胛筋、颈筋背部、胸筋、腹筋等；第六章表情论，内容包括表情之原则、快乐的表情、苦痛的表情、爱慕的表情、憎恶的表情、表情与国风等；第七章容貌论，内容包括容貌学、头骨与年龄、容貌之要素等；第八章权衡论。书前有著者所作卷头语，书中有插图140余幅。

《用器画》

文法初编制，北平华北科学社印行，1934年（民国23年）9月初版。

中学师范适用教本。内容包括名称、作图时应用器之名称及使用方法、直线、面、圆与切线及比例、曲线、制图用之各式字体。

第73册

《中西图案画法》

孙蔚民编绘，大众书局，1949年（民国38年）3月再版。

全书共分中西图案画法和参考绘画图案两大部分。前一部分内容包括图案法、平面图案、立体图案等；后一部分收录了丰富的图案样式，包括单位模样、带形模样、单独模样、围形模样、连续模样、文字图案、缘边图案、绘画图案、竹器、木器、铜器、漆器、瓷器、中国建筑、西洋建筑等。

《野外写生论》

周继善著，上海民智书局，1931年（民国20年）11月初版。

共分6编。第一编总论，论述了野外写生的定义、理论及本身的重要性；第二编分论，内容包括野外写生的材料、基本训练、物体观察、光度辨别、色彩辨别、空间辨别及流派的树立等；第三编我国山水画发达的原因，内容包括道德伦理政治观、宗教思想、胡人入侵和汉族南迁、绘画传统思想、文人画之树立等；第四编西方风景画发达迟缓的原因，内容包括希腊主义的胜利、希伯来主义的衰颓、克服自然的唯人观、绘画传统思想、浪漫主义和自然主义之兴起与风景画、近代欧洲风景画鸟瞰；第五编野外写生赏鉴略述，论述了野外写生赏鉴的一般常识、技巧之推敲、思想和时代及作者主观之伸引等；第六编野外写生实施概述，论述了从小学校、初级中学、高级中学、师范学校到艺术专科学校野外写生在艺术教育上的实施问题。书前有孙俍工序、作者自序及插图8幅。

第74册

《画学心法问答·树蕙编·端石考·端溪研坑记》

邈园丛书本。《画学心法问答》一卷，布颜图撰，丁丑年（1937）春三月蟫隐庐印行。内容包括山水画家南北二宗如何分别法、山水布置法、墨有黑白浓淡干湿六彩如何用法、笔有筋骨皮肉四势如何得法、无墨求染法、经营位置法、熟练披麻皴法等。书前有罗振常序、作者序，书后有门人戴德乾、施克洪所作跋各一。

《树蕙编》一卷，方时轩撰，丙子年（1936）季夏蟫隐庐印行。是一本关于兰花古籍的书。书中将兰花的每个部位剖析开来深入讲解，内容包括根、叶、笋、萼、花、色、舌、捧心、栽培、浇灌、杂志等。书后有罗振常校记。

《端石考》一卷，无名氏撰。丙子年（1936）闰三月蟫隐庐印行。本书收录了对端砚的若干则考释。书后附袁树《端溪砚谱记》。书后有罗振常校记。

《端溪研坑记》一卷，李兆洛撰，丙子年（1936）闰三月蟫隐庐印行。本书对端溪研坑进行了较为详尽考释。

《松雨楼画课》

罗止园著，北平和记印书馆，1936 年（民国 25 年）5 月出版。

共分 10 章。第一章山水画法总论，第二章画山法，第三章画树法，第四章画松法，第五章画竹法，第六章画泉水法，第七章画云法，第八章生纸渝染及设色法，第九章熟纸渝染及设色法，第十章余兴。其中，第十章收录诗集《墨寿轩遗诗》。书前有罗止园肖像、罗止园序、凡例。书后有罗止园教授山水画法暨汉文启事（附简章）。

《图画学习法》

潘淡明编，中华书局，1947 年（民国 36 年）12 月初版。

中华文库初中第一集。共分 4 部分。第一总说，包括为什么要学习图画、怎样修炼鉴赏的能力、怎样修炼发表的能力等内容；第二写生画的学习，包括学习写生画的态度、应该从哪一种画法开始，铅笔画、水彩画的用具的种类和注意点及在画法上的注意点，怎样练习构图、画轮廓，色彩的混合和调和应怎样注意等内容；第三图案画的学习，包括学习图案画的注意点、原则，制作图案画在画法上的注意点，怎样学习构成形状，色彩的调和等内容；第四几何画的学习，包括学习几何画的注意点，几何画的制作顺序、作图时的注意点等内容。

第 75 册

《儿童画教材》

邹雅编绘，华北新华书店，1946 年（民国 35 年）10 月出版。

美术小丛书之一。图画教材，内容包括怎样教儿童画画、各种物体的三种基本形状、立体、明暗、远近法、构图、人头的画法、人的年龄画法、火柴人、人身的比例、写生等。书前有序言。

《画学真诠》

刘海粟编纂，商务印书馆，1919 年（民国 8 年）10 月初版。

共分 11 章。第一章总论，第二章材料使用，第三章线与浓淡之关系，第四章写生概念，第五章静物写生，第六章风景写生，第七章描写之实例，第八章速写法，第九章动物写生，第十章人物写生，第十一章色铅笔画。书前有张玄田序、桂绍烈序、作者自序及凡例。

《创造的儿童绘画指导研究》

温肇桐编著，商务印书馆，1948 年（民国 37 年）2 月初版。

国民教育文库。共分 6 章，内容包括创造、游戏与儿童艺术，儿童绘画的形相与心理，关于儿童自由画的问题，教师、设备、媒材的诸条件，创造的儿童绘画指导实例，作品的批订、欣赏与展览。书前有作者序、致谢词，书中有插图 10 幅，书后附参考资料。

《儿童绘画之心理》

黄翼著，商务印书馆，1938 年（民国 27 年）7 月初版。

共分 9 部分，内容包括概论、研究的方法、发展的程序、个别差异和图画测验、男女差异、各种民族儿童的图画、儿童图画与儿童心理的各方面、儿童绘画和原始民族绘画之比较、教育上的结论。书前有作者自序，书后附参考书目。

《绘画入门》

许敦谷、陈影梅合编，开明书店，1936 年（民国 25 年）6 月初版，1946 年（民国 35 年）12 月 6 版。

除结论外，共分 3 章。第一章序论；第二章作画的一般的条件，内容包括位置的配置法、形体的概念、笔触的兴味、明暗与阴影、色彩的判断等；第三章写生画各论，内容包括概说、素描、色铅笔与色粉笔、淡彩与水彩、油画等。结论部分探讨了绘画的题材，包括肖像画、风俗画、裸体画、动物画、静物画、风景画等。

第76册

《木刻教程》

刃锋著,文化工作社,1949年(民国38年)8月沪初版。

新知识丛刊第一辑。共分3部分。第一部分创作方法论,内容包括怎样学习木刻、关于方法上的学习和运用、怎样观察与表现等;第二部分技术论,内容包括木板和刀的认识、画稿作法、基本刻法、黑与白、刀的性能、线的运用等;第三部分鉴赏艺术论,内容包括论艺术之鉴赏、关于木刻之鉴赏、专家之偏见、人民艺术木刻之基本条件、木刻之美学基础等。书前有作者自序。

《木刻教程》

李桦作,中华全国木刻界抗敌协会,1940年(民国29年)7月出版。

全书共分5篇。第一篇一般的话,内容包括什么叫作版画、木刻在版画艺术中所占的地位、木刻的分类、木刻运动在中国、抗战中木刻运动的意义等;第二篇木面木刻制作法,内容包括制作准备、制作过程等;第三篇木口木刻制作法,内容包括准备些什么、怎样刻、怎样印、西洋木口木刻的演进等;第四篇套色木刻制作法,内容包括正副版套色法、色块套色法、印刷手续等;第五篇关于绘画的修养,内容包括向社会学习、“写生”使你成功等。书前有木刻作品4幅、卷首语,书后有后记、勘误表。

《木刻的技法》

傅抱石编著,商务印书馆,1940年(民国29年)9月初版。

共分3章。第一章绪论,论述关于版画的常识,内容包括什么是版画、复制版画和创作版画、木刻等;第二章木刻,说明木刻的一般技法,内容包括用具与材料、雕版、印刷等;第三章西洋木刻,讨论西洋木刻法,内容包括西洋木刻的用具与材料、雕版、印刷等。书前有作者序、插图10余幅,书后附本书重要参考书籍。

《木刻创作法》

白危编译,鲁迅校阅,读书生活出版社,1937年(民国26年)1月出版。

是一本关于木刻的入门书。共分两大部分。前一部分为理论部分，分 8 章，内容包括概说、创作版画的意义、版画的种类、中国木刻史略、西洋木刻史略、木刻作法、附录、介绍几种翻印的木刻画。后一部分为插图，共计 40 幅。书前有鲁迅序言和鲁迅书信手稿一份，另有作者白危所写编译经过，书后有后记。

《木刻手册》

野夫著，文化供应社，1949 年(民国 38 年)7 月再版。

共分 7 章。第一章版画概说，第二章木刻概说，第三章用具及材料的准备，第四章刻作的程序，第五章画面构成诸要素，第六章学习步骤，第七章木刻史话。卷首有绪言，书中有插图版画 24 幅，书后有三版增订感言、参考书介绍。

第 77 册

《木刻初步》

刘铁华著，中华书局，1947 年(民国 36 年)12 月初版。

中华文库初中第一集。共分 5 章。第一章总论，第二章木刻艺术与绘画各部门之关系，第三章木刻艺术与艺术解剖学，第四章新兴木刻艺术的题材与任务，第五章创作木刻的过程。书前有版画 4 幅和作者序言，书后附参考书。

《新木刻》

罗果夫编，时代书报出版社，1948 年(民国 37 年)9 月初版。

全书分木刻创作和理论与技法两大部分。木刻创作部分收录木刻版画作品 75 幅，理论与技法部分收录论述版画创作的论文 21 篇。书前有编者序言，书后有编后记。

《木刻画刻制过程》

肇野著，生活书店，1949 年(民国 38 年)7 月东北初版。

共分 7 章，内容包括前言、木料的选择、怎样处理木版、绘稿、刻法与刀具的介绍、如何拓印和选择纸张、尾语。书前有序。

《怎样研究木刻》

野夫著，会文图书社，1940 年（民国 29 年）1 月出版。

写读丛书别辑之一。共分 10 章，内容包括代序——鲁迅先生所留给我们的遗言、绪论——木刻在抗战时期的重要性、中国新兴木刻艺术发展的概况、版画概说、木刻概说、木刻的用具及材料、木刻制作的程序、拓印、木刻制作的几个基本条件、木刻创作的准备等。书前有陈仲明所作前言，书中有插图 42 幅，书后有附记。

《山水画诀》

潘衎辑，中华新教育社，1923 年（民国 12 年）8 月初版，1936 年（民国 25 年）10 月 6 版。

共 3 卷。卷一山水画法，包括画树法、画山法、画水法、画云烟法、画人物法、画屋宇寺观法等内容；卷二山水画论，包括论宗派、论笔法、论墨法、论着色、论气韵、论十二忌、论经营位置等内容；卷三名家画诀，收录有王维山水诀、王维山水论、荆浩笔法记、李成山水诀、郭熙山水训等。书前有潘衎序。

第 78 册

《山水画法类丛》

黄憩园著，出版信息不详。

本书专论画法，在卷前略例中明言，“古人论画之书，多详于画评画史，而略于画法。本书则专谈画法，而不及画评画史。根据各家学说，断以个人意见”，而本书论画，“注重具体方法”。全书分上、下篇。上篇内容包括局势、笔墨、景象、气韵、杂论等，下篇内容包括山、石、皴染、树、云、雪、风、雨、水、人等。卷前有张须序、作者自序、略例，卷末附有本书摘用书目。

《山水入门》

胡锡铨著,商务印书馆,1920年(民国9年)10月初版,1931年(民国20年)4月7版;1932年(民国21年)10月国难后第1版,1937年(民国26年)4月国难后第4版。

共分10章。第一章总论,第二章树木,第三章石山,第四章泉水云烟,第五章人物屋宇,第六章运用法,第七章渲染法,第八章书诀漫录,第九章参考用书,第十章临帖须知。书前有张一麟、蒋维乔、蔡元培三人的题签,有冯农、贺良朴手迹版序言,并有作者自序、例言。

《油画法之基础》

陈抱一著,中华书局,1927年(民国16年)2月发行。

共分11章,内容包括绘画的研究、油画的发明、素描、色、油画颜料、油类、画布及笔、用具及画室、习画时的准备及注意、静物、风景、人物、构图略说、技术的意义等。书前有著者序。

《油画入门》

俞寄凡编,商务印书馆,1934年(民国23年)4月初版,1935年(民国24年)4月再版。

共分20章,内容包括油画之起源、学画前之心得、油画的用具、颜料的性质、日光之作用、油、油画布、黑镜、使用材料时之注意、古今之手法、鉴赏与摹写、素描、静物写生等。

《新体油画解说》

卡利安原著,潘履洁译述,商务印书馆,1921年(民国10年)6月初版,1929年(民国18年)5月5版。

中学校、师范学校用书。卷上练习,卷下原理。该书"有实习,有原理。其大纲已尽于此",而有志于油画创作者"潜心于此,固与从师无异"(自序)。书前有朱南一序、译者自序。

第 79 册

《画学心印》(二册)

秦祖永辑,商务印书馆,1937 年(民国 26 年)12 月初版。

万有文库本。共 8 卷,内辑录上自晋唐,下迄清初诸家研画理论,包括论画事始、顾恺之画评、王维山水诀、张彦远画辨、韩愈画说、米芾西园雅集记、董其昌画眼、恽格瓯香馆画跋、桐阴画诀等。书前有四序及例言。

《图绘宝鉴》

夏文彦著,商务印书馆,1930 年(民国 19 年)10 月初版。

万有文库本。是一本绘画史传著作,共 5 卷。卷一为叙论,有六法、三品、三病、六要、六长、制作楷模、古今优劣、粉本、赏鉴、装褫书画定式、叙历代能画人名等;卷二介绍三国吴至五代画家;卷三介绍宋代画家;卷四介绍南宋及金朝画家;卷五为元代及外国画家。书末附《补遗》一卷、《续编》一卷、《续补》一卷。卷前有杨维桢序、作者自序,以及续编时滕霄序、作者自序。书后有重刊后记、姚名达所作后记。

《中国绘画上的六法论》

刘海粟编著,中华书局,1931 年(民国 20 年)11 月发行,1936 年(民国 25 年)2 月 3 版。

共分 4 章。第一章谢赫以前的画论,探讨了从庄子、韩非子、刘安、张衡、王廙、顾恺之、宗炳到王微的画论;第二章谢赫的六法论,探讨了六法论的起源及具体内容;第三章谢赫以后的六法论,探讨了姚最、张彦远、郭若虚三人的画论;第四章气韵生动说的分歧与辩护。书前有刘海粟序言。

第 80 册

《图画教授法》

出版信息不详。

共分 16 章,内容包括图画与人世之关系、图画与普通教育之关系及其要旨、图画科教授法之沿革、图画之种类、小学校所当教授之图画形式、教材之选择排列及教授细目、图画科与他学科之关系等。书前有勘误表。

《毛笔画法》

王景石编,中华书局,1947 年(民国 36 年)12 月初版。

中华文库初中第一集。共分两章。第一章画法概论,内容包括毛笔画法的学习要旨、方法、程序等;第二章画法各论,内容包括花卉的画法、风景的画法、鸟兽的画法、人物的画法。书前有编者自序,书后附参考图 10 幅。

《铅笔画法》

潘罗因、蒋行僧编,中华书局,1947 年(民国 36 年)12 月初版。

中华文库初中第一集。共分 3 章,内容包括概说、用具、画法等。书后附图 32 幅。

《漫画概论》

刘枕青编著,商务印书馆,1938 年(民国 27 年)7 月初版。

共分 5 章。第一章总论,内容包括漫画的意义、起源、种类、功用等;第二章漫画在中国的演变,探讨了维新运动以前及辛亥革命以后,直至九一八事变后的民族复兴时期中国漫画的发展情况;第三章漫画家的基础修养,探讨了漫画家的素质、基础修养、读书观察与思索、职业的修养等问题;第四章漫像,内容包括漫像写生法、意匠法及面部各器官的位置及形状、面部表情法等;第五章漫画法示例。书前有编者自序,书后附参考书目并有附图 6 面。

《谐画法》

浮士德著,徐震池译,上海新亚书店,1933 年(民国 22 年)11 月初版。

共分 8 章。第一章涉笔成趣,第二章滑稽面容绘法——全面表情,第三章滑稽面容绘法——半面表情,第四章全面绘法,第五章面与身之修饰,第六章讽刺画,第七章因物见趣,第八章应用谐画。书前有译者序。

《新制用器画》

王雅南编辑,中华书局,1914 年(民国 3 年)8 月发行,1921 年(民国 10 年)1 月 7 版。

中学校师范学校适用,供图画教学之用。全书共分两编。第一编用器画定义,第二编平面几何画法。书前有杨保恒序、编辑大意。

第 81 册

《素描入门》

俞寄凡编,商务印书馆,1934 年(民国 23 年)4 月初版,1935 年(民国 24 年)2 月再版。

是一本关于素描的入门书。共分 16 章,内容包括素描的意义、视觉之练习、废除临摹、木炭画之材料用具、模型、模型之安置、利用灯光、描写前之注意、简要的画谈、人体美释要、颜之研究、全身之比等。

《静物画研究》

陈抱一著,商务印书馆发行。

艺术研究丛书。本书以对话问答形式写成,从画材选择、构图要点、素描技巧、色彩表现、习作方法、创作理论等方面讲解静物画基本知识,深入浅出,通俗易懂,是一本面向初学者的实用美术教程。共 12 章,其中第一至第八章讨论了静物画写生中的实际问题,第九至第十二章以理论研究为主。书前有著者例言。

《新体粉画写生法》

王观仁等编纂,商务印书馆,1921 年(民国 10 年)2 月初版、11 月再版。

本书可供中学校、师范学校、艺术学校作教本用及研究粉画学者之参考。共分 8 章,内容包括绪论、材料及绘具、材料之运用、三种绘法、写生法、速写、保存及装潢、余论。书前有凡例。

《黑板画指导》

薛珍编著,正中书局印行,1949 年(民国 38 年)3 月初版。

本书为编者据当时部颁师范学校课程标准编制,供师范生练习黑板画用,并备小学教师之参考。共分 7 章,包括概论、材料、特趣和笔技、形和线、入手法、描写法、图例等内容。书前有作者自序。

《国画六法新论》

沈叔羊著,艺术书店发行,1944 年(民国 33 年)8 月初版(渝),1946 年(民国 35 年)5 月 3 版(沪)。

共分 10 章,内容包括六法与无法、国画的特征、法则的法则、气韵生动、经营位置、笔墨色、师法造化、传模移写、鉴赏、学画蹊径。书前有作者自序。

第 82 册

《水彩画概论》

倪贻德著,光华书局印行,1926 年(民国 15 年)9 月初版,1929 年(民国 18 年)9 月再版。

共分 5 章,内容包括总论、写生论、色彩论、静物写生、风景写生。书后附录《抒情的绘画》《近代艺术的趋向》两文。

《水彩画纲要》

俞寄凡著,上海艺术图书社,1935 年(民国 24 年)1 月出版。

共分 6 章,内容包括绘画、水彩画、色彩、色彩之应用、实习水彩画以前之根本准备、水彩画之实习。

《水彩画》

杨长济编,商务印书馆,1924 年(民国 13 年)2 月初版,1929 年(民国 18 年)4 月再版。

大学院审定的现代初中教科书。共分 3 编,计 21 课,内容包括莱菔、国旗、苹果、莘荑、蜀葵、菊花、桃花和杨柳、月季、颓废的城门、浸在夕阳里的农家等。

《水彩画的实际研究》

周继善编著,商务印书馆,1938 年(民国 27 年)7 月初版。

共分总论、分论、附论 3 章。第一章讨论了水彩画的义界、评价及源流、用具;第二章讨论了水彩画的基本技法、构图法、取材法、着色法,以及静物画描法、风景画描法、人物画描法、动物画描法等;第三章讨论了铅笔画、钢笔画、木炭画、水墨画着色法。书前有王道源序言、著者例言、插图 12 面。

第 83 册

《芥子园画稿全集》

中央书店,1936 年(民国 25 年)8 月初版。

系统介绍了中国画的技法,系中国画学入门经典。内容包括《清在堂画学浅说》及树谱、山石谱、人物屋宇谱、名家画谱、梅谱、兰谱、竹谱、菊谱等,包举山水、花鸟、梅兰竹菊、人物的结构,是一部中国传统绘画的经典课本。

《中国文人画之研究》

陈衡恪译述，中华书局，1922年（民国11年）5月发行，1932年（民国21年）9月6版。

全书共分两部分：一为陈衡恪所作《文人画之价值》一文，认为“文人画之要素：第一人品，第二学问，第三才情，第四思想，具此四者，乃能完善”；二为《文人画之复兴》一文，大村西崖述，陈衡恪译。本书对于今日了解研究民国学人，对于文人画的思索有一定价值。书前有姚茫父序、廉南湖题辞。

第84册

《名画家的故事》（二册）

史岩编，商务印书馆，1949年（民国38年）3月第1版。

儿童工作丛书。全书分上、下册。上册收录了《才绝画绝痴绝的画家》《把画的龙点好了眼睛就飞去了》《一日画成三百里山水的百代画圣》《败于张将军胜过李罗汉》《一个愿在画家门下做仆人的画家》《死也不愿为富豪贵人作画》等6篇文章，分别讲述了顾恺之、张僧繇、吴道子、跋异、范川庄、陈洪绶的故事。下册收录《一个专门想做官的西洋画家》《穷画家的一幅画价值七十五万法郎》《劳苦一生奋斗至死的密启朗基罗》等3篇文章，分别讲述了达维德、法郎沙·密莱、密启朗基罗的故事。

《给绘画青年》

黄茅著，开明书店，1948年（民国37年）12月初版。

本书为书信集，收录的是黄茅写给池君的有关绘画的书信。共分5辑，总计17篇。分别有《你的周围都是图画》（楔子）、《我们为什么喜欢图画》（美术与人生的关系）、《图画的祖先》（绘画的发生）、《钟馗斩邪，神荼吃鬼》（民间的绘画）、《怎样想？怎样画？》（内容和形式）、《好不好？像不像？》（画家和画匠）、《“中国画”的生平大事》（中国绘画简史）、《字写得好，画画得妙》（中国绘画的特点）、《孔老夫子坐飞机》（今日的中国画）等。

《画人行脚》

倪贻德作，上海良友图书印刷公司，1934 年(民国 23 年)10 月初版。

本书收录了倪贻德所作游记 8 篇，分别是《画人行脚》《佛国巡礼》《虞山秋旅记》《岁暮还乡记》《苏游漫笔》《南国行》《海上中秋》《香港印象像记》。这本书作者“除纪游之外，还零零碎碎写了一些对于绘画方面的感想”(《前记》)。书前有插画 10 幅。

第 85 册

《学画的故事》

叶绍钧、吴研因、王志瑞等编，中华书局，1948 年(民国 37 年)2 月初版。

中华文库小学第一集高级美术类。本书讲述了一个学画的故事，语言通俗流畅，适合儿童阅读。

《艺苑交游记》

倪贻德著，上海良友图书印刷公司。

此书写下了倪贻德与决澜社同人和其他有才华的画家或深或浅的“交游”，作者虽自谦为“零碎的印象”，却是迄今为止关于决澜社的最为完整的回忆，而且文采斐然，颇具可读性。收录了《决澜社的一群》《南游忆旧》《画像的故事》《记几个美术青年》《关良》《王道源》《号外新闻》《刘狮印像记》8 篇文章。在序言里，作者就提到了这本书的由来和主要内容，“赵景深先生要我为《青年界》写点画家印像记之类的文章”，“这里所写的，并不是堂堂的艺术批评，也不是严正的作家评传，不过是我个人对于几个画友们的零碎的印像而已。其间虽也有涉及到各人艺术的地方，也只是自己的一点断片的感想”。

《世界名画和画家的故事》

戚焕尧、莫如权编，文通书局，1946 年(民国 35 年)11 月贵阳初版。

青年文库。全书共探讨了 10 幅名画和 10 位画家的故事，包括文西和《蒙娜里沙》、莫奈和《印象日出》、塞尚和《水浴图》、顾恺之和《女史箴》等。

《郑板桥评传》

陈东原著，商务印书馆，1928 年（民国 17 年）8 月初版，1933 年（民国 22 年）7 月国难后第 1 版。

国学小丛书之一。共分 17 章，内容包括我辈中人、生卒考略、贫困、范县、“潍夷长”、卖画扬州、“金陵怀古”、至性、情史、“青藤走狗”、“元和公公”、字画、诗、词、出世观念、平民主义、后人，大致叙述了郑板桥的生平及人格思想。

《王摩诘》

梅泽和轩著，傅抱石译，商务印书馆，1935 年（民国 24 年）5 月初版。

王维是我国唐代著名的诗人和绘画家，被誉为“画中有诗，诗中有画”。本书以翔实的史料对王维的生平进行勾勒，并对其诗作和画作进行了较细致精到的评述。共分 6 章。第一章太上至道圣皇天帝，内容包括玄宗之治化、玄宗之余韵；第二章王摩诘，内容包括王摩诘传、王摩诘之诗；第三章初唐之画坛，内容包括阎立本与尉迟乙僧、李思训与吴道元；第四章王摩诘之画，内容包括山水画、人物画、花鸟画、画评；第五章王摩诘之画论，内容包括画则、画学秘诀；第六章北画与南画，内容包括地理之说明、人种之差异、北皴与南皴、北画与南画。书前有译者序、原序，书后附王摩诘年表。

《晋唐二大画家》

温肇桐著，世界书局，1945 年（民国 34 年）12 月出版。

中国名画家丛刊之一。本书分顾恺之、王摩诘两卷。顾恺之卷包括晋代绘画概说、顾恺之事迹考记、顾恺之画学论述 3 节，卷后附顾恺之先生年表和参考书目。王摩诘卷包括唐朝绘画概说、王摩诘之一生、王摩诘之诗和画 3 节，卷后附王摩诘先生年表和参考书目。书前有陆高谊所作中国名画家丛刊前言、作者自序。

第 86 册

《元季四大画家》

温肇桐著,世界书局,1945 年(民国 34 年)10 月出版。

中国名画家丛刊之一。本书共分黄大痴、王叔明、倪云林、吴仲圭 4 卷,各卷分别叙述了各人的生平事迹、绘事、画论、诗词等。每卷卷后均附有年表和参考书目。

《明代四大画家》

温肇桐著,世界书局,1946 年(民国 35 年)11 月出版。

中国名画家丛刊之一。本书共分沈石田、文征明、唐伯虎、仇十洲 4 卷。各卷分别叙述了各人的生平事迹和艺术造诣。各卷后均附有年表和参考书目。

《清初六大画家》

温肇桐著,世界书局,1945 年(民国 34 年)6 月出版。

中国名画家丛刊之一。本书共分王烟客、王圆照、王石谷、王麓台、吴渔山、恽南田 6 卷。各卷分别叙述了各人的生平事迹和艺术造诣。各卷后均附有年表和参考书目。

第 87 册

《清代书画家字号引得》

蔡金重编,哈佛燕京学社,1934 年(民国 23 年)10 月出版。

引得第 21 号。全书收选清代书画名家共 5787 位,分两编。第一编"人名引得",以人名为主,名下注明字号、别号、谥号等,并标明与该人物有关资料的详细出处。第二编"字号引得",以字号为主,字号下只注明本名,不标所见之处。本书是查找清代书画家原始传记资料的工具书,可供专业研究人员、书画爱好者参阅。

《中国画家人名大辞典》(一)

第 88 册

《中国画家人名大辞典》(二)

孙籀公著,神州国光社,1934 年(民国 23 年)8 月初版,1936 年(民国 25 年)3 月再版。

全书选收起自远古,迄于近代近万名画家为词条,词条按画家姓氏笔画为序编排,同姓画家又依时代先后排列。词条内容包括画家原名、朝代、里居、字号、绘事、画论,并酌情收琐闻逸事。每条都注明资料来源。本辞典选材丰富,可供绘画专业人员和业余爱好者使用参考。

《世界裸体美术选》

上海良友图书公司,1936 年(民国 25 年)6 月初版。

全书原收 150 幅图像,此底本缺图近 20 幅。本书根据作品年代共分 6 章,即古代及中世纪、文艺复兴期、十七八世纪、近代、19 世纪、现代。书前有编者例言。书后附有图像索引,对每一幅画和作者略作说明。

第 89 册

《西洋画苑》(全二册)

刘海粟撰辑,中华书局,1929 年(民国 18 年)4 月发印,1932 年(民国 21 年)9 月初版。

海粟丛刊。上册共分 6 章,即近代绘画发展之现象及其趋向、初期文艺复兴期的绘画、文艺复兴期之伟才、文艺复兴期以后之法国各画派,以及画家康司坦堡尔、哥罗。书前有作者自序、图版 130 幅。下册共分 3 章,即印象主义的绘画、后期印象主义、画家辉司莱。书后有插图 130 幅。综观之,该书涉及欧洲近代代表画家的生涯、创作、逸事等。

第 90 册

《英国版画集》

萧乾编选，上海晨光出版公司，1947 年（民国 36 年）出版。

所收录作品共分彩色版画、人物、风景与建筑、花卉、动物、飞禽、虫鱼及其他 7 卷，共收集版画百余幅。一页一画，画下作者、画名、版画样式讯息一并俱全。书前有萧乾所作代序《英国版画与我们——向中国作家、版画集、出版家们诚恳建议》，约略介绍了英国版画的渊源与历史。代序后有鸣谢词。书后附录作者略传，对每位版画作者作了简略介绍。

《庶联的版画》

韦太白辑，多样社出版部，1936 年（民国 25 年）5 月初版。

多样丛书之一。收录苏联版画作品 104 幅。书前有鲁迅《记庶联版画展览会》一文，书末附“写在书后”。

《苏联版画集》

上海良友图书印刷公司，1936 年（民国 25 年）7 月出版。

收录苏联版画作品 159 幅，前面 8 幅为彩色版。书前有蔡元培题词、鲁迅序、赵家璧译《苏联的版画》和出版者的“谢言”。

《欧洲名画采访录》

黄觉寺著，艺浪出版社，1939 年（民国 28 年）8 月出版。

青年美术学会丛书之一。本书为作者赴欧洲考察随笔，介绍了欧洲各国所藏名画。收有意大利、荷兰、德国、西班牙、英吉利、法兰西、比利时等国艺术大师的作品，并附作者介绍。书前有颜文樑的序、作者绪言，书末附名画家之签字式、欧洲主要博物馆等之主要收藏一览表、欧洲著名藏画地名一览表。

第 91 册

《凯绥·珂勒惠支版画选集》

鲁迅编,文化生活出版社,1936 年(民国 25 年)10 月初版。

新艺术丛刊第 1 种。收录版画作品 21 幅,鲁迅选画并作序目。书前有茅盾翻译的序《凯绥·珂勒惠支——民众的艺术家》。

《凯绥·珂勒惠支之画》

香港人间画会,1949 年(民国 38 年)5 月初版。

本书为凯绥·珂勒惠支 1897—1932 年作品选。共收录版画作品 37 幅。书前有谢子真的《人民艺术家凯绥·珂勒惠支》一文,对作者作了简要介绍。书后有勘误表。

《普希金画传》

葛一虹编辑,戈宝权说明,天下图书公司,1947 年(民国 36 年)出版。

中苏文化协会丛书之一。此书是为纪念普希金逝世 110 周年出版的。全书内容包括普希金的童年和学生时代、彼得堡时代、在南方、米哈伊洛夫斯克村放逐时代、放逐后的时代、普希金的名著、在波尔金诺、普希金的婚后生活、普希金的决斗和死等。

《高尔基画传:童年》

刘建庵,开明书店,1947 年(民国 36 年)4 月初版、10 月再版。

本书据高尔基《童年》,一页木刻画,一页小说情节,共收录 26 幅木刻画。

《俄国图画故事全集》

加立克原著,董任坚编译,商务印书馆,1937 年(民国 26 年)2 月初版。

中华儿童教育社乙种丛书之一。共分 3 集,收录总计 36 篇图画故事。第一集收录了《一个金蛋》《小房子》《猫咪、雄鸡和狐狸》《仙鹤和鹭鸶》《雪花》《面包》《跷脚鸭子》《猫先生》等 11 篇;第二集收录了《雄鸡和豆子》《母羊和小羊》《饿的狼》《乡下老和大熊》《花狗和雄鸡》《熊的掌》等 9 篇;第三集收录了《狐狸和兔子》《小羊和大狼》

《麻雀和草叶子》《灰色的小羊》《狐狸和仙鹤》《乡下人和兔子》等16篇。书前有董任坚序。

《特朗》(世界名画集第一集)

刘海粟编,中华书局,1932年(民国21年)8月发行,1934年(民国23年)4月再版。

本书收录了安特莱·特朗绘画作品20幅。书前有刘海粟作《安特莱·特朗》一文。

《刘海粟》(世界名画集第二集)

傅雷编,中华书局,1932年(民国21年)8月初版。

本书收录了刘海粟绘画作品20幅。书前有傅雷作《刘海粟》一文,此文后附录法国赖鲁阿作《刘海粟展览会序》。

第92册

《梵高》(世界名画集第三集)

刘海粟编,中华书局,1933年(民国22年)4月初版。

本书收录了梵高绘画作品20幅。书前有刘海粟作《梵高的热情》一文。

《苏联木刻》

葛一虹编,天下图书公司,1947年(民国36年)出版。

收录了法服尔斯基、梭科洛夫、史塔罗诺索夫、康士坦丁诺夫、克拉甫兼珂、巴甫洛夫、毕珂夫、波列珂夫、沙赫诺夫斯卡娅、苏沃洛夫10人的木刻画37幅。书前有郑振铎序,书后附葛一虹编后记。

《浮士德百三十图》

Franz Staffen绘,郭沫若编述,群益出版社,1947年(民国36年)12月出版。

本书收录《浮士德》第一部、第二部的插图130幅，每幅图均有说明。书前有郭沫若的《〈浮士德〉简论》。据书前《说明》可知，本书根据柏林徐累特(Ludwig Schroeter)《浮士德》之插图翻印。

《安得生》(第一集)

时代图书公司，1934年(民国23年)1月出版。

共收录漫画作品《当心危险》《1+1=1》《“谢谢”》《莫明其妙》《望石担兴叹》《徒劳》《扫垃圾》《总之太长》《不是瞎子》《倾家荡产》《干一杯》《代劳一下》等100幅。

《西班牙的苦难》

加斯特拉绘，巴金编，平明书店，1940年(民国29年)7月初版。

新艺术丛刊第4种。共收录图片10幅，每幅图均附说明文字。书前有C. N. T.全国委员会的“献辞”、加斯特拉的序。

《欧洲在漫画中》

黄尧编，1940年(民国29年)4月出版。

辑集了第二次世界大战时的漫画作品48幅。书前有黄尧所作序。

《柏林生活素描》

亨利·遮勒绘，吴朗西选编，文化生活出版社，1935年(民国24年)8月初版。

世界漫画选集之一。共收录30幅漫画作品。书末附吴朗西的后记。

书法

第1册

《标准草书》

出版信息不详。

收录于右任先生草书临写的《千字文》。

《标准小楷》

上海三民图书公司印行,1935年(民国24年)4月再版。

本书依据1932年(民国21年)10月教育部颁布的课程标准而编辑,供高小学生或其他同等程度者练习书法之用。

《泼墨斋法帖》

出版信息不详。

本帖共9卷,收录崔瑗、张芝、钟繇、卫夫人、王羲之、王献之、虞世南、褚遂良、欧阳询、孙过庭、怀素、孙思邈、陆柬之等历代名家作品。

《补藤华馆石墨目录》

叶贞甫先生撰,武林叶氏印行,1942年(民国31年)3月出版。

此册专收各种造像石刻自北魏以迄李唐及无年月造像碑及造像目录。附有《商水县志名宦传》之作者传记。

第2册

《草字汇》(子丑、寅卯、辰巳、午未)

第3册

《草字汇》(申酉、戌亥)

石梁编集,商务印书馆,1917年(民国6年)10月初版。

丁巳秋八月涵芬楼影印。收录历代名家之草字帖,共87位书法名家字帖。本书将草书名家所书写的草字,按照字典顺序同时陈列,以供后学者比较研习,对弘扬草书艺术有重要价值。

《淳化阁帖》(第一——第五)

第4册

《淳化阁帖》(第六—第十)

出版信息不详。

共10卷。是中国最早的一部汇集各家书法墨迹的法帖。收录了中国先秦至隋唐一千多年的书法墨迹,包括帝王、臣子和著名书法家等103人的420篇作品。

《淳化阁帖释文》

出版信息不详。

该书是对淳化阁帖的介绍,逐卷作跋,详加校勘。

《大楷瘗鹤铭精华》

上海世界书局印行,1924年(民国13年)3月出版。

名人大楷法帖精华丛书之一。《瘗鹤铭》是古人为葬鹤而撰写的一篇铭文。书法气势宏逸、格调高雅,是中国古代书法篆隶向楷书过渡最具代表性作品,历代书法家对它赞誉不断,认为它达到了楷书字体的最高境界,在中国书法史上有坐标意义。

《戴文节公百字箴真迹》

文节公后裔藏，中华书局印行，1918年（民国7年）10月发行，1936年（民国25年）10月9版。

该书收录戴文节书法作品若干。戴熙，字醇士，谥号“文节”，清代画家。辞官归里后主持崇文书馆。擅画山水，学王恽笔墨，兼师宋元诸家，尤善花卉及竹石小品，能治印。

第5册

《东书堂集古法帖》（第一——第七）

第6册

《东书堂集古法帖》（第八—第十）

出版信息不详。

本书以《淳化阁帖》为主，参以《秘阁续帖》，并增入宋、元人书法，集为10卷。首有自序和凡例，每卷首有正书帖名及卷次。《东书堂帖》作为明代早期的刻帖具有代表性，也是这一时期比较著名的法帖。此帖由前代法帖拓本转摹，朱有炖因其地位高贵且对碑刻临摹多有爱好，因此，《东书堂集古法帖》能够汇集自汉至元的诸位名师大家的手迹，尤为珍贵。此外，本帖首册书有明代书法家祝允明的序，文征明的题跋；盖有鉴赏家董其昌、王士剑、邵桓的印证，皆可视为古代书法珍品。

《东魏元悰王偃侯海元壁　北齐元贤高百年》

出版信息不详。

收录东魏、北齐碑刻若干幅。

《儿童美术字谱》

傅德雍绘编，儿童书局印发，1948年（民国37年）11月发行。

本书供高小学生及14岁以下儿童作为学习美术课本和参考。

《法书考》

盛熙明著，商务印书馆印发，1934年（民国23年）9月初版。

元代盛熙明编著的一部书法理论著作。是由盛熙明总结前人和自己学习书法的经验编辑而成。共8卷。卷一书谱，分两部分，一为集评，二为辨古。卷二字源，分两部分，一为梵音，二为华文。卷三笔法，分两部分，一为操笔，二为挥运。卷四图诀，分两部分，一为图诀，二为偏旁。卷五形势，分两部分，一为布置，二为肥脊。卷六风神，分三部分，一为性情，二为迟速，三为方圆。卷七工用，分三部分，一为宗学，二为临摹，三为丹墨。卷八附录，分两部分，一为印章，二为押署、跋尾。因该书是作者依个人学书经验和摘录前人书论著述编撰而成，故持论尚平允，保存了一部分书法史料，对研究书法史具有一定价值。

第7册

《钢笔字范》

散木、白蕉合书，万象图书馆印行，中央书店发行，1949年（民国38年）3月初版。

此书全面细致地介绍了钢笔的执笔方法，楷书的基本运笔和钢笔书写笔法，精写了楷、行、草三体字范。本书是20世纪40年代由邓散木和当时著名的书法家白蕉合著出版，也是中国发行出版的第一本楷、行、草全面的钢笔字帖，可谓开启了硬笔书法之先河。

《古鉴阁藏汉石门颂》

秦炯孙编集，艺苑真赏社发行，各大书局代销，1917年（民国6年）4月初版发行。

《石门颂》是东汉刻石中的一枝奇葩，也是摩崖刻石中的精品。《石门颂》字随石势,参差错落,纵横苍茫,朴拙雄浑,气势恢宏,风神疏宕,素有“隶中草书”之称,为历代金石家所喜爱和推崇。

《古今尺牍墨迹大观》(第一——第六)

第8册

《古今尺牍墨迹大观》(第八、九、十、十一、十三、十四)

出版信息不详。

广采博收历代翰札之佳作,汇成此洋洋大观。上至汉代下迄清代,包括张芝、欧阳询、苏轼、米芾、祝允明、董其昌、纪昀、张之洞等236位书法名家,可从中窥觅书学习尚、时代风标,是书法爱好者不可多得的研习读本。

《古籀汇》(一)

第9册

《古籀汇》(二、三、四、五、六)

金陵傅厚光编,1945年(民国34年)中国印学研究社印于重庆。

共6册14卷。古籀文字启于七国,亡于秦,兴于汉,昌明于宋,盛于清而发皇于当代。本书系编者萃集甲骨刻辞、钟鼎款识、周宣石鼓、秦汉吉金,及古陶、古币、古兵器之文字,以说文系甲骨、大小篆,并依诸家解释汇编而成。

《国父墨宝》

北方杂志社发行,1948年(民国37年)3月初版。

介绍孙中山先生的墨迹若干。

第 10 册

《汉碑隶体举要》

商务印书馆发行，1918 年（民国 7 年）1 月初版。

是编旨在比较隶书与楷书体制之殊，有加有省有借有讹，未可任意通写。特辑出与楷法不同者 800 余字，分四声编次，各举其异体或体，所从所省，本字俗字同字，通用借用。

《汉晋石刻墨影》

罗振玉辑，出版信息不详。

著录古石刻文字而以双钩法保存原形的，始自黄易《小蓬莱阁金石文字》。其后叶志诜、徐渭仁、张德容等人的著录，不但勾勒不清，且粗工拙刻，笔意尽失。赵之谦、杨守敬等人的著录，虽比前几人勾勒精美，但所收碑刻却真伪糅杂。罗振玉著此书，所录碑刻，选自咸丰、同治以前所未见的汉魏石刻，共 20 种。

《翰苑七贤楷书楚辞》

商务印书馆，1935 年（民国 24 年）7 月初版。

吾季衡收藏，发行人王云五。收录洪思亮、周克宽等人书写《离骚》《天问》等内容。

《行书大字典》（子丑）

第 11 册

《行书大字典》（寅卯）

《行书大字典》（辰巳）

《行书大字典》（午未）

《行书大字典》（申酉）

第 12 册

《行书大字典》（戌亥）

上海有正书局精印发行，1916 年（民国 5 年）初版。

本书按笔画多少顺序及偏旁部首分类，介绍行书的写法。

《行草书例》（一册）

陈公哲著，商务印书馆发行，1939 年（民国 28 年）8 月初版。

本书介绍各种行、草书的书写范例。

《黑白图案字》

出版信息不详。

简单介绍黑白美术字的内容。

《胡主席遗墨》

出版信息不详。

收录胡汉民书法若干。

第 13 册

《石渠宝笈三编目录》

罗振玉编，出版信息不详。

该书共有 3 编，由乾隆皇帝命令大臣编纂，初编成书于乾隆十年（1745），共 44 卷；二编成书于乾隆五十八年（1793），共 40 册；三编成书于嘉庆二十一年（1816），共 28 函。书中收录的均为清朝宫廷所藏之书画作品。

第 14 册

《八贤手札》(全一册)

国学整理社出版，世界书局印行，1935 年(民国 24 年)10 月出版。

本书选取曾国藩、胡林翼、骆秉章、左宗棠、彭玉麟、曾国荃、沈葆桢、李鸿章八人手札为内容。本书序文作者瞿鸿禨，跋语作者郭嵩焘。

《郑板桥全集》(全一册)

郑燮著，国学整理社出版，世界书局印刷，1935 年(民国 24 年)8 月初版。

收录郑板桥书法作品，有家书、诗抄等。郑燮，字克柔，号板桥，清代书画家，其诗、书、画，世称“三绝”，是清代比较有代表性的文人画家。

第 15 册

《晋王羲之书二》

出版信息不详。

收录王羲之书法作品若干。王羲之，字逸少，兼善隶、草、行、楷各体，精研体势，广采众长，自成一家。

《六朝墓志精华》

出版信息不详。

有晋 1 种，北魏 7 种，东魏 2 种，北齐 3 种，隋 12 种。

《康南海先生墨迹》

侠安居士编纂，上海环球书局发行，1931 年(民国 20 年)11 月初版。

该书全 4 册。收录康有为在维新失败后流亡时的手迹，极具史料价值。

第 16 册

《李孝美墨谱》(三卷)

李孝美著,1930 年(民国 19 年)1 月故宫博物院图书馆印。

全书共分 3 卷。是宋代李孝美所撰我国最早的一部关于制墨的书。上卷是图,主要用图画说明制墨程序。中卷是式,主要把一些唐宋制墨名家所制该墨的形式记录下来。下卷是法,讲制墨的烟、胶、药肥料及仲将墨、廷珐墨等古墨的配方,特别对宋代新出现的浊烟制墨的各种配方,进行了详细的记述。

《隶书大字典》(第一—第五)

第 17 册

《隶书大字典》(第六—第十四)

第 18 册

《隶书大字典》(第十五)

扫叶山房发行,1941 年(民国 30 年)影印。

该字典主要介绍名家碑帖中的隶书写法。

《隶书大字典续编》(第一—第十五)

《隶书大字典再续编》(第一—第十五)

扫叶山房发行,1941 年(民国 30 年)影印。

主要介绍名家碑帖中的隶书写法。

《林文忠公写经小楷》

林翔收藏,商务印书馆发行,1933 年(民国 22 年)7 月初版。

收录林则徐小楷抄写经文若干。

第19册

《于院长标准草书千字文》

出版信息不详。

收录于右任先生临写的标准草书千字文。右任先生致力整理并以古代童蒙识字用的《千字文》内容为研究对象,由此诞生了《标准草书》。

《邻苏老人手书题跋》(全二册)

出版信息不详。

丙辰中秋宜都杨氏观海堂印。收录作者为书法名家碑帖写的题跋。前有杨守敬照片两幅。

《眉山苏氏三世遗翰》

北平故宫博物院印行,1933年(民国22年)2月出版。

收录眉山苏氏三世遗翰,艺苑真赏社出版汉郑固碑、汉夏承碑、汉鲁峻碑、汉礼器碑、大风堂名迹。

《名人尺牍墨宝》(第一集)

文明书局选印、发行,民国纪元前二年十一月初版,1913年(民国2年)5月再版。

是书3集18册,每集6册。收录明清两代161位名家墨宝,计267件。第一集6册,收入明代李东阳、文征明、唐顺之、屠隆、文彭、王守仁、倪元璐、王铎等44人尺牍73通。

第 20 册

《明贤墨迹》(上、下)

许安巢收藏,商务印书馆印发,1931 年(民国 20 年)4 月初版。

选取明代沈度、沈周、唐寅、陈文东、刘昌、刘珏、聂大年、姚绶、金琮、文征明、吴桂芳、王守仁等 30 多人墨迹若干。

《墨表、墨品、观石录、水坑石记》

出版信息不详。

该书是关于墨的品种、开采、制作等方面的介绍。

《潘膺祉墨评》

出版信息不详。

收录明代墨家潘膺祉对墨的评论。

《平民千字帖》(全一册)

平民教育科编辑,青年协会书局发行,1926 年(民国 15 年)8 月初版。

以平民为阅读对象的千字文字帖。

第 21 册

《屏庐丛刻》(第五册)

出版信息不详。

本书包括铜鼓书堂词话、画梅题记、书法偶集、南宗抉秘 4 个部分。

《钱梅溪攀云阁帖初集》

《钱梅溪攀云阁帖二集》

《钱梅溪攀云阁帖三集》

《钱梅溪攀云阁帖四集》

出版信息不详。

钱泳在晚年将其历年所临汉碑50多种模刻而成“攀云阁”临汉碑，又名《攀云阁帖》。

第22册

《钱南园丛帖》(第二册)

《钱南园丛帖》(第三册)

《钱南园丛帖》(第四册)

《钱南园丛帖》(第五册)

《钱南园丛帖》(第六册)

钱沣先生书写，上海碧梧山庄珍藏及出版。

本丛书收录碑帖拓片若干种。钱沣，号南园，清代大臣。书画家，工楷书，学颜真卿，又参以欧阳询、褚遂良，笔力雄强，气格宏大，行书参宋南宫笔意，峻拔多姿。

《秦会稽刻石》

秦䌹孙收藏，艺苑真赏社发行，1921年(民国10年)6月印。

《会稽刻石》是刊刻于秦始皇三十七年(前210)的一方摩崖石刻，传为李斯所书，俗称“李斯碑”，属小篆书法作品，与《峄山刻石》《泰山刻石》《琅琊刻石》合称“秦四山刻石”。

《秦书八体原委》(上册)

《秦书八体原委》(下册)

天津博物院发行，1921年(民国10年)8月出版。

该书旨在考察秦书八体即大篆、小篆、刻符、虫书、摹印、署书、殳书和隶书发展演变的始末。八体之中，只有小篆和隶书留存而应用。以已认定的秦器为根据，依类考文，上溯其渊源，下综其归结。每体之下，详举例证与所未著录之文字，搜采十分丰富，说解颇为详明。

《秦书集存》（全一册）

天津博物院印发，1922年（民国11年）7月出版。

收录秦时书法作品若干。

第23册

《清爱堂墨刻》（一）

《清爱堂墨刻》（二）

《清爱堂墨刻》（三）

《清爱堂墨刻》（四）

出版信息不详。

收录清代刘墉书法作品若干。刘墉不仅是政治家，更是著名的书法家，是帖学之集大成者，被誉为清代四大书法家之一。

《清内阁旧藏墨迹碑拓目录》

出版信息不详。

收录旧藏墨迹及碑拓目录若干。

《瑞安姚雁秋先生墓志铭家庙记》

出版信息不详。

因姚琮其父姚雁秋逝世，他曾请吴敬恒篆书题笺，章太炎亲撰并以行楷、小篆两体所书《瑞安姚君墓志铭》、姚琮自书《先严言行述略》，又将先前吴敬恒、章太炎墨迹汇辑，以资纪念与凭吊。

《涉园墨萃》(一)

第 24 册

《涉园墨萃》(二)

第 25 册

《涉园墨萃》(三)

第 26 册

《涉园墨萃》(四)

第 27 册

《涉园墨萃》(五)

出版信息不详。

收录《墨谱法式》三卷、《墨经》一卷、《墨史》三卷、《墨法辑要》一卷、《墨海》十卷、《中舟藏墨录》三卷等有关墨的各种制作、鉴别、传世名墨品种,介绍详尽。

《石屋洞造像题名》

罗振玉校录,出版信息不详。

杭州石屋洞,位于南高峰石屋岭下,是著名的"烟霞三洞"之一。此为洞内造像罗汉题名拓本全套,共 58 种。

《书林纪事》

马宗霍撰，商务印书馆印发，1935 年(民国 24 年)10 月初版。

该书是由马宗霍整理创编并刊印发行，其中比较著名的是讲文征明对于书法的态度端正，刻苦认真，以至于他的书法水平突飞猛进。

第 28 册

《书法大成》

万象图书馆出版，1949 年(民国 38 年)元月印行。

该书收录沈尹默、谭延闿、马公愚、于右任、白蕉、张继等 40 余位近代书法名家的临摹或书法创作作品。

《书谱及其他三种》

王云五主编，商务印书馆发行，1936 年(民国 25 年)6 月初版。

该书收录孙过庭《书谱》、姜夔《续书谱》、张绅编《法书通释》等内容。

第 29 册

《说文篆法百韵歌》(第一册)

《说文篆法百韵歌》(第二册)

出版信息不详。

原为清代沙青岩所撰，对初学者掌握篆书规律，深入学习篆书，探究文字来源很有好处。《篆法百韵歌》原作 100 多韵，现剔除少数冷僻内容，删成整 100 韵。并试将原注释文字改写得通俗易懂，以能熟记辨识为佳。

《郑板桥四子书真迹》(一)

《郑板桥四子书真迹》(二)

《郑板桥四子书真迹》(三)

《郑板桥四子书真迹》(四)

第30册

《郑板桥四子书真迹》(五)

出版信息不详。

该书收录郑板桥书写《大学》《论语》《中庸》《孟子》《墨子》等内容真迹作品。

《松坡军中遗墨》(一)

《松坡军中遗墨》(二)

蔡锷著,中华书局印刷,1917年(民国6年)7月发行。

收录了蔡锷1915—1916年护国战争中的书函、电稿,包括蔡锷书函4封、电稿103封。

《宋徽宗书诗卷》

北平故宫博物院印行,1933年(民国22年)8月出版。

收录宋徽宗的瘦金体书法作品。

《宋人法书》(第一册上卷)

《宋人法书》(第一册下卷)

《宋人法书》(第二册)

《宋人法书》(第三册)

《宋人法书》(第四册)

北平故宫博物院编辑。第一册,1930年(民国19年)10月出版。第二册,1931年

(民国20年)2月出版。第三册,1931年(民国20年)3月出版。第四册,1931年(民国20年)5月出版。

该书收录宋朝书法名家如宋徽宗、司马光、欧阳修等人书法作品。

《宋四家真迹》

北平故宫博物院编辑,1933年(民国22年)双十节印行。

该书收录宋四家书法作品若干。宋四家,即苏轼、黄庭坚、米芾、蔡襄四人,是后人认为最能够代表宋代书法成就的四人。

第31册

《宋仲温书张怀瓘论用笔十法墨迹》

卓君庸收藏,和记印书馆印制,1934年(民国23年)6月2版。

参用楷、行、章草诸书体,录唐代张怀瓘《论用笔十法》。书体变化适意,用笔自如,圆劲飞动,韵致朴茂。

《苏文忠题挑耳图真迹》

端陶斋收藏,文明书局发行,1927年(民国16年)3月3版。

是对苏文忠题挑耳图真迹的影印。

《隋梁环成公夫人》

出版信息不详。

收录书法碑刻若干幅。

《碎金》

国立北平故宫博物院文献馆影印,1935年(民国24年)5月出版。

内容为天文地理知识的介绍,具有一定的书法价值。

《谭祖安先生书麻姑先坛记》(上册)

《谭祖安先生书麻姑先坛记》(下册)

黎书林平收藏,商务印书馆印发,1934年(民国23年)10月初版。

收录谭祖安先生书写的麻姑先坛记。

《唐楷选目》

蒋乐庵藏,中华书局印发,1923年(民国12年)5月印刷。

该书收录虞世南、欧阳询、褚遂良、张旭、薛稷等唐代楷书名家作品。

《联拓大观六十三唐李思训碑》

秦絅孙收藏,古鉴阁藏,上海艺苑真赏社印行,1921年(民国10年)6月出版。

《李思训碑》著名书法碑刻,李邕撰文并书。铭文记述李思训生平事迹。

《碑联集拓七十一唐争座帖》

秦絅孙收藏,古鉴阁藏,上海艺苑真赏社印行,1926年(民国15年)10月出版。

《争座位帖》有篆籀气,为颜书第一。字相连属,诡异飞动得于意外。

第32册

《联拓大观唐砖塔铭》

秦絅孙收藏,古鉴阁藏,上海艺苑真赏社印行,1919年(民国8年)10月重排印行。

唐王居士砖塔铭,唐显庆三年(658)十月立,此志为唐代赫赫有名的小楷墓志。

《天冠山临本》

出版信息不详。

赵孟頫曾在天冠山立碑,并撰文书丹,即为天冠山24景撰写的诗帖,遍写贵溪风光。书法以婉媚胜，故为人们所爱好。

《王羲之研究》

沈子善编著，正中书局印行，1948年（民国37年）2月初版。

关于王羲之生平、家世、书法作品及理论的介绍。

《王子萱先生遗墨》

出版信息不详。

收录王子萱先生书法作品若干。

《翁松禅相国公尺牍真迹》（一）

《翁松禅相国公尺牍真迹》（二）

《翁松禅相国公尺牍真迹》（三）

《翁松禅相国公尺牍真迹》（四）

《翁松禅相国公尺牍真迹》（五）

第33册

《翁松禅相国公尺牍真迹》（六）

《翁松禅相国公尺牍真迹》（七）

《翁松禅相国公尺牍真迹》（八）

《翁松禅相国公尺牍真迹》（九）

《翁松禅相国公尺牍真迹》（十）

《翁松禅相国公尺牍真迹》（十一）

《翁松禅相国公尺牍真迹》（十二）

中华书局印行，1920年（民国9年）发行，1926年（民国15年）4月3版。

该书收录清代翁同龢尺牍真迹等10种。包含翁松禅相国尺牍真迹、家书、左传句解、百纳诗存、白岳凝烟、中华古今画苑、左传快读、四书集注、鉴摄、纲鉴易知 10 种。

《吴中丞说文部首墨迹》

出版信息不详。

收录篆书作品若干幅。

《写字手册》

高英编集，出版信息不详。

全书选收著名书法家王羲之、颜真卿、黄山谷、祝允明、吴昌硕等代表作品 40 余篇，详细具体地阐述古人作书的法度等基本知识，并指导初学书法者怎样执笔、运笔、点划，掌握字体结构，欣赏和临摹范本。

《徐广轩撰书王月潭小传》（全一册）

山西书局印行，1935 年（民国 24 年）9 月影印。

该书收录徐广轩撰写的王月潭先生小传。

第 34 册

《学篆必携续三十五举》

商务印书馆印行，1917 年（民国 6 年）1 月初版，1926 年（民国 15 年）9 月 6 版，1933 年（民国 22 年）8 月国难后第 1 版。

关于篆书学习的一些介绍。《续三十五举》是清代桂馥撰篆刻著作。

《颜书编年录》

出版信息不详。

共 4 卷，清代黄本骥编著的唐颜真卿书法作品汇编。此书按颜真卿的书法作品产生的年代编成。

《杨濠叟篆书诗经真迹》

出版信息不详。

收录杨濠叟篆书书写《诗经》。

《杨淮表记》

秦䌹孙收藏,上海艺苑真赏社印行,1922 年(民国 11 年)10 月印刷。

汉代著名摩崖刻石之一,为摩崖隶书,碑文 7 行,行 25 或 26 字不等,共计 173 字。该碑书法奇逸古雅,与《石门颂》相近。

《钦定秘殿珠林石渠宝笈续编》(第一册)

《钦定秘殿珠林石渠宝笈续编》(第二册)

《钦定秘殿珠林石渠宝笈续编》(第三册)

第 35 册

《钦定秘殿珠林石渠宝笈续编》(第四册)

《钦定秘殿珠林石渠宝笈续编》(第五册)

《钦定秘殿珠林石渠宝笈续编》(第六册)

《钦定秘殿珠林石渠宝笈续编》(第七册)

《钦定秘殿珠林石渠宝笈续编》(第八册)

第 36 册

《钦定秘殿珠林石渠宝笈续编》(第九册)

《钦定秘殿珠林石渠宝笈续编》(第十册)

《钦定秘殿珠林石渠宝笈续编》(第十一册)

《钦定秘殿珠林石渠宝笈续编》(第十二册)

《钦定秘殿珠林石渠宝笈续编》(第十三册)

第 37 册

《钦定秘殿珠林石渠宝笈续编》(第十四册)

《钦定秘殿珠林石渠宝笈续编》(第十五册)

《钦定秘殿珠林石渠宝笈续编》(第十六册)

《钦定秘殿珠林石渠宝笈续编》(第十七册)

《钦定秘殿珠林石渠宝笈续编》(第十八册)

第 38 册

《钦定秘殿珠林石渠宝笈续编》(第十九册)

《钦定秘殿珠林石渠宝笈续编》(第二十册)

《钦定秘殿珠林石渠宝笈续编》(第二一册)

《钦定秘殿珠林石渠宝笈续编》(第二二册)

《钦定秘殿珠林石渠宝笈续编》(第二三册)

第 39 册

《钦定秘殿珠林石渠宝笈续编》(第二四册)

《钦定秘殿珠林石渠宝笈续编》(第二五册)

《钦定秘殿珠林石渠宝笈续编》(第二六册)

《钦定秘殿珠林石渠宝笈续编》(第二七册)

《钦定秘殿珠林石渠宝笈续编》(第二八册)

第 40 册

《钦定秘殿珠林石渠宝笈续编》(第二九册)

《钦定秘殿珠林石渠宝笈续编》(第三十册)

《钦定秘殿珠林石渠宝笈续编》(第三一册)

《钦定秘殿珠林石渠宝笈续编》(第三二册)

《钦定秘殿珠林石渠宝笈续编》(第三三册)

第 41 册

《钦定秘殿珠林石渠宝笈续编》(第三四册)

《钦定秘殿珠林石渠宝笈续编》(第三五册)

《钦定秘殿珠林石渠宝笈续编》(第三六册)

《钦定秘殿珠林石渠宝笈续编》(第三七册)

《钦定秘殿珠林石渠宝笈续编》(第三八册)

第 42 册

《钦定秘殿珠林石渠宝笈续编》(第三九册)

《钦定秘殿珠林石渠宝笈续编》(第四十册)

王杰等,开平谭氏区斋影印,1948 年(民国 37 年)出版。

此书据清宫内府写本而成,为乾隆朝内府秘藏之宫廷书画目录,于今鉴赏考证古代书画极具资料性。

《右军书范》

铜山张勺圃藏,商务印书馆代印,1927 年(民国 16 年)7 月出版。

张伯英,原名张启让,字勺圃。著述《法书提要》,列举自宋至清帖刻 512 种,穷源别流，析论优劣，为我国书法碑帖学界权威名著。

《书苑菁华》（卷一—卷七）

第43册

《书苑菁华》（卷八—卷二十）

出版信息不详。

共20卷。介绍历代书法名家及书论、用笔、碑帖等方面的内容，采集前人论书篇章而辑成，是一部书法论著汇编。

第44册

《墨表》（四卷）

出版信息不详。

是明末清初年间由万寿祺撰写的书籍。该书主要讲述了对每块墨从正、背、左、右、式五方面，将墨的铭文、花纹和整体式样，都记录十分具体。第四卷为古今墨论，记述历代有关墨的记载。

《雪堂墨品》

出版信息不详。

张仁熙撰，专谈宋荦的藏墨。

《漫堂墨品》

出版信息不详。

藏墨家宋荦撰，专谈历代墨形、款识。

《夷门广牍》（十一）

出版信息不详。

《元赵文敏归去来兮辞真迹》

出版信息不详。

收录元代赵文敏书写《归去来兮辞》真迹。

《岳忠武奏草真迹》

方石荪收藏，商务印书馆印发，1936 年（民国 25 年）2 月初版。

该书收录岳飞草书真迹。

《当代名人书林》（全一册）

出版信息不详。

该书收录当代书法名家陈宝琛、罗振玉、章炳麟、于右任等人书法作品。

《得名迹珍品》（残本）

出版信息不详。

该书收录一些名家的书法、绘画作品若干。

第 45 册

《张氏四种》

出版信息不详。

该书收录书画见闻表、南阳名书表、南阳法书表、清河书画表 4 种，介绍书画方面的一些内容。

《赵松雪大楷习字范本》

上海有正书局发行,1914年(民国3年)5月初版,1917年(民国6年)5月4版。

该书介绍赵孟頫大楷字帖。

《赵松雪临黄庭经真迹》

上海有正书局发行,1924年(民国13年)5月12版。

该书收录赵孟頫临黄庭经书法作品。

《赵松雪小楷洛神赋真迹》

黄黄楼收藏,商务印书馆印刷,1939年(民国28年)8月初版。

该书收录赵孟頫小楷临写《洛神赋》。

《正草字典》(卷一)

《正草字典》(卷二)

《正草字典》(卷三)

《正草字典》(卷四)

上海扫叶山房,1922年(民国11年)发行。

该字典是按笔画、偏旁编排的草书字典。

《智永真草千字文》(一册)

商务印书馆印行,1925年(民国14年)10月初版,1933年(民国22年)5月第2版。

该书收录智永草书写的千字文。智永,本姓王,名法极,陈、隋间会稽人,是晋代书法大家王羲之的第七世孙。善书法,尤工草书。他用笔上藏头护尾,一波三折,含蓄而有韵律的意趣。

第 46 册

《正草隶篆大字典》(全一册)

中国文字研究社编,上海春明书店印行,1948 年(民国 37 年)9 月再版。

书法用工具书。所录楷、草、隶、篆四种书体相互对照,一目了然,是书法爱好者实用的一本工具书。

第 47 册

《篆文大字典六书分类》

《篆文大字典六书分类》(卷一)

《篆文大字典六书分类》(卷二)

《篆文大字典六书分类》(卷三)

《篆文大字典六书分类》(卷四)

《篆文大字典六书分类》(卷五)

第 48 册

《篆文大字典六书分类》(卷六)

《篆文大字典六书分类》(卷七)

《篆文大字典六书分类》(卷八)

《篆文大字典六书分类》(卷九)

《篆文大字典六书分类》(卷十)

《篆文大字典六书分类》(卷十一)

《篆文大字典六书分类》(卷十二)

上海锦文堂印行,出版信息不详。

该书是按照六书分类及笔画、偏旁编排的篆书大字典。

第 49 册

《篆文联语集四种》

出版信息不详。

该书收录用篆文书写的对联集若干。

《篆文论语》(一)

《篆文论语》(二)

《篆文论语》(三)

《篆文论语》(四)

吴大澂编,上海东方书局,1923 年(民国 12 年)出版。

该书是用篆文书写《论语》。

《宝贤堂集古法帖考正》

出版信息不详。

共 12 卷。《宝贤堂集古法帖》是明代晋府世子朱奇源奉其父晋庄王朱钟铉之命,并以其堂名“宝贤堂”为帖名,于明弘治九年(1496)在山西太原集刻的十二卷石刻丛帖。本书是对法帖的考正,由郑裕孚辑。

第 50 册

《宝颜堂秘笈》(正集第二)

《宝颜堂秘笈》(正集第三)

《宝颜堂秘笈》(正集第四)

《宝颜堂秘笈》(广集第四)

《宝颜堂秘笈》(普集第五)

《宝颜堂秘笈》(眉公杂著第六)

出版信息不详。

该书收唐、宋、元、明书籍229种，分正、续、广、普、汇、秘六集，所收多学故琐言、艺术语录之作，有史料价值。多为辑者亲手抄校。惜有自行删削者，为后人所讥。

《傅青主先生小楷曾子问》（全一册）

榆次常子襄先生收藏，监制者山西文献委员会，山西书局印发，1936年（民国25年）4月再版。

该书收录傅青主先生小楷书写的曾子问。

《干禄字书》

颜元孙撰，中华书局出版。

唐代书法家颜元孙创作的一部字书类著作。是收录唐代俗文字的一部字书，对于研究近代汉字有重要参考价值。

第51册

《八十一刻兰亭记》

容庚著，1939年（民国28年）5月出版。

主要介绍《兰亭序》的各种版本。

《习字秘诀》

上海广文书局，1920年（民国9年）3月10日出版。

主要介绍书法的笔法、点画、学书杂论等内容，是一部介绍书法的启蒙教科书，重在实用，通俗易学。

《笔法探微》

徐谦著，1931年（民国20年）2月初版。

为徐谦执教时所编授课讲义。主要介绍各种执笔、用笔、藏头、护尾等书法内容，较为详细分析了书法用笔之法。

《初小习字范本说明书》

教育部国民教育司、国民教育辅导研究委员会编印,1943 年(民国 32 年)4 月出版。

国民教育实际问题小丛书。主要介绍关于学生习字教学的一本书。共 5 篇,包括总论、笔顺练习、笔画练习、间架练习、临帖与附随书写。

《淳化秘阁法帖考正》(一)

《淳化秘阁法帖考正》(二)

第 52 册

《淳化秘阁法帖考正》(三)

《淳化秘阁法帖考正》(四)

商务印书馆发行,1935 年(民国 24 年)12 月初版。

清朝王澍撰,主要是对淳化阁帖收录内容进行的考正辨伪。参合诸家之说,兼米、黄、顾三家之意,论述古今法帖之缘起及诸帖真伪之考定,所论甚精辟。

《墨记·墨经·墨史》

王云五主编,商务印书馆发行,1936 年(民国 25 年)12 月初版。

主要是关于墨的发展演变、制墨工艺、制墨名家的介绍。

《墨法集要及其他五种》

王云五主编,商务印书馆发行,1939 年(民国 28 年)12 月初版。

主要介绍《墨法集要》《墨志》《漫堂墨品》《雪堂墨品》《笺纸谱》《金粟笺说》等墨法方面的内容。

《**砚史及其他四种**》

王云五主编，商务印书馆发行，1939 年（民国 28 年）12 月初版。

该书包括《砚史》《歙州砚谱》《端溪砚谱》《歙砚说》《辨歙石说》等，主要是关于砚的发展历史及制作工艺介绍。

第 53 册

《**六一题跋**》

欧阳修撰，王云五主编，商务印书馆印行，1936 年（民国 25 年）12 月初版。

该书主要是介绍欧阳修关于书法的论述。

第 54 册

《**广川书跋**》（一）

《**广川书跋**》（二）

董逌著，商务印书馆发行，1939 年（民国 28 年）12 月初版。

该书共 10 卷。前 4 卷记述周、秦钟鼎器及《诅楚文》《峄山铭》等石刻文字，共 75 种，皆详加考辨；第 5 卷记汉代金石铭文及石刻，共 27 种；第 6 卷记魏、晋、南北朝至隋代碑帖 38 种，其中多数为锺繇、皇象、王羲之、王献之、智永等名家作品，北魏只收 1 种，隋碑 2 种；第 7、8、9 卷为唐代书法家的碑帖，共 74 种，其中欧阳询、虞世南、褚遂良、薛稷、颜真卿、柳公权、张旭、怀素诸名家书法，多有收入；第 10 卷为五代至北宋书法家的作品，共 13 种。此书举凡钟鼎彝器之考辨、石刻碑帖文字之订证，书家书体之流变，莫不兼而备之。而最富特色的乃是作者对书法源流和风格的点评。

《**宝刻类编**》

王云五主编，商务印书馆发行，1936 年（民国 25 年）6 月初版。

该书是宋人编著的金石目录书籍，不著撰人名氏。本书搜采丰富、叙述详明，时间跨度大——始于周、秦,迄于五季,并记及宣和、靖康年号,较之郑樵《金石略》、王象之《舆地碑记目》收录碑目,多出几倍,亦可补欧阳修、赵明诚两家之遗漏,是宋代金石著录中比较有参考价值的一本。是书编写次第脉络清晰、结构严谨,每类又以人名为纲,载其所书碑目,其下标注年月地名,以备参考。

《周秦刻石释音》

王云五主编,商务印书馆发行,1936 年(民国 25 年)6 月初版。

主要是对收录周秦刻石的发音辨识。载《石鼓文》《诅楚文》《泰山峄山碑》。

《石鼓文音释》

王云五主编,商务印书馆发行,1936 年(民国 25 年)6 月初版。

主要是对收录石鼓文的发音辨识。卷一为石鼓古文,卷二为音释,卷三为今文,卷四为附录。

第 55 册

《魏公题跋 · 山谷题跋》

王云五主编,商务印书馆发行,1936 年(民国 25 年)六月初版。

该书主要介绍北宋黄庭坚等人的书法方面论述。

《无咎题跋及其他一种》

王云五主编,商务印书馆发行,1936 年(民国 25 年)12 月初版。

该书内容上以题诗、记事为主,关涉书画者凡 11 则,书画各半。对书侧重于历史方面的评议,有助于人们对这些墨迹背景的了解。对画侧重于记评,所记用语十分简朴,描绘画面栩栩如生,评语虽不多,但皆中肯綮,为欣赏艺术指点蹊径。

《益公题跋》(一)

《益公题跋》(二)

王云五主编，商务印书馆发行，1936 年（民国 25 年）12 月初版。

该书是宋代周必大关于书画的论述。共 470 余则，多题同时人书迹，以志事为主，少涉艺事。

《止斋题跋及其他二种》

王云五主编，商务印书馆发行，1936 年（民国 25 年）12 月初版。

该书包括《止斋题跋》《水心题跋》《西山题跋》三种。

第 56 册

《后村题跋》

王云五主编，商务印书馆发行，1936 年（民国 25 年）12 月初版。

共 4 卷，主要收录刘克庄题跋。

《文山题跋及其他二种》

王云五主编，商务印书馆发行，1936 年（民国 25 年）12 月初版。

本书共收录《文山题跋》《石门题跋》《遗山题跋》等内容。

《文待诏题跋及其他二种》

王云五主编，商务印书馆发行，1939 年（民国 28 年）12 月初版。

本书收录《文待诏题跋》《寓意编》《书画史》等内容。

《钤山堂书画记及其他一种》

王云五主编，商务印书馆发行，1937 年（民国 26 年）12 月初版。

本书收录《钤山堂书画记》《七颂堂识小录》等内容。

第 57 册

《好古堂家藏书画记(附续记)》

姚祭恒撰,商务印书馆发行,1937 年(民国 26 年)6 月初版。

本书收录姚祭恒有关书画论述内容若干。

《张忆娘簪花图卷题咏及其他一种》

王云五主编,商务印书馆发行,1937 年(民国 26 年)6 月初版。

本书收录《张忆娘簪花图卷题咏》《董午亭书画录》等内容。

《墨缘汇观录》(一)

《墨缘汇观录》(二)

《墨缘汇观录》(三)

王云五主编,商务印书馆发行,1937 年(民国 26 年)6 月初版。

共 4 卷,法书、名画各二卷。该书著录体例得其大要,叙述简当,鉴定谨严而有卓见,为清代一部较佳之画录书。

《元丰题跋及其他一种》

王云五主编,商务印书馆发行,1936 年(民国 25 年)12 月初版。

本书收录《元丰题跋》《东坡题跋》等内容。

第 58 册

《淮海题跋及其他二种》

王云五主编,商务印书馆发行,1936 年(民国 25 年)12 月初版。

本书收录《淮海题跋》《法帖通解》《海岳题跋》等内容。

《书史及其他一种》

王云五主编，商务印书馆发行，1937 年（民国 26 年）6 月初版。

本书收录《书史》《姑溪题跋》等内容。

《放翁题跋》

王云五主编，商务印书馆发行，1936 年（民国 25 年）12 月初版。

本书收录陆游撰写的题跋。

《鹤山题跋》

王云五主编，商务印书馆发行，1936 年（民国 25 年）12 月初版。

本书收录魏了翁撰写的题跋。

《兰亭考及其他一种》

王云五主编，商务印书馆发行，1936 年（民国 25 年）12 月初版。

本书收录《兰亭考》《兰亭续考》。

第 59 册

《绛帖平》

王云五主编，商务印书馆发行，1939 年（民国 28 年）2 月初版。

本书收录姜夔撰写的题跋。

《法帖谱系及其他二种》

王云五主编，商务印书馆发行，1939 年（民国 28 年）12 月初版。

本书收录《法帖谱系》《石刻铺叙》《凤墅残帖释文》等内容。

《宝刻丛编》(一)

《宝刻丛编》(二)

《宝刻丛编》(三)

第60册

《宝刻丛编》(四)

《宝刻丛编》(五)

陈思纂次,王云五主编,商务印书馆发行,1937年(民国26年)12月初版。

共20卷。金石学著作,是当时中国各地碑刻的总目。著录从秦石鼓文、诅楚文到五代石刻文字的目录,除碑刻外也包括少量铜钲、铜钟、铁器的铭文,还选取了一些法帖。书按南宋地方行政区划编排,将保存于每县的石刻名目依年代顺序排出。

《法帖释文及其他二种》

王云五主编,商务印书馆发行,1936年(民国25年)12月初版。

本书收录《法帖释文》《汇堂摘奇》《法帖神品目》等内容。

《石墨镌华》

赵崡著,王云五主编,商务印书馆发行,1937年(民国26年)6月初版。

本书收录周、汉、唐、宋、元等历代名碑。

《寒山堂金石林时地考及其他二种》

王云五主编,商务印书馆发行,1939年(民国28年)12月初版。

本书收录《寒山堂金石林时地考》《闲者轩帖考》《湛园题跋》等内容。

第 61 册

《唐昭陵石迹考略及其他一种》

王云五主编，商务印书馆发行，1939 年（民国 28 年）12 月初版。

本书共收录《唐昭陵石迹考略》《隐绿轩题识》等内容。

《苏斋唐碑选及其他一种》

翁方纲撰，王云五主编，商务印书馆发行，1936 年（民国 25 年）12 月初版。

本书收录《苏斋唐碑选》《苏斋题跋》等内容。

《苏米斋兰亭考》

翁方纲撰，王云五主编，商务印书馆发行，1936 年（民国 25 年）12 月初版。

本书是翁方纲撰写的关于《兰亭序》的考证。

《元魏荥阳郑文公摩崖碑跋及其他二种》

王云五主编，商务印书馆发行，1937 年（民国 26 年）12 月初版。

主要收录《元魏荥阳郑文公摩崖碑跋》《石门碑醳》《汉射阳石门画像汇考》等内容。

《淳化阁帖释文》（一）

《淳化阁帖释文》（二）

王云五主编，商务印书馆发行，1937 年（民国 26 年）6 月初版。

《淳化阁帖》是中国最早的一部汇集各家书法墨迹的法帖。所谓法帖，就是传统法式，将古代著名书法家的墨迹经双钩描摹后，刻在石板或木板上，再拓印装订成帖。共 10 卷，收录了中国先秦至隋唐一千多年的书法墨迹，包括帝王、臣子和著名书法家等 103 人的 420 篇作品，被后世誉为中国法帖之冠和“丛帖始祖”。

第 62 册

《墨薮》

纂者韦续,王云五主编,商务印书馆印行,1936 年(民国 25 年)12 月初版。

包括五十六种书、九品书人、书品优劣、续书品、梁武帝书评、书论等内容。

《书谱及其他三种》

王云五主编,商务印书馆印行,1936 年(民国 25 年)6 月初版。

包括《书谱》《续书谱》《法书通释》《春雨杂述》。

《书法离钩》

潘之淙著,王云五主编,商务印书馆印行,1939 年(民国 28 年)12 月初版。

共 10 卷。是书荟萃旧说,各以类从。前有自序、凡例。

《书法雅言及其他二种》

王云五主编,商务印书馆印行,1937 年(民国 26 年)12 月初版。

包括《书法雅言》《书法粹言》《频罗庵论书》。

《安吴论书及其他一种》

王云五主编,商务印书馆印行,1936 年(民国 25 年)12 月初版。

包括《安吴论书》《书学捷要》。

《海岳名言及其他二种》(一)

第 63 册

《海岳名言及其他二种》(二)

王云五主编,商务印书馆印行,1936 年(民国 25 年)12 月初版。

包括《海岳名言》《翰墨志》《宝真斋法书赞》。

《宣和书谱》(一)

第64册

《宣和书谱》(二)

王云五主编,商务印书馆印行,1936年(民国25年)12月初版。

该书是北宋徽宗宣和年间由官方主持编撰的宫廷所藏书法作品的著录著作。全书20卷,著录宣和时御府所藏历代法书墨迹,包括197人的1344件作品,按帝王及书体分类设卷。

《展览拓片目录》

国立北平图书馆、国立北平研究院联合展览,1936年(民国25年)9月出版。

该书主要介绍茂陵昭陵及大夏马石刻拓本、南阳汉画像拓本等。

《国音字母书法体式》

中华书局印刷、发行,1922年(民国11年)11月出版。

教育部颁行。主要介绍国音字母书法体式方面的内容。

《汉碑范》(卷五—卷八)

出版信息不详。

本书是其为初学汉隶者所编写的范本,主要收录桐城张祖翼选临汉碑石门颂、西峡颂、曹全碑等内容。

第 65 册

《广艺舟双楫》

康有为撰,王云五主编,商务印书馆印行,1937 年(民国 26 年)3 月初版。

又名《书镜》,近代书法论著。为康有为所著,是晚清最重要的书法专著,曾影响了整整一代书风。全书 6 卷 20 章,叙目一篇。卷一卷二是讲书体源流的,卷三卷四是评论碑品的,卷五卷六是讲用笔技巧、书学经验和各种书体的书写要求,全书涉及面很广,对书法艺术的各个方面几乎都有论述或评价。

《汉魏笔法研究要诀》

张宝棠著,出版信息不详。

主要介绍书法用笔方法等方面的内容。分概论、分论、杂说 3 编,讲述魏体的练习方法、要领等。

《行草入门》

出版信息不详。

主要是行草书写方面的介绍。

《画禅室随笔》(一)

第 66 册

《画禅室随笔》(二)

董思白著,广智书局校印。出版信息不详。

中国明代书法、绘画理论著作。分论用笔、评法书、跋自书、评古帖、画诀、画源、题自画、评旧画、评诗、评文、纪事、纪游、杂言、楚中随笔、禅说十五门。其言书画之旨,皆深造微妙,其要领归纳为"运笔"和"用墨"。各论之中,融会长期实践经验之所得,其以书迹神妙于法度之中,而法者流通于书迹之外。其中"论用笔"与"评书法"两门,则是作者关于书学观点的核心部分。

《黄山谷书牍》(上)

《黄山谷书牍》(下)

商务印书馆编译所校订,商务印书馆印行,1913年(民国2年)6月初版。

本书收录黄庭坚书信若干。

《集魏志字王昌先生传略》

杨学求编集,正中书局印行,1936年(民国25年)11月初版。

本书是杨学求集魏字书王昌先生传略。

《江氏聚珍版丛书·墨缘小录》

出版信息不详。

本书收录潘曾莹有关翰墨,尤其丹青方面的论述。

第67册

《科学书法》

陈公哲著,商务印书馆印行,1936年(民国25年)初版。

主要介绍如何执笔、如何写字等书法方面的内容。

《辽海丛书·皇清书史》(卷一—卷九)

第68册

《辽海丛书·皇清书史》(卷十—卷二十五)

第69册

《辽海丛书·皇清书史》(卷二十六—卷三十二)

《辽海丛书·皇清书史》(卷末、附录)

出版信息不详。

为有清一代书法史料汇编。该书注重对爱新觉罗家族及满洲书法家的存录,对世祖章皇帝、圣祖仁皇帝、世宗宪皇帝、高宗纯皇帝、仁宗睿皇帝、宣宗成皇帝、文宗显皇帝、德宗景皇帝等八朝皇帝的御笔亲书皆有叙述。同时对王公宗室以及游民优伶的书法成就也给予了充分的肯定。是研究清朝及爱新觉罗家族书法史的重要资料。

《范字练习帖》(第二册)

徐晋编著,阮恺书写,上海儿童书局印行,1934年(民国23年)2月初版。

该书是一本书法练习帖。

第70册

《铁函斋书跋》

出版信息不详。

共6卷。卷一商周秦汉三国碑帖跋,卷二晋王羲之碑帖跋上,卷三晋王羲之碑帖跋下,卷四两晋南北朝碑帖跋,卷五隋唐五代碑帖跋,卷六宋元明清碑帖跋。

《瘗鹤铭》

出版信息不详。

《瘗鹤铭》是原刻于镇江焦山西麓崖壁上的楷书书法作品,其内容是一位隐士为一只死去的鹤所作的纪念文字。此铭字体浑穆高古,用笔奇峭飞逸。虽是楷书,却还略带隶书和行书意趣。

《石门碑释》

出版信息不详。

作者对石门石刻悉心探究，最后写成此书。此书是保存至今的第一部石门石刻文献，具有非常重要的价值。

《墨志》

出版信息不详。

介绍有关墨的内容若干。

《实用书法讲话》

张天畴著，上海杂志公司发行，1936年（民国25年）8月初版。

该书主要是对书法用笔等方面的讲解。

第71册

《式古堂书画汇考》（卷一—卷三）

第72册

《式古堂书画汇考》（卷四—卷六）

第73册

《式古堂书画汇考》（卷七—卷十）

第 74 册

《式古堂书画汇考》(卷十一—卷十五)

第 75 册

《式古堂书画汇考》(卷十六—卷十九)

第 76 册

《式古堂书画汇考》(卷二十—卷二十四)

第 77 册

《式古堂书画汇考》(卷二十五—卷三十)

卞永誉辑,吴兴蒋氏密均楼藏本鉴古书社影印。

该书系是一部重要的介绍书画方面的参考书,分书、画两编,共 30 卷,汇辑前人书画录与作者亲所见闻者而成书,上溯魏晋,下迄元明。全书体例,先纲后目,先总后分,先本文而后题跋,先本卷题跋而后引据他书,兼记作品尺寸、质地、递藏,叙述作品内容,有宋元明人集中所未收者,赖此独存,间作评论,具有可观。

第 78 册

《书法》

张鸿来编著,北平文化学社印行,1932 年(民国 21 年)出版。

主要介绍执笔、运笔、用字八法、笔画名称、结构、章法、临摹、碑帖、书具等内容。

《书法菁华》

刘石庵编，上海图书公司印行，1924年（民国13年）仲冬出版。

共分8卷，卷一书法、卷二体势、卷三品评、卷四论议、卷五叙录、卷六序记、卷七笺启、卷八歌诗。

《书法精论》（上编）

第79册

《书法精论》（下编）

丁文隽著，京城印书局印刷，1940年（民国29年）3月发行。

主要介绍书法的发展溯源、辩体、别流，以及书法的执笔、结字、布局、临摹、书家小传等内容。

《书法精言》

出版信息不详。

介绍如何执笔、永字八法、行书、草书、榜书、书法源流及笔、墨、砚等方面的内容。

《书法秘诀》（全一册）

蒋和著，中新教育社发行，1925年（民国14年）初版。

关于书法方面的介绍。是一部介绍书法启蒙教科书，重在实用，通俗易学。

第80册

《书法正传》（全二册）

冯武编，国学基本丛书，商务印书馆发行，1930年（民国19年）4月初版。

主要介绍翰林要诀、永字八法、书法三味、大字结构八十四法等内容。

《书法指南》

俞剑华著,商务印书馆发行,1934 年(民国 23 年)11 月初版。

本书全一册,共 7 编。第一编总论,第二编用具,第三编碑帖,第四编运笔,第五编点画,第六编结体,第七编书体。

第 81 册

《书林藻鉴》(一)

《书林藻鉴》(二)

第 82 册

《书林藻鉴》(三)

《书林藻鉴》(四)

马宗霍辑,商务印书馆印发,1935 年(民国 24 年)7 月初版。

全书共 4 册 12 卷。是一部历代书法评论资料汇编,按时代顺序和人物编次。上起传说仓颉造字的时代,下止清末,共收人物 2817 人。引用文献除大量文集与方志以外,尚列 367 种,可见汇集之详备。在每一朝代之前,都有一篇绪论,对书法进行综合的分析与评论,并提出许多精辟的见解。

第 83 册

《书史会要》(一)

《书史会要》(二)

《书史会要》(三)

《书史会要》(四)

出版信息不详。

是一部书学史传汇编，共9卷，并附补遗、续编一卷。该书辑录上古至元代书家小传和前人关于书法之理论。有详有略，详者达千字以上，略者仅十来字。全书所载能书者共450人，保存史料极其丰富。对研究明代书家的各自风貌和综观明朝书风，都具有十分重要的学术价值。此书的缺点是引文和作者的评论未加区别，史料未注明出处，致使考证、引用多有不便，此外人名序列也偶有错失。

《书学》

祝嘉编辑，正中书局印行，1947年(民国36年)12月初版。

祝嘉，著名书法家、书法理论家、书法教育家，毕生致力书法研究与创作。其书学涉及史论、疏证、技法、教育、风格鉴赏、批评等领域，是现代书法史学、书法比较学的奠基者和书法高等教育的先行者。其书风喜周秦汉魏之质朴，力主碑帖融合、博学专精，临摹百回以上碑帖120种，于篆、隶、楷、行、章草诸体允称精擅。

第84册

《书学》(第三期)

中国书学研究会编，文信书局印行，1944年(民国33年)9月出版。

《书学》(第四期)

中国书学研究会编，文信书局印行，1945年(民国34年)2月出版。

该期刊主要收录一些书法方面跋文及论文，比如如何运笔、执笔、学书的心得等方面的内容。

《书学概论》

出版信息不详。

共4编。第一编总论，介绍中国书学的意义价值等；第二编书法，讲书法执笔、运笔等；第三编书学，讲中国文字的起源及嬗变、中国书学史略等；第四编结论。

第85册

《书学史》

祝嘉著,1947年(民国36年)8月初版。

祝嘉的这部《书学史》共分为十四章,上自唐虞,下至晚清。按惯常历史断代分类,每一朝代单列一章。同一朝代因政权交替分立以及书风演变较大者另分而论之。如汉代书学分西汉与东汉;晋代书学分西晋与东晋;宋代书学亦分北宋与南宋。《书学史》史料翔实,搜罗详尽,所列书家2000多人,引用书目500多种,搜罗详备,不仅前无古人,即令目前,诸多当代书法史学家仍无法企及。不但有“史”之特征,而且具备通史的结构体系,是中国书学史上的开山之作。

《书学源流论》

张宗祥著,上海聚珍仿宋印书局印。

是一部成体系的书法史作品,系从“源”和“流”的角度,入手讨论历代书法的流变,分为原始篇、物异篇、时异篇、势异篇、人异篇、溯源篇、篆隶篇(附章草)七篇以及附录鉴赏篇。所谓“源流论”,就是把历史发展的初期,即该书所指的古代书法看作“源”,而把历史发展的后期,对该书而言就是唐代以后的书法看作“流”。是一部体系明确并且较为完备的书法艺术学著作,其价值就在从艺术的视角来研究书法。

第86册

《藏修堂丛书》(第四集)

出版信息不详。

本套丛书共包括40种著作,所涉及的内容涵盖经、史、子、集。该书编纂体例清晰,校勘严谨,刊刻精良,内容涉及到小品、书史、画史、题跋、鉴赏、医学等众多方面。

《书苑菁华》(卷一—卷十一)

第87册

《书苑菁华》(卷十二—卷二十)

出版信息不详。

共20卷。该书是一部书法论著汇编,使书学原始资料得以归类保存和传播。在学术上,有参考和借鉴等实用价值,唯在引证具体材料来源时,需多加考察、分析。

《篆隶考异》(一)

《篆隶考异》(二)

《篆隶考异》(三)

第88册

《篆隶考异》(四)

出版信息不详。

由商务印书馆受教育部中央图书馆筹备处委托影印。本书主要是对篆隶考异的研究。以隶字为纲,分257部,按笔画为序编排文字。每字首列隶书。凡合于“六书”者注曰“隶”,不合者注曰“俗”,隶相通而篆分为二字者注曰“别”,各列篆文于隶字之下,注明音切,略释字义,征引经传子史以证之。其辨别篆隶之异同,考镜其原始,可为研究汉字形体演变的参考。

《苏斋丛书》

出版信息不详。

翁方纲著,该书是对《兰亭序》版本及其字运笔特征的考证。

《书学革命观》

王度钵著，开明印刷局印，1930 年（民国 19 年）9 月 20 日初版。

《书学格言》

祝嘉选辑，中国书学研究会丛书，上海教育书店印行，1948 年（民国 37 年）7 月修正再版。

选书学格言百余则，意在取其简要，不以赡博为贵也。是编学书者以为津逮，熟读深思，挹其精华，弃其糟粕，神而明之，亦不难与古人争一席地也。

《王羲之评传》

朱杰勤著，商务印书馆发行，1940 年（民国 29 年）12 月初版。

叙述了王羲之的生平事迹，对其政治思想、哲学观点、美学思想等作了实事求是的评论，深入细致分析了王羲之的书法成就和书学理论，附录有六朝书家的评述。

第 89 册

《国民学校习字教授法》

屠元礼编辑，上海中华书局印行，1917 年（民国 6 年）2 月印刷。

主要介绍教材的选择，教授的目的、材料、顺序，执笔、黑板练习等内容。

《习字门径》

王定九编，上海中央书店印行，1935 年（民国 24 年）10 月 5 版。

主要介绍书法总论、习字入门、笔力姿势、点画姿势、撇捺姿势、挑钩姿势、接笔姿势、配合姿势、结构姿势、分笔先后、字的四变、字的四法、字的八秘、字的七妙、书法秘诀、书法秘诀、临帖秘诀、活叶帖选、四宝须知、习字用格、书法格言等内容。

《宝砚堂砚辨》

出版信息不详。

前有戴熙序，后有黄登瀛跋，为研究端砚之珍贵资料。

《写字习惯之时间方面》

胡毅著，1933 年(民国 22 年)5 月刊行。

书写实验之一。分析影响书写中国字速度的各因素。全书分问题、受试者及实验材料、仪器及实验方法、结果及整理、各字速度之分析、各笔画速度之分析、结论 7 部分。

《颜鲁公之书学》

蒋星煜著，世界书局印行，1945 年(民国 34 年)10 月初版。

共 12 章。第一章颜鲁公之人格与书学，第二章颜鲁公之家世与书学，第三章颜鲁公书学之源流，第四章颜鲁公书学总论，第五章颜鲁公书学各论，第六章颜鲁公之书学理论，第七章颜鲁公在书学史上之地位，第八章关于颜鲁公书学四点辨证，第九章颜鲁公碑帖表，第十章颜鲁公碑帖之流传，第十一章颜鲁公碑帖考证，第十二章颜鲁公系书学家之成就。

《于右任先生书学论文集》

刘延涛编辑，草书月刊社，中华书局印刷，1947 年(民国 36 年)5 月出版。

包括《标准草书自序》《临标准草书自序》《太和馆本急就章跋》《宋仲温草书杜子美书跋》《曹子建手稿跋》《标准草书与建国》《祝嘉书学史序》7 篇文章。

第 90 册

《张有为书法之研究》

张有为著，1947 年(民国 36 年)3 月初版。

主要介绍选帖概谈、书法总述、执笔图解、点画全图、论纸笔墨等内容。

《石墨镌华》(上)

《石墨镌华》(下)

出版信息不详。

碑刻辑录。明代赵崡编。共6卷,附录2卷。编者其家附近为汉、唐故都,古代碑刻较多,加上嗜好金石,故蓄有众多旧碑。将其跋尾共253种刊刻成册,每碑目下,各注明其地。

《墨史·画决·画筌》

出版信息不详。

主要介绍有关制墨名家以及绘画技法方面的理论。

第91册

《皇宋书录》

出版信息不详。

正编3卷,外篇1卷。专录两宋书家,正编3卷收录160人,外篇1卷专录女书家6人,合计166人。其书皆纪宋代书家姓氏,分上、中、下3篇,上篇载艺祖至高宗,中篇载北宋书家110人,下篇载南宋书家45人,有所见辄抄于帙,故不复以人品高下为铨次。凡诸书所有评论书法者,悉加采摭,汇次每人之后。

《中国书学浅说》

诸宗元著,商务印书馆发行,1929年(民国18年)10月初版。

本书简单论述了书法流变,并对书体、笔法、字法、历代书论和学书宜忌进行了有观点有例证的讲解,是学习书法非常好的入门读物。

《篆刻入门》

出版信息不详。

主要介绍学习篆刻的一些基础知识。

第 92 册

《中国文字与书法》

陈彬龢著,商务印书馆发行,1931 年(民国 20 年)4 月初版。

以史为经,从甲骨文、金文、简牍、帛书、碑刻墓志、造像、题铭、砖瓦、刻帖、墨迹到篆刻,上自商周甲骨文、下迄清末民初书家的经典作品都有收录。作者从文字源流,书体沿革,细讲汉字的历史与发展,再从书法述评、书法研究两个方面,系统讲解不同时期的中国书法及其理论的发展演变,并指明执笔、用笔、结构等学书、习字技法。书后附录历代书法名家小传及重要碑目,可视为书法发展史的缩影。

《字说》

吴大澂撰,出版信息不详。

主要是对汉字的简单介绍。

《字学及书法》

韩非木、高云胜编,中华书局印行,1947 年(民国 36 年)12 月初版。

共两编。第一编字学,包括绪言、字的起源、字的分类和构成——六书大意、字形的演变。第二编书法,包括书法的派别和其代表书家、学书研究、练习的次第和工具的选择。

第 93 册

《金石篆刻研究》

李健著，中国联合出版公司出版。

本书论列详博，视野宏通，是民国时期具有代表性的篆刻通论著作，是李氏长期从事美术院校篆刻教学的总结。该书既是初学的篆刻入门书，又是一部具有较高学术价值的印学论著。全书分 3 篇，凡 24 章。第一篇，论篆刻之释名、意义、与金石学之关系、源委、所施之物等。第二篇，专论治印，涉及玺印制度、篆刻刀法、经营位置、雕钮边款、钤印拓款等。第三篇，论印石印材、印人流派、篆学论著、刻玉铜骨角竹木法、治印工具等。

《澄秋馆印存》（第一册）

《澄秋馆印存》（第二册）

《澄秋馆印存》（第三册）

《澄秋馆印存》（第四册）

《澄秋馆印存》（第五册）

第 94 册

《澄秋馆印存》（第六册）

《澄秋馆印存》（第七册）

《澄秋馆印存》（第八册）

《澄秋馆印存》（第九册）

《澄秋馆印存》（第十册）

出版信息不详。

共 10 册。首册为汉魏官印；二册为朱文小玺；三册为白文小玺；四册为秦印；五至八册为汉魏私印；九册为汉魏私印及两面印；十册为汉魏私印、肖形印、吉语印、宋元杂印。全谱共收印724方。扉页有罗振玉篆书题署谱名,后有罗振玉书序。

《集古官印考证》

出版信息不详。

共17卷,辑官印自汉魏讫于宋元900余钮,末附虎符、鱼符一卷。是一部考证出土古官印,涉及古玺印形制、古代职官、地理沿革等内容的最早并最有影响的著作。

第95册

《二树紫藤花馆印选》(全四册)

民国4年法轮印字局,出版信息不详。

计60方附边款,西泠八家佳作选摹。西泠八家印风有的刻印布局平实,风貌苍浑自然,注重拙意,突出天趣。有的印作多求变化,方中求圆,拙中求放,风貌古朴多韵致。有的继丁敬、黄易印风,参以汉法,刀法劲挺泼辣,印文点画有动感,突出神态,使浙派面目为之一新。有的印作用字结构秀美,善于应变,章法平稳妥帖,极尽分朱布白之能事,用刀爽利,八家之作是篆刻史上的一道风景。

《尊古斋古鉨集林》(第一集卷一——卷六)

《尊古斋古鉨集林》(第二集卷一——卷三)

第96册

《尊古斋古鉨集林》(第二集卷四—卷六)

江夏黄濬撰集,北平尊古斋发行,1937年(民国26年)7月初版。

尊古斋主人黄濬撰,首刊柯昌泗序言1篇,收古玺印400余方。

《汉印临存》(全四册)

漱翠山房辑,漱翠山房印行,1935年(民国24年)1月初版。

共4册。谭以大题写书签。前三册为《汉印临存》,后一册为《留耕堂印存》。书前有杜焕南所作的叙一篇,后有熊国璋所撰《刘家谟传》,书末有刘家谟之子刘树声所写的跋语。《汉印临存》,集刘家谟所摹汉印123枚。《留耕堂印存》,则集刘家谟自制印68枚。

《江氏聚珍版丛书·国朝印识》

《江氏聚珍版丛书·历朝印识》

出版信息不详。

主要是对历代印谱、印人的简单介绍。

《金藏雕印始末考》

出版信息不详。

我国著名佛学家欧阳竟无于1934年遣弟子蒋唯心前往广胜寺考察。蒋唯心经过40多天的研究,编定《赵城金藏》简目,写成15000多字的《金藏雕印始末考》一文。蒋文刊发以后,广胜寺珍藏的《赵城金藏》更加受到国内外学术界和佛教界的高度重视。

第97册

《木刻近代人范》

王青芳编,曲园出版社印行,1941年(民国30年)11月初版。

主要是收录顾炎武、黄宗羲、傅山等人图像及简介。

《窸斋集古录》(第一册)

《窸斋集古录》(第二册)

《窸斋集古录》(第三册)

《窸斋集古录》(第四册)

《窸斋集古录》(第五册)

《**意斋集古录**》(第六册)

《**意斋集古录**》(第七册)

《**意斋集古录**》(第八册)

《**意斋集古录**》(第九册)

第98册

《**意斋集古录**》(第十册)

《**意斋集古录**》(第十一册)

《**意斋集古录**》(第十二册)

《**意斋集古录**》(第十三册)

《**意斋集古录**》(第十四册)

《**意斋集古录**》(第十五册)

《**意斋集古录**》(第十六册)

《**意斋集古录**》(第十七册)

《**意斋集古录**》(第十八册)

《**意斋集古录**》(第十九册)

《**意斋集古录**》(第二十册)

第99册

《**意斋集古录**》(第二十一册)

《**意斋集古录**》(第二十二册)

《**意斋集古录**》(第二十三册)

《**意斋集古录**》(第二十四册)

《**意斋集古录**》(第二十五册)

《**意斋集古录**》(第二十六册)

吴大澂撰。著录全书拓本1144器，其中商周器1048、秦器19、汉器76、晋器1。但有的器、盖分列为二，又有重出和漏睹，实收器约为1026器。墨拓精良，甄选、考释确当。因吴大澂病，全书未能完稿，后由其门人王同愈整理成书。

《愙斋集古录释文剩稿》（上册）

《愙斋集古录释文剩稿》（下册）

吴大澂著，商务印书馆印行，1918年（民国7年）1月初版，1930年（民国19年）9月3版。

该书为吴大澂考释金文的遗稿，共收136器，在古文字考释方面有所创见，至今仍有参考价值。

《冷雪盦知见印谱录目》

北平青梅书店，1936年（民国25年）5月出版。

主要是收录印谱录目若干。

《摹印传灯》

出版信息不详。

是一本篆刻艺术专著。清代叶尔宽编辑。共分两卷，与《红术轩紫泥法》合为一册。选辑前人论述，分类编录。卷上收印章流派、分派、六法、六要、六长、三病、六忌、六气、三品、刀法、论刻、论写、论阴阳文、论钮；卷下收制刀秘法、刻刀四种、炼刀法、铸印法、洗刷法、珍藏法、软玉法、软晶法及制印色法。

《紫泥法》

出版信息不详。

主要是关于印泥的制作工艺的介绍。

第 100 册

《染仓室印存》（四册）

出版信息不详。

该书是 1936 年（民国 25 年）襄社借王伯沆先生藏本影印。篆刻艺术在中国有着几千年的发展历史，从中国象形文字发明并摹刻、书写于陶器之上时起，玺印篆刻艺术就开始萌芽。商代以后，通过金文的铸造和甲骨文字的刻写，中国古人进一步掌握了铸、刻、模制等多种方法，为玺印技术的发展奠定了雄厚的基础。战国以后，公私印信和节、符、铭等的铸造模制日渐风行，至两汉时期达到顶峰，并形成一套完整的印章制度，开辟了中国篆刻艺术的全新时代。魏、晋以后，虽然篆刻艺术经历了一个较长时期的衰落过程，却也为我们留下了大量艺术数据，尤其是这一时期的历代官印，为我们研究历代官职提供了丰富的实物资料。

《王冰铁印存》（一）

《王冰铁印存》（二）

第 101 册

《王冰铁印存》（三）

《王冰铁印存》（四）

《王冰铁印存》（五）

王冰铁著，中华书局印行，1936 年（民国 25 年）7 月再版。

是书首册扉页影印陈运彰题名“王冰铁印存，运彰题”字样。每叶一印，附墨拓边款亦每叶一面，共收 28 枚印面，其中有一石为两面印。连史纸衬订，钤拓精细，朱泥璀璨。

《西泠印社金石印谱法帖藏书目》

出版信息不详。

共73页146面。书名页和版权页为木板刷印,其余页面为石印。对各类图书,印谱,都有详细版本介绍。

第102册

《选集汉印分韵》(一)

《选集汉印分韵》(二)

《选集汉印分韵》(三)

《选集汉印分韵》(四)

扫叶山房发行,1918年(民国7年)正月。

集汉魏印文,依韵排列。文字摹刻较近原迹。上卷收上平声、下平声;下卷收上声、去声、入声。所收汉代印文古朴浑厚,字体钩摹较精,具有高度的艺术水平,可作为篆刻工具书。此书为袁日省所撰,谢景卿得其手稿本,鉴于谬误错漏较多,官私印放置混乱,于是将该书因流溯源,悉为厘定,命子云生摹录成帙,重新纂成付梓,书中所收汉代印文古朴浑厚,具有高度的艺术水平,成为印学书籍的范本。

《印人传》

出版信息不详。

记录作者所鉴藏宋至明代旧印的原委。主要为明代文彭至清初著名篆刻家共59人撰写事略,间亦阐述作者本人的印学见解,及流派嬗变、风气习尚等,是一部研究明、清篆刻作者、治印方法及印学观点所必不可少的文献。

第103册

《飞鸿堂印人传》

出版信息不详。

是清朝汪启淑所著的一本有关印人的传记。

《增广钟鼎篆韵》(一)

《增广钟鼎篆韵》(二)

第 104 册

《增广钟鼎篆韵》(三)

《增广钟鼎篆韵》(四)

出版信息不详。

该书是故宫博物院委托商务印书馆影印,依韵编次,增补其篆则夏、商、周、秦之篆,而韵则唐韵。

《治印术》

包凯著,国民印刷所南京厂,1947 年(民国 36 年)10 月初版。

主要介绍印章的源流、种类、印章之用文、印章的体例、印材等内容。

第 105 册

《钦定西清古鉴》(卷一——卷八)

第 106 册

《钦定西清古鉴》(卷九—卷十五)

第 107 册

《钦定西清古鉴》(卷十六—卷二十一)

第 108 册

《钦定西清古鉴》(卷二十二—卷二十七)

第 109 册

《钦定西清古鉴》(卷二十八—卷三十二)

第 110 册

《钦定西清古鉴》(卷三十三—卷三十六)

第 111 册

《钦定西清古鉴》(卷三十七—卷四十)

出版信息不详。

各卷所记之古器物,皆为清王朝内府所收藏。编纂《四库全书》时,均按器绘图,因图系说,比较详细地说明各种器物的方圆围径、高广轻重等,对古器物上的铭文,各为释文。其体例效仿《考古图》《宣和博古图》两书。且绘图精确,不失毫厘,为以上两书之图所非能比。至于考证,虽然兼取欧阳修、董逌、黄伯思、薛尚功诸家之说,但根据《经史正误析疑》,又非诸家所能及。驳斥历代著家谬误,解释疑难,补充遗漏,使三代古器物如在目前。

《书画书录解题》(一)

第112册

《书画书录解题》（二）

出版信息不详。

《书画书录解题》收录自东汉至近代凡884种书画类书籍，是我国第一部书画类著作的提要目录，对研究我国古代书画类文献有着极为重要的意义。

第113册

《校碑随笔》

出版信息不详。

该书正文不分卷次，按照时代先后共收集考校秦汉至五代的碑铭石刻共计450种。此书对碑帖研究考订具有重要的参考价值。

第114册

《金薤留珍》

出版信息不详。

故宫博物院古物馆，收录清乾隆朝所藏1291枚印玺，这些都是体现着汉族与游牧民族关系的文物。

第115册

《西清砚谱》（卷一—卷四）

第116册

《西清砚谱》（卷五—卷十）

第 117 册

《西清砚谱》(卷十一—卷十七)

第 118 册

《西清砚谱》(卷十八—卷二十四)

出版信息不详。

此砚谱卷一至卷六所载皆属陶砚,上起汉未央宫东阁瓦砚,下至明旧澄泥四直砚。卷七至卷二十一所载皆属石砚,上起晋王廞璧水暖砚,下至清朱彝尊井田砚。以上砚台共计 200 枚,图 464 幅。卷二十二至卷二十四为附录,所载诸砚 41 枚,图 108 幅,皆系松花、紫金、驼基、红丝诸品及仿制澄泥各砚等。全书以图系说,详记砚之尺度、材质、形制、出处及收藏鉴赏者的姓名,核其纪年、署款、公私印记,历朝史传所记载亦细加考证。该书为研究我国古砚史提供了极为形象与翔实的宝贵资料,是了解清宫所藏历代名砚概况及其流传经过的重要参考书。

绘画

第 1 册

《儿童绘画心理之研究》

龚启昌译,商务印书馆发行。

研究儿童的初期绘画,可以发现在他们这种显然无价值的、无计划的涂抹中,自有一种很清楚的有规律的发展在。儿童画在儿童生活中为另一园地,其各步发展之程序,很值得我们加以注意。

《儿童图画之研究》

李颂尧编,商务印书馆发行,1927 年(民国 16 年)3 月初版。

共 8 章。第一章艺术教育,第二章儿童之绘画心理,第三章图画教育之目的论,第四章图画教育之方法论,第五章教材之系统及指导法,第六章用器画之教学,第七章考案画之教学,第八章余论。

《儿童自由画研究》

赵我青著,民智书局发行,1929 年(民国 18 年)11 月初版。

本书分我们应该提倡儿童自由画、勒基的儿童画论、我们为什么要提倡儿童自由画 3 部分。第一部分包括此文之缘起,自由画展览会之印象,自由画是最好的儿童教育;第二部分包括绪论:勒基研究儿童画之由来,儿童绘的什么画,儿童怎么样绘画,儿童画的性质及进化;第三部分包括引言,初等教育形艺科中的自由画,自由画和儿童生理,自由画和儿童心理,儿童绘画创作论,儿童绘画鉴赏论,最近半年来自由画的教学回忆。文后有跋。

《怎样欣赏艺术》

出版信息不详。

本书分什么叫艺术、艺术的分类和解说、怎样欣赏艺术、生活艺术化 4 部分。

《国画 ABC》

朱应鹏著，世界书局发行，1928 年（民国 17 年）9 月印刷，1929 年（民国 18 年）4 月再版。

共分 30 章。分别是叙论、象征与象形、装饰的绘画、庄周的画论、秦汉绘画发达的原因、礼教思想与绘画、汉代的画家及制作、六朝佛教隆盛与人物画的关系、魏晋六朝时代的画家、六法论、山水画产生的原因、黄金时代、唐代的人物画家、禅宗与山水画、山水画的南北宗、唐代的动植物画家、花鸟画的两大宗派、五代的南宗山水画、宋画院与花鸟画家、人物画的衰落、宋代南北宗山水画家、界画、宋代的画论、梅兰竹菊、元代的南宗山水画家、印度婆罗门画、明代风俗对于绘画的影响、明代花鸟画的三派、明代南北宗山水画、衰颓时代。

第 2 册

《国画面面观》

王云五、李圣五主编，商务印书馆发行，1933 年（民国 22 年）12 月初版。

本书包括郑昌午《中国画之认识》、蒋锡曾《中国画之解剖》、丰子恺《中国的绘画思想》3 篇文章。

《图画学习法》

潘澹明编，中华书局印行，1947 年（民国 36 年）12 月初版。

本书包括总说、写生画的学习、图案画的学习、几何画的学习 4 部分。

《国画研究》

俞剑华著，商务印书馆发行，1940 年（民国 29 年）8 月初版，1948 年（民国 37 年）3 月 3 版。

共分 5 章。第一章价值之研究，包括总论、卑视国画者之意见、价值之分类、普通之价值、教育上之价值、特别之价值；第二章画史之研究，包括中国绘画史之内涵、中国绘画史之分类、编著中国绘画史之注意；第三章画理之研究，包括概说、六法、气韵、画意、章法、宗派、透视、画病、杂说；第四章写生之研究，包括概论、唐宋以前之写生画家、历代写生画论、写生之方法；第五章画籍之研究，包括画籍之数目、画籍之分类、画科之分类、画籍之整理、初学必备书目。

《（新著）图画研究法》

宝山须戒已、青浦熊翥高编纂，商务印书馆发行，1924年（民国13年）3月初版，1926年（民国15年）8月再版。

本书为中等学校用。包括本书的目的、本书的组织法、本书的使用法、本书的教学法、关于图画科应备的种种参考品等内容。

《中国画学浅说》

诸宗元著，商务印书馆发行，1929年（民国18年）10月初版。

本书包括画体之分别、画法通论、画之用笔、画之用墨、画之设色、学画之程序、论章法、论皴法及点苔、论写生及写意、画之落款及题识、画之品目、画与书学之关系、余论等内容。

《图画理论及教授法》

出版信息不详。

本书为师范学校新教科书。分上篇图画理论和下篇图画教授法。上篇图画理论包括：绪言，第一章位置法，第二章轮廓法，第三章描写法，第四章远近法，第五章阴影法，第六章色彩法，第七章图案法。下篇图画教授法包括：第一章小学校图画教授之要旨，第二章小学校图画教材之选择，第三章教授之阶段及顺序，第四章教授之方法，第五章图画教授之训练，第六章儿童容易误写之形体，第七章教授之用具，第八章教授案举例及设备。

第 3 册

《中国绘画理论》

傅抱石撰辑，商务印书馆发行，1935 年（民国 24 年）8 月初版。

共 16 章。分别是一般论、修养论、造意论、神韵论、俗病论、造景论、布置论、笔墨论、设色论、临摹论、款题论、林木论、山石论、皴擦论、点法论、装饰论。前有叙例。

《画法几何学》

萨本栋编译，商务印书馆发行，1923 年（民国 12 年）6 月初版。

共 8 章。分别是总论，点、线及平面，面之造形及其种类，切于立体之平面，切断立体之平面及面之展开图，各面相交之图，拗面，图题。前有序和译述大意，后有《各种曲线之作法》和《英汉名词对照表》两个附录。

第 4 册

《绘画的理论与实际》

史岩著，商务印书馆发行，1935 年（民国 24 年）1 月初版。

本书分油画水彩画与素描的剖说、活用的绘画理论、写生的实际知识 3 部分。第一部分包括素描的意义与价值、彩画的种类、水彩画与铅笔画的概况、油画与木炭画的概况、Pastel 的种种。第二部分包括理论与实际、物体形相的透视画理、物体的阴影画法、色彩的研究、画面构图的根本原理。第三部分包括写生与技巧、轮廓的描写与调子的涂衬、静物写生的技巧与知识、风景写生的技巧与知识、写生人物与动物的技巧与知识。

第 5 册

《人物画研究》

陈抱一著，商务印书馆发行。

本书包括人物画研究之需要、怎样学习人物画、人物描法上的基本事项、人体素描之实习、人物描写之色彩研究、人像与服装的描法、关于习作与速写、古今名家及其人物画之特色8个部分。

《水彩画之新研究》

倪贻德著,商务印书馆发行,1937年(民国26年)5月初版。

共9章。第一章西洋水彩画史,第二章水彩画的材料及其使用法,第三章色彩法,第四章取材法,第五章构图法,第六章远近法,第七章静物画法,第八章风景画法,第九章人物画法。

《木刻版画概论》

邓中铁著,商务印书馆发行,1941年(民国30年)1月初版。

共3章。第一章总论,包括版画是什么、木刻版画和木版、木刻的价值在哪里、为什么要"用刀刻木"、木刻版画的分类。第二章作法,包括木板、构图、刻作、拓印。第三章中国木刻版画概况,包括旧的木版印刷术与新兴木刻版画、国内创作木刻版画之兴起、木刻与鲁迅、苏联木刻在中国、法复尔斯基与麦绥莱勒的影响、木刻版画在抗战中、利用旧形式问题。

《给初学木刻者》

野夫、阿杨、克萍合著,中国木刻用品合作工厂出版。

共7章。第一章请认识木刻艺术,第二章木刻种种,第三章刻作的准备,第四章一幅木刻是怎样完成的,第五章种种的木刻和种种的作法,第六章表现技巧实例,第七章生活与创作。有代序、后记和附录。

《漫画艺术讲话》

黄茅著,商务印书馆印行,1943年(民国32年)2月初版。

共5章。第一章漫画艺术是什么,第二章中国漫画艺术发展简史,第三章漫画的形式与内容,第四章表现形式论,第五章漫画的宣传方式。

第 6 册

《新绘学》

伍联德、陈炳洪编纂，商务印书馆发行，1923 年（民国 12 年）8 月初版。

本书分上、下册，共两卷。上册即上卷，包括总论、写生法、位置、方向、（内）节奏画、节奏功用、节奏教授法 7 部分。其中总论包括绪言、绘画之派别、图画教授法及其意义、物体与摹本、摹仿法；写生法包括写生定义、适宜物体、物体之研究；位置包括位置定义及大纲、位置线、模样、位置透视法、位置联缀法；方向包括方向定义及其功用、画线、方向教授法。下册即下卷，包括通论、反影、配率法、图案、色彩。其中反影包括圆柱体反影、水之反影、角锥体圆锥体圆球体之反影；配率法包括何谓配率、配率在图画上之重要、教授物体相关体积。

《现代绘画概论》

外山卯三郎原著，倪贻德译述，开明书店印行，1934 年（民国 23 年）1 月初版。

论述了现代世界绘画概观、现代绘画的精神论、现代绘画的"画因"论、现代绘画的技法论、现代绘画的构图论。有序并附《现代十大画家评传》。

《现代绘画论》

爱伯著，刘海粟译，商务印书馆发行，1936 年（民国 25 年）10 月初版。

共 7 章。第一章绘画与巴黎，第二章后期印象派，第三章从野兽群到立体派，第四章毕伽莎——绘画上的发明家，第五章未来主义，第六章意匠的自由，第七章绘画评价的重点。

第 7 册

《现代绘画概观》

倪贻德编，商务印书馆发行。

共7章。第一章现代绘画的主义概论，第二章野兽主义，第三章立体主义，第四章表现主义，第五章超现实主义，第六章新野兽主义，第七章新即物主义。

《中西画学纲要》

马振麟编著，新亚书店发行，1933年（民国22年）4月初版。

共8编。第一编中西画学总论与概况，包括中西画学总论和中西画学概况两章；第二编写生原理概论，包括形体论和色彩论两章；第三编写生画法概况；第四编西画画法各论，包括论铅笔画、论水彩画、论油画、论木炭画、论色粉画5章；第五编西洋绘画史略，包括希腊罗马之绘画、意大利及北方诸国之绘画、法兰西及以外诸国之绘画3章；第六编国画理论与用具，包括国画原理概论和国画用具备要两章；第七编国画画法各论，包括论山水画、论人物画、论花卉画、论翎毛画、论虫鱼画、论走兽画6章；第八编中国绘画史略，包括上世史、中世史、近世史3章。

《西洋画法纲要》

出版信息不详。

分素描、水彩画、油画3部分。素描包括素描的意义、木炭画、石膏像写生、素描技巧、垂铅与测棒、明暗法与立体、明暗的强弱、线描、定着、素描与材料。水彩画包括彩画之种类、水彩画、材料与用具、水彩画法、水彩写生、水彩杂话。油画包括材料与用具、构图、油画实习、风景画、风景写生注意、旅行写生、人物画、人体写生与肖像画、静物画及其研究、写实及调子的意义、绘画的完成及其保存。

《洋画ABC》

陈抱一著，世界书局发行，1929年（民国18年）1月出版。

共12章。第一章一般画法的种类，第二章油画材料及用具，第三章物体与明暗，第四章物体的描写，第五章石膏像写生，第六章构图，第七章色彩，第八章略写，第九章静物写生，第十章风景写生，第十一章西洋画的变迁，第十二章洋画鉴赏的常识。

第 8 册

《西画论丛续集》

倪贻德著，中华书局印行，1937 年（民国 26 年）7 月出版。

本书包括给鉴赏西画者、再谈西画的鉴赏、杂谈绘事、雕刻及塑像艺术的欣赏、东西绘画的异点、油画的发展、艺术上的人体表现考、裸体画之美、群像论、人体描写的技法与构图、风景画之描写与构图、静物画之描写与构图、英国近代绘画的发达、比利时与荷兰的绘画、现代绘画的基础观念、法国画坛的新倾向、现代德国的绘画、野兽主义研究、立体主义及其作家、现代法兰西的水彩画等内容。

《西洋画概论》

倪贻德著，现代书局印行，1933 年（民国 22 年）10 月初版。

共 10 章。第一章序论，包括所谓西洋画和东西绘画的异点两部分；第二章西洋画的基础知识，包括在西洋画上的空间的构成和视觉构成的诸要素两部分；第三章素描，包括素描的意义、木炭画、石膏像写生、素描技巧、垂铅与测棒、明暗法与立体、明暗之强弱、线描、定着、素描与材料 10 部分；第四章水彩画，包括水彩画总论、材料与用具、水彩画法、水彩写生的顺序、水彩杂话 5 部分；第五章油画，包括油画的发展、油画的题材、材料与用具 3 部分；第六章人物画，包括人物画概述、裸体画、着衣人物画、肖像画、群像、壁画 6 部分；第七章风景画，包括风景画的发展、风景画技法、旅行写生 3 部分；第八章静物画，包括静物画的发展和静物画顺序两部分；第九章动物画，包括动物画家概观和动物写生技法两部分；第十章现代绘画的基础观念，包括光线与实体、变形及夸张想象、空间观念的改变、现代诸画派 4 部分。

第 9 册

《西洋画研究》

倪贻德著，商务印书馆发行，1938 年（民国 27 年）10 月初版，1939 年（民国 28 年）7 月再版。

共10章。第一章序说，包括中西绘画的异点和西洋画的空间观念两部分；第二章西洋画的基础知识，包括西洋画上的空间的构成和视觉构成之诸要素两部分；第三章素描之研究，包括素描的分类、木炭画的材料及其使用法、石膏像写生的准备、木炭画的技法、铅笔画、钢笔画6部分；第四章水彩画之研究，包括水彩画的特点、水彩画的材料与用具、水彩画的技法3部分；第五章色粉画研究，包括色粉画的特点、色粉画的材料、色粉画的技法3部分；第六章油画之研究，包括油画的发展和油画的材料及其使用法两部分；第七章静物画之研究，包括静物画的发展和静物画的技法两部分；第八章人物画之研究，包括绘画上之人体表现考、人体画技法、着衣人物画与肖像画3部分；第九章风景画之研究，包括风景画的发展和风景画的技法两部分；第十章现代绘画的基础观念，包括光线与实体、变形与夸张、现代画的画派3部分。

《西画概要》

吴梦非著，商务印书馆发行，1926年(民国15年)1月初版。

共9章。第一章总说位置、形、调子、色彩、轮廓、描法、主客、构图。第二章论述了铅笔画的用品和室内写生、野外写生、人物及动物写生的画法。第三章论述了木炭画的材料和石膏模型写生、人体写生、风景写生的画法。第四章论述了水彩画的材料和静物画、风景画、人物画、动物画的画法。第五章论述了油画的材料和静物画、风景画、裸体画、肖像画的画法。第六章论述了擦笔画的用品和画法并附擦笔肖像画法。第七章论述了钢笔画的用品和画法。第八章论述了派使脱尔画的用具和画法。第九章论述了色铅笔画的用具和画法。前有绪言。

《洋画欣赏及美术常识》

陈抱一著，世界书局印行，1945年(民国34年)5月再版。

本书论述了从“欣赏”谈起，西洋画上的一般画法性质，关于所谓“西洋画”，怎样欣赏西洋画，近代至现代的西洋画派，从欣赏谈到美育，关于美术展览会，实用的绘画和美术之应用，关于美术馆，某日的闲谈，关于画框子、挂画、光线及画之保存，如何发见好画，画家的创作与艺术修养，美术用语便览。

《**美术科百问**》

王一夫编，中华书局印行，1940年(民国29年)1月出版。

本书遵照部颁课程标准编辑，小学高年级和初中学生参考用书。按照小学美术科的目标，解释美术的基本原则和方法等，以增进儿童欣赏和识别的程度，注意实际的应用，以开发儿童发表和创造的能力。本书采用问答体，设问题一百个，内容包含：一般美术的理论；构图学、透视学、色彩学的初步知识，写生画、图案、速写等画法，并多举实例，以作证明；兼及剪贴、木刻、雕刻、建筑等大意，和中西美术史略，现代画派概况；等等。

第10册

《**书画书录解题**》(卷一——卷五)

第11册

《**书画书录解题**》(卷六—卷十二)

共12卷。是近代余绍宋创作的中国古籍、中国画论著作，是书著录自东汉至近代凡884种书画类书籍，是我国第一部书画类著作的提要目录，对研究我国古代书画类文献有着极为重要的意义。

第12册

《**绘画书简**》

黄茅著，春草书店发行，1943年(民国32年)6月初版。

本书包括你的周围都是图画，我们为什么喜欢图画——美术和人生的关系，图画的祖先——绘画的发生，钟馗斩邪、神荼吃鬼——民间的绘画，怎么想、怎么画——内容和形式，好不好、像不像——画家和画匠，中国画的生平大事——中国画简史，字写得好、画画得妙——中国绘画的特点，孔老夫子坐飞机，科学家、美少年、大石匠——文艺复兴期的三个画家，冷的静的、热的动的、实实在在的——十九世纪的西洋绘画，铅笔制的拿破仑——讽刺画家多米埃，把画架搬到屋外去——从印象派到西洋绘画的革命，野兽之群——现代西洋绘画的三个画派，耶稣带来的恩物——西洋画怎样传入中国，刺穿人生面幕、剥下社会衣裳——漫画艺术，用刀子画出画来——木刻艺术等 17 部分内容。

《绘画颜料蜡笔墨汁制造法》

渡边忠一著，蔡弃民译，商务印书馆发行，1938 年(民国 27 年)7 月初版。

共 3 编。第一编绘画颜料的制法，包括绪论和白色、黑色、红色、黄色、褐色、绿色、蓝色绘画颜料的制法 7 章。第二编蜡笔的制法，包括总论和蜡笔的原料、工作上应注意之要点、调制蜡笔的工程 3 章。第三编墨汁制造法，包括总论和制墨史、烟炱的制法、胶的性质与其制法、胶之代用物、墨汁之研究、墨汁制法的研究、各种墨汁的制法、墨汁之简易检验法 8 章。

《颜料及涂料》

戴济著，商务印书馆发行。

共 7 章。第一章颜料总论，第二章天然颜料，第三章干法人工颜料，第四章湿法人工颜料，第五章染法人工颜料，第六章涂料制法，第七章涂料用法。附录《重要颜料之比重及吸油量表》。

第 13 册

《古画评三种考订》

史岩著，金陵大学中国文化研究所印行，1947 年(民国 36 年)11 月初版。

分上、中、下 3 篇。考订的三种古画评分别是南朝齐谢赫《古画品录》、南朝梁姚最《续画品录》、唐代沙门彦悰《后画品录》。本书除校其异同、辨其讹误、补其阙略、删其衍剩、正其参差颠易离合外，兼疏言剔句、剖析诠论，遇有疑难，推寻别择加以辩证。

《论画辑要》

马克明校阅,商务印书馆发行,1928 年(民国 17 年)10 月初版。

本书有《画语录》《大涤子题画诗跋》《画诀》《画筌》《墨井画跋》《雨窗漫笔》《麓台题画稿》《二十中画品》。

《图画的鉴赏》

沈子丞编,中华书局印行,1948 年(民国 37 年)1 月初版。

世界上的绘画,大约可分为东方画系和西洋画系,本书为系统清楚,便于阅读,就分作两部分把世界上最有名的图画,逐一加以解释、叙述。

《清画传辑佚三种(附引得)》

洪业辑校,哈佛燕京学社,1934 年(民国 23 年)1 月出版。

本书是按中国字庋撷法编排而成,是查找清代书画家原始传记资料的工具书,可供专业研究人员、书画业余爱好者参阅。

第 14 册

《好古堂家藏书画记(附续记)》

姚际恒撰,商务印书馆发行,1937 年(民国 26 年)6 月初版。

姚际恒家有"好古堂",为藏书之所,就家藏书画,成《好古堂家藏书画记》,间加评论。

《中国名画观摩记》

施翀鹏著,商务印书馆发行,1936 年(民国 25 年)5 月初版,1936 年(民国 25 年)10 月再版。

共 6 章。第一章记唐画 3 帧,第二章记五代画 2 帧,第三章记宋画 56 帧,第四章记元画 39 帧,第五章记明画 40 帧,第六章记清画 28 帧。前有绪言。

《名画大观》（国画苑一）

刘海粟撰，中华书局发行，1935年（民国24年）10月发行，1936年（民国25年）4月再版。

国画概论，包括晋、唐、五代、宋、元、明、清之绘画的论述总说。

《名画大观》（国画苑四）

刘海粟撰，中华书局发行，1935年（民国24年）10月发行，1936年（民国25年）4月再版。

共有85幅图画。

《唐宋之绘画》

金原省吾著，傅抱石译，商务印书馆发行，1935年（民国24年）2月初版。

共8章。有原序和译者序。第一章介绍了唐代画之传统，第二章唐代前期介绍了阎立本和尉迟乙僧，第三章唐代后期介绍了吴道玄、李思训和王维，第四章介绍宋代画之传统，第五章介绍五代画之传统，第六章宋代前期介绍了宋画概说和徽宗皇帝，第七章宋代后期介绍了马远、梁楷和牧溪，第八章介绍宋代画之特质。

《王烟客先生绘画年表》

徐澂纂辑，出版信息不详。

王时敏，号烟客，明末清初画家。本年表依年代顺序排列其画，包括图名、画本、图数、尺寸、款识、作画年份、作者年龄、题跋者、记载书籍、备注等内容。

第15册

《历代论画名著汇编》

沈子丞编，世界书局印行，1943年（民国32年）9月初版。

本书所辑上自晋唐，下逮清末。共75家，计334卷，每家均附作者小传一篇。志其家世，溯其师承，其不可考者则从缺。著录各家，均依朝代编次，借以见我国画学源流演进之迹，并在每代之前附该朝代之绘画概述。

第16册

《中华历代名画记》

出版信息不详。

本书以中英文对照方式，对唐、五代、宋、元、明、清六朝著名绘画编目，并对图画姓名、尺寸长短，记在每种之下，以供好古之士欣赏。

《钱南园先生年谱》

方树梅编，出版信息不详。

本书分上、下卷。钱沣，号南园，工诗善文，尤擅长书画。本书详细记叙了钱沣的人生历程，记录了当时的社会文化，是一部具有较高史料价值和学术价值的年谱。

《古画微》

黄宾虹著，商务印书馆发行，1929年(民国18年)10月初版。

本书是黄氏绘画史研究的一部言简意赅的著作。全书共24篇，概述了中国绘画自上古至清末的风格面貌演变，以及各时代的代表画家及其艺术特色，近似中国绘画史纲要。

《冷月画评》

启智印务公司印刷，1935年(民国24年)9月出版。

陶冷月的作品情致幽淡闲放，意境空灵超逸，既有传统笔墨，又有现代风貌，熔中西绘画于一炉，在美术史上有一席地位。陶冷月致力于中西融合的艺术创新，独创“新中国画”。以传统风神和现代感统一的冷月画风，得到蔡元培、黄宾虹等文化界、艺术界人士的高度评价，对中国画的革新和发展有杰出的贡献。

《中国画论体系及其批评》

李长之著，独立出版社印行，1944年（民国33年）2月初版。

作者从体系的、哲学的维度重新审视传统绘画艺术之美，利用西方美学理论观照中国传统绘画，从主观、对象和用具三个方面对中国画理论作出具有开创性和系统性的建构及评述，为人们重新审视中国绘画艺术提供了许多真知灼见，让读者更明晰地领悟中国传统绘画的精髓和独特的美学价值。

第17册

《鉴定书》

出版信息不详。

本书共编为存平、存沪、存京三类，所列物品原存于北平、上海、南京三处地方法院检察处。每一物品首列数字为每一处鉴定时依提出物品的先后顺序编列，每一物品所标的某字几号为以前故宫点查古物时编制点查报告所编之原号，每一物品名称下所列括弧之文字是照录故宫点查报告中的原文。

第18册

《故宫已佚书籍书画目录四种》

国立北平故宫博物院印行，1934年（民国23年）9月3版。

本书初版由清室善后委员会刊行于1926年（民国15年）6月。本书原稿有四种：一赏溥杰书画目，二收到书画目录，三诸位大人借去书籍字画玩物造册，四外借字画浮记簿。其中三、四两种性质大致相同，初版时混而为一，今改称四种。

《三虞堂书画目》

完颜景贤撰著，出版信息不详。

附碑帖目、论书画诗。记载了完颜景贤收藏的主要书画、碑帖等艺术品。这本其随手写下的笔记，是目前我们了解完颜景贤收藏最直接、全面的资料。

《寒松阁谈艺琐录》

张鸣珂著，文明书局印行，1923 年（民国 12 年）6 月初版，1936 年（民国 25 年）10 月 5 版。

共 6 卷。记载咸丰、同治、光绪三朝书画家 331 人。主要叙述名氏、籍里、生平事迹、著述文集、评赞画艺兼及书法和诗文诸专长，凡与书画家相交至深者并附简历。书中所收皆著者同时代人或相去不远者，其中不少人且与张氏交游密切，故记事信实，保存不少重要文献资料。

《小蓬莱阁画鉴》

李修易著，出版信息不详。

共 7 卷。作者以公允的批评态度，在“南宗至上”的时代，完成了对“南宗崇拜”的消解，而且步步为营，有理有据。

《虞山画志》

郏抡逵纂，1941 年（民国 30 年）9 月江苏省立苏州图书馆校印。

中国清代画史著作。此书为一部地域画史，专记常熟一地的历代书画家，所记画家小传以收录诗篇为主。

第 19 册

《吉云居书画录》

陈骥德著，1942 年（民国 31 年）12 月印行。

合众图书馆丛书第 2 种。共 2 卷。

《潘氏三松堂书画记》

1943 年（民国 32 年）1 月印行。

合众图书馆丛书第 3 种。

《闽中书画录》

黄锡蕃著,1943 年(民国 32 年)6 月印行。

合众图书馆丛书第 10 种。共 16 卷。书以断代为顺次,计唐 4 人,五代 1 人,北宋 52 人,南宋 24 人,金 2 人,元 20 人,明 408 人,清 188 人,女画家 24 人,僧 19 人,道士 18 人,流寓 7 人,游宦 35 人,总共 802 人。引用书籍 327 种,对闽中艺人可称详备。

第 20 册

《吉云居书画续录》

陈骥德著,1943 年(民国 32 年)2 月印行。

合众图书馆丛书第 4 种。共 2 卷。

《江村消夏录》

高士奇撰,有正书局发行,1923 年(民国 12 年)4 月 3 版。

共 3 卷。中国书画著录,是书以时代为序著录自藏与亲见书画,起自晋王羲之,讫于明沈周。详载书迹原文、画面布局、画法和跋尾,以及卷轴、纸绢、尺度、印记等,并附有高氏评语、跋语。

第 21 册

《历代书画舫》(乾集)

《历代书画舫》(坎集)

《历代书画舫》(艮集)

《历代书画舫》(震集)

《历代书画舫》(巽集)

《历代书画舫》(离集)

《历代书画舫》(坤集)

《历代书画舫》(兑集)

张米庵著,1921年(民国10年)上海锦文堂印。

共8册。所录从三国至明代中期,计有书画家140人,先书后画,书迹49件,画迹115件。并作评论、考证,录用款识、印记,后附《米庵鉴古百一诗》一卷,题咏历代著名书、画、碑、帖。大致以时代先后为序,以作者为纲,以其流传书画为目,记其名迹的流传、题跋等。内容丰富,引用文献亦多,是收藏家、鉴赏家辨验书画真伪的参考书。

第22册

《历代名画记》

张彦远撰,商务印书馆发行,1936年(民国25年)12月初版。

共10卷。中国第一部绘画通史著作。可分为对绘画历史发展的评述与对绘画理论的阐述、有关鉴识收藏方面的叙述、370余名画家传记3部分,具有当时绘画"百科全书"的性质,在中国绘画史学的发展中,具有无可比拟的承先启后的里程碑意义。

《练水画征录》

程庭鹭辑,出版信息不详。

共4卷。辑录嘉定书画篆刻家传记资料,分正目、续目、补录、征余录各一卷。"练水"因县治练祁塘得名。有钱杜序,始不分卷,所收的人物自宋至清,除原籍本邑外,兼及闺秀、方外、流寓等共200余人。每人下各撰小传,记载了艺事逸闻,材料多采自邑志、文集、画史,较为信实。

《张忆娘簪花图卷题咏及其他一种》

商务印书馆发行,1937年(民国26年)6月初版。

丛书集成初编本。《张忆娘簪花图卷题咏》,江标辑。张忆娘是康熙时期苏州的名妓,她一生与名宦蒋深纠缠。蒋深曾请杨晋为张忆娘画像,便是《张忆娘簪花图》。

图卷问世后在康熙乾隆间有过两次题咏的高潮,后画卷流失。光绪间为张佩纶家族获得。江标在光绪二十三年(1897)从丰润张氏借观数月,并以此为底本刊刻了该画像的题咏部分,即为此书。

《董华亭书画录》,青浮山人编辑。书中记载均为董其昌个人书画作品,分卷、轴、册三类著录。凡有董氏之题记,皆录之。是第一部专门著录一个作者作品的著录书。此书为青浮山人据其藏滕逸湖钞本刊印。

第23册

《东观余论》

黄伯思撰,上海博古斋影印。

津逮秘书本。共两卷。上卷《法帖刊误》为其独立成书的著作,按淳化阁帖10卷顺序依次考评,下卷为零散的书画、古器物、校书序文等题跋文章。《东观余论》是北宋时期一部著名的书学著作,本书乃黄氏卒后,其子在原《法帖刊误》一书的基础上,广录黄伯思生前审证金石、考核艺文之作二百余篇而成。

《宛丘题跋》

张耒撰,上海博古斋影印。

津逮秘书本。有《读唐书》《读韩信传》等。

第24册

《画继》

邓椿撰,上海博古斋影印。

津逮秘书本。共10卷。本书是一部画史著作,载北宋熙宁七年(1074)至南宋乾道三年(1171)间画家219人小传。前五卷所列画人以贵、隐士、缙绅、僧道等身份作区分;卷六、卷七再以鬼神、人物、山水、花鸟、畜兽、屋木、蔬果、小景杂画等题材分论各家优劣;卷八记所见名迹;最后二卷为杂说,即《论远》和《论近》,前者论此书以前之事，后者论此书以内之事，前者多品画之词，后者多说杂事。全书搜辑遍及私家所藏画目、评画所论及画苑逸闻，颇具史料价值。

《止斋题跋》

陈傅良撰，上海博古斋影印。

津逮秘书本。共两卷。本书为后人从集中辑出单行，包括《跋杜大春画梅》《跋石时亨所藏吕真人画像》等。

《容斋题跋》

洪迈撰，上海博古斋影印。

津逮秘书本。共两卷。有《跋秘阁书目》《跋易举正》等。

第25册

《墨林今话》

蒋宝龄著，中华书局印行，1923年(民国12年)2月出版。

全6册，共18卷，末附其子蒋茝生《续编》一卷。绘画史论著作。记载乾隆至咸丰间(1736—1861)画家1286人，多为江浙人氏，各立小传，许多不甚知名的民间画家赖此以传，堪称清中晚期难得的绘画史料。所录画家人各一传，叙录其籍贯仕履、游历琐事，不以时代先后为序，重点在品评画家所擅长的题材及画风师承，指出其渊源所自，旁及书法、金石、诗词赏玩等。撰述有意借助于诗话、词话的写作形式，不拘一格，笔致轻灵活泼，不时以诗系人，采辑有关诗作，运用接近"诗话""词话"的随笔写作手法，使本书成为富有诗情画意的画家史传和美术评论，开创了中国美术批评的一种新形式。

第26册

《墨缘汇观录及其他一种》(全三册)

商务印书馆印行，1937年(民国26年)6月初版。

丛书集成初编本。《墨缘汇观录》共 4 卷，法书、名画各 2 卷。中国书画著录书。记载作品内容、纸绢，摘录题识、印章颇为详细。所录宋代以前之画颇多考订。间有论及画家之笔墨或画法特色，可资鉴别真赝。是书著录体例得其大要，叙述简当，鉴裁精审而有卓见，为清代书画著录书中精审之作。《书画说铃》是清代陆时化创作的书画鉴赏论著。

《佩文斋书画谱》(卷一—卷五)

第 27 册

《佩文斋书画谱》(卷六—卷二十七)

第 28 册

《佩文斋书画谱》(卷二十八—卷四十三)

第 29 册

《佩文斋书画谱》(卷四十四—卷五十八)

第 30 册

《佩文斋书画谱》(卷五十九—卷七十四)

第 31 册

《佩文斋书画谱》(卷七十五—卷九十)

第 32 册

《佩文斋书画谱》(卷九十一——卷一百)

共 100 卷。本书是中国书画的大型类书。书前有康熙四十四年(1705)二月御制序,其后为凡例和总目,正文前列有所纂辑之书籍的目录和书画谱总目,并开列康熙四十四年(1705)、康熙四十六年(1707)奉旨纂辑此书的官员职名。本书顺序依次为论书、论画、历代帝王书、历代帝王画、书家传、画家传、历代无名氏书、历代无名氏画、御制书画跋、历代帝王书跋、历代帝王画跋、历代名人书跋、历代名人画跋、书辨证、画辨证、历代鉴藏书类、历代鉴藏画类。内容始自五帝而讫止于元明。先列历代帝王,其余则以时代相次。所征资料皆注明出处。全书体例精密,引据翔实,颇便稽考。

《清代画史》(一)

《清代画史》(二)

第 33 册

《清代画史》(三)

《清代画史》(四)

《清代画史》(五)

《清代画史》(六)

盛叔清辑,有正书局印行。

该书据《历代画史汇传》而作,搜辑清代画人尚为翔实,彭氏书所挂漏者以及道光之后未及辑录者,多有所增补,是对有清一代画家较为完整的辑录。对该书进行初步统计后,得其所收清代画家近六千人,这与一般画史所言“清代画家之见于记载者,竟至五六千人之多”的情况基本相符。

第 34 册

《清人题画诗选》

黄颂尧辑，大华书局发行，1935 年（民国 24 年）4 月初版。

此书是黄颂尧为苏州美术专科学校学生讲授诗词所编。全书共选清人二十六家，诗一千二百余首，诸家各附有小传。对于研究清代题画诗以及清代绘画史有重要的文献价值。同时，在编选过程中，摒弃了用事僻奥、应酬的诗作，故而颇便于初学者研习，对当前书画爱好者也有一定的参考价值。

《砥斋题跋》

王宏撰著，出版信息不详。

涉闻梓旧本。作者收集了许多汉唐以来著名碑帖书画，仔细研习品鉴，撰写题跋，结集为本书。

《湛园题跋》

姜宸英撰，出版信息不详。

涉闻梓旧本。主要是对古代书法丛帖和墨迹的题跋，也有少量画跋和诗跋。凡六十五则，其中书法题跋四十九则。这四十九则书跋中有名家墨迹题跋四十三则，碑刻两则，像赞两则，印谱两则。

《义门题跋》

何焯撰，出版信息不详。

涉闻梓旧本。书法论著。其内容多为对古代碑帖及艺友收藏或过眼之碑帖题跋，上自魏晋下及明清，且对版本鉴定与收藏方面有真知灼见，是书记录其平生所见法帖而成，多为名迹。

《隐绿轩题识》

陈奕禧撰，出版信息不详。

涉闻梓旧本。作者为金石收藏家，于秦汉唐宋以来历代文字搜罗极富，并逐一辨证题跋，辑为本书。作者对碑刻书迹的考证评论、学书方法、取法范本、各家优劣，以及具体技法的分析比较，发前人所未发。

《苏斋题跋》

翁方纲著，出版信息不详。

涉闻梓旧本。全书分上、下卷，上卷皆题碑帖，下卷有题名迹之作，他的题跋致力于考辨碑帖，对于清代碑学和金石学具有很大的推动作用，是研究清代书法和金石学的重要资料。

第 35 册

《珊瑚网》(上)

第 36 册

《珊瑚网》(下)

汪珂玉撰，商务印书馆发行，1936 年(民国 25 年)6 月初版。

共 48 卷。中国书画著录著作。分两大部分：前 24 卷为古今法书题跋，包括钟繇以后的法书名迹、款识、碑帖石刻、丛帖及《书凭》《书旨》《书品》等；后 24 卷为顾恺之《洛神赋图》以后的古今名画著录及《画据》《画继》《画法》等。同时录编各家书画史、论有关部分，但对其真伪缺乏考证。

第 37 册

《式古堂书画汇考》(一)

第 38 册

《式古堂书画汇考》(二)

第 39 册

《式古堂书画汇考》(三)

第 40 册

《式古堂书画汇考》(四)

第 41 册

《式古堂书画汇考》(五)

第 42 册

《式古堂书画汇考》(六)

第 43 册

《式古堂书画汇考》(七)

卞永誉编著,出版信息不详。

共 30 卷。中国书画著录书。分《书考》《画考》,著录其目见之清代以前的法书、名画。是书萃取著录书画诸体之长处,又分门别类,先纲后目,先总后分,先本文而后题跋,先本卷而后征引他书,辨其源流,别其真赝,考究详明。又用大小字体、眉注圈识分别正文与外录，可谓条理井然，眉目清楚。自魏晋以来而迄清康熙时所传世之书画于此大备。书画之前有《书评》《书旨》及《论画》，辑录诸家画论。此书著录宏富，尽管间有谬误，仍不失为一部考据精备之作。

第44册

《孙氏书画钞》

孙凤著，出版信息不详。

《孙氏书画钞》原名《法书名画录》，共两卷，以法书、名画分列。法书一卷，录原文及题记。名画一卷，仅录题跋。

《吴门画舫录》（全四册）

有正书局印行，1915年（民国4年）9月出版。

本书包括《吴门画舫录》《吴门画舫续录》两本书。《吴门画舫录》共两卷。是清代西溪山人撰写的一部小说。书中主要记录苏州名妓逸事。书中内容能从不同侧面反映出当时妓女的生活状态及命运等，颇具小说意味。《吴门画舫续录》是西溪山人《吴门画舫录》的续书。记苏州青楼杂事。虽然书中小说故事不及《吴门画舫录》，但是所记妓女习俗、小说戏曲材料等却非常珍贵。

《吴门画史》

徐澂著，出版信息不详。

章太炎题写书名，多人作序。全书采录历代吴门画家或寄寓者凡998人，附录释氏41人、道家16人、女史104人、补遗63人，起于南朝，讫于近代，征引文献数十种，言而有据，蔚为大观。

第 45 册

《瓯钵罗室书画过目考》

李玉棻著，出版信息不详。

共 4 卷。画传。书卷首列清朝王公宗室能书善画者数人，末有附卷，专录释、道、名媛，全书共收清代画家近千人，大致以年代先后顺序，各撰小传，一家同擅书画或师承密切者附为一传。叙述字号、籍里、官秩、著作及书画专长，并记载自藏及友人所蓄书画名目，有著录之意。

《离骚图经》

萧云从著，出版信息不详。

清初木刻版画杰作。凡 64 图，包括《九歌图》9 图、《天问图》54 图、《三闾大夫卜居渔父》1 图，总称《离骚图》。据《凡例》，萧云从曾绘有《远游》5 图，但因战火被毁，而香草图则“有志未逮”。从《离骚图》各篇注文和序跋可以看出，萧云从在图绘之前曾仔细研读屈原作品以及王逸《楚辞章句》、朱熹《楚辞集注》、柳宗元《天对》和杨万里《天问天对解》等，并作精审考据。萧云从《离骚图》作为配诗的插图，可以说是在忠实原作的前提下，运用纷纭的艺术想象，以生动传神之笔，展现其才思的精品佳构。

第 46 册

《宣德彝器谱》

吕棠撰，出版信息不详。

共 3 卷。上卷所记载的是所奉圣旨的内容及工部商议后奏请物料的各种奏疏，所需铸造炉鼎的黄色清册，进呈彝器表中乾清宫御用以及分赐给各王府的鼎彝名目。中卷记载乾清宫、坤宁宫的御用鼎彝，以及分赐给各王府、各嫔妃和郊祀祭坛、各祠庙的鼎彝名目。下卷则记载分赐给各衙门及佛、道二教祠堂的鼎彝，其他款式的补铸鼎彝也一并记在此卷中。在每卷所载的器名后，分别置各款的简略说明。附《沈氏宣炉小志》。

《宣德彝器图谱》

吕震撰,出版信息不详。

共20卷。本书囊括了鼎彝制作的诸多史实。其中有宣宗下达的数道圣旨、大臣们关于用料及款式设计的奏请表疏、宣帝对成品的分配赏赐情况、竣工后的褒奖令等项。

《耕织图诗》

出版信息不详。

《耕织图》是我国古代为劝课农桑,采用绘图的形式翔实记录耕作与蚕织的系列图谱。该图为康熙年间,江南士人进呈南宋楼璹《耕织图诗》,康熙命内廷供奉焦秉贞重绘而成。康熙亲自题序,并为每幅图"制诗一章,以吟咏其勤苦而书之于图"。时著名木刻家朱圭、梅裕凤奉旨镌版印制。

第47册

《御制恭和避暑山庄图咏》

出版信息不详。

本书收录康熙、乾隆两位皇帝为避暑山庄36景所作之艺文。每一景点,均有康熙原作一首及乾隆和作一首,诗中夹注,并且绘图一幅。另外,康熙御制诗的诗题之后有小序,对景点位置、特色等事加以简介。全书编辑体例严谨,写、刻、绘图均好,充分体现了清初内府刻本的风貌。

《云台二十八将图》

出版信息不详。

云台二十八将,指的是汉光武帝刘秀麾下助其一统天下、重兴汉室江山的28员大将。汉明帝永平年间,明帝追忆当年随其父皇打下东汉江山的功臣宿将,命绘28位功臣的画像于洛阳南宫的云台,故称"云台二十八将"。此册所刊云台二十八将为张士葆所创作。

《洪经略奏对笔记》

出版信息不详。

洪氏降清之后,曾侍太宗、世祖、圣祖三任皇帝,可谓三朝老臣,朝政大事其参议极多,该书是洪氏上朝奏对的手抄笔记,多为君臣对话,所论都是关于治理天下的要法,对于考订清初政治政策的流变渊源颇具参考价值。

第48册

《园冶》

计成著,出版信息不详。

共3卷,附图235幅。中国古代造园专著,中国第一本园林艺术理论专著,将园林创作实践总结提高到理论层次的专著,是一部研究古代园林的重要著作。全书论述了宅园、别墅营建的原理和具体手法,反映了中国古代造园的成就,总结了造园经验,为后世的园林建造提供了理论框架以及可供模仿的范本。《园冶》是以"骈四骊六"为特征的骈体文。

《芳坚馆题跋》

出版信息不详。

芋园丛书本。全书从汉代始,收历代碑版刻石、法帖摹本,以及近世自作书画题记共135条,从这些题跋中我们可以清晰地看到郭尚先的书法学习轨迹和审美观念。

《名画猎精录》

张彦远撰,出版信息不详。

芋园丛书本。本书记载历代画工名姓,自始皇以降至唐朝,以及论画法、装背裱轴之式、鉴别阅玩之方。

《**广川画跋**》(卷一——卷二)

第49册

《**广川画跋**》(卷三—卷六)

董逌撰,出版信息不详。

芋园丛书本。共6卷,共收题跋134篇,包括宫廷及私人收藏,其中以历史故事及风俗人物占多数。画跋偏重于考证评议,对作品之题材内容及物象制度多方论证,引经据典,与其他侧重艺术风格技巧之评鉴著作不同,对作品辨识也时出独特见地。

《**童学书程**》

丰坊辑,出版信息不详。

芋园丛书本。中国古代书法理论著作,是一部针对学童的书法文献。是书从论用笔、论次第、论名言、论法帖、论墨迹、论临摹、学书次第之图、楷书、行书、草书、篆书、八分书等各个角度为学书者指示具体的循序渐进的门径,并举出不同年龄段的儿童宜学什么书体、什么碑帖。

《**颜书编年录**》

黄本骥编著,出版信息不详。

芋园丛书本。共4卷。唐颜真卿书法作品汇编,此书是按颜真卿书法作品产生的年代编成。

《**艺舟双楫**》

包世臣撰,出版信息不详。

共6卷。前四卷论文,评论古人作法,抒发己见,录己作书、序、碑传等文。后两卷为书法理论著作,阐述学书经验与心得,论述汉代以来书法用笔源流以及为《书谱》辨误等。前后合编,故为“双楫”。

《印人传》

周亮工撰，出版信息不详。

共3卷。记录了作者所鉴藏宋至明代旧印的原委。主要为明代文彭至清初著名篆刻家共59人撰写事略，间亦阐述作者本人的印学见解及流派嬗变、风气习尚等，是研究明清篆刻作者、治印方法及印学观点所必不可少的文献。

第50册

《玉台画史》

汤漱玉辑，出版信息不详。

芋园丛书本。本书是仿厉鹗《玉台书史》之例，辑历代能画之妇女为一编，体例略有变更。分宫掖、名媛、姬侍、名妓四门。凡宫掖28人，名媛125人，姬侍16人，名妓40人。后附《别录》十五，则不入诸门。

《玉台书史》

厉鹗著，出版信息不详。

芋园丛书本。本书是中国历史上首次专门收录女性书家的汇编体书史著作，具有开创之功和积极的社会意义。汇集了自汉至清211位女书家的史料，纵观之，其流芳至今的女书家却屈指可数。

《张氏四种》

出版信息不详。

芋园丛书本。本书包括《书画见闻表》《南阳名书表》《南阳法书表》《清河书画表》。

《藏书纪要》

孙从添撰，出版信息不详。

芋园丛书本。藏书理论著作。共分购书、鉴别、抄录、校雠、装订、编目、收藏、曝书八则,每则都有详尽的阐述。该书较系统地总结了中国古代藏书工作的经验和方法,对后来的私人藏书家有一定影响。

《**同书**》

周亮工撰,出版信息不详。

芋园丛书本。共4卷。

第51册

《**(景明刻本)夷门广牍**》(十二)

出版信息不详。

本书包括《画评会海》《天形道貌》。

《**(景明刻本)夷门广牍**》(十三)

出版信息不详。

本书包括《淇园肖影》《罗浮幻质》。

《**(景明刻本)夷门广牍**》(十四)

出版信息不详。

本书包括《九畹遗容》《春谷嘤翔》《绘林题识》。

《**(景明刻本)夷门广牍**》(二十九)

出版信息不详。

本书包括《兰谱奥法》《梅品》《菊谱》《耒耜经》《理生玉镜稻品》《芋经》。

《**恽南田画跋**》(卷一—卷二)

第 52 册

《恽南田画跋》（卷三—卷四）

恽南田著，出版信息不详。

翠琅玕馆丛书本。本书是一部绘画论著，因是由题跋辑成之作，难成完整的体系，但仍能窥见其颇富创造精神的绘画思想。

《板桥题画》

郑燮撰，出版信息不详。

本书是后人从其画作中的题跋整理汇总而来。郑燮只画兰竹石头，其题跋亦限于此，但所涉画理又不限于此。他道出了创作的思维规律和艺术借鉴等重大问题，虽非专著，不成体系，却为画界所重视。

《壮陶阁书画录》（一）

《壮陶阁书画录》（二）

《壮陶阁书画录》（三）

第 53 册

《壮陶阁书画录》（四）

《壮陶阁书画录》（五）

《壮陶阁书画录》（六）

《壮陶阁书画录》（七）

第 54 册

《壮陶阁书画录》（八）

《壮陶阁书画录》(九)

《壮陶阁书画录》(十)

《壮陶阁书画录》(十一)

第 55 册

《壮陶阁书画录》(十二)

《壮陶阁书画录》(十三)

《壮陶阁书画录》(十四)

《壮陶阁书画录》(十五)

第 56 册

《壮陶阁书画录》(十六)

《壮陶阁书画录》(十七)

《壮陶阁书画录》(十八)

《壮陶阁书画录》(十九)

第 57 册

《壮陶阁书画录》(二十)

《壮陶阁书画录》(二十一)

《壮陶阁书画录》(二十二)

裴景福编著,中华书局印行,1937 年(民国 26 年)12 月出版。

共 22 卷,每卷一册。是民国时期最重要的书画著录书,收藏家必研书籍,讲究收藏次第者,言必称此书。所著均系裴景福壮陶阁藏过眼书画,著录始自魏晋钟太傅以迄晋唐宋明清名迹,其中有许多为清宫廷内府散出之物,尤为珍贵。

《宝颜堂秘笈》

出版信息不详。

明代陈继儒辑丛书。收唐、宋、元、明书籍229种，分正、续、广、普、汇、秘六集，所收多琐言、语录之作。本册有《画品一卷》《明诚意伯连珠一卷》《春雨杂述一卷》《海语三卷》《异鱼图赞四卷》《江邻几杂志一卷》《谰言长语二卷》。

第58册

《画论丛刊》（一）

《画论丛刊》（二）

《画论丛刊》（三）

第59册

《画论丛刊》（四）

《画论丛刊》（五）

《画论丛刊》（六）

出版信息不详。

共6册。本书所辑历代关于画理画论之作，自南朝至近代，凡51篇，附录两篇。大致可分总论及专论两类。总论列前，专论居后。在这两类中，更据作家年代之前后，列其次第。编前冠以各书作者事略，以便检查，并附校勘记于书后。这部书将历代重要的画论汇集在一处，可减少读者搜求单行本之劳，同时编者将每一画论又根据几种版本加以校勘，错误脱落也大为减少。因供给读者和专家们参考研究之用，故其内容一如原作，概未更动。书中精华甚多，个别之处尚存在有很多的旧时观点，希望阅读之时运用独立思考精神。

《读画辑略》

玉狮老人编纂,商务印书馆印行,1915年(民国4年)11月初版,1917年(民国6年)2月再版。

共4卷。

第60册

《美术丛书》(第一集)

《美术丛书》(第二集)

第61册

《美术丛书》(第三集)

《美术丛书》(第四集)

第62册

《美术丛书》(第五集)

《美术丛书》(第六集)

第63册

《美术丛书》(第七集)

《美术丛书》(第八集)

第 64 册

《**美术丛书**》(第九集)

《**美术丛书**》(第十集)

第 65 册

《**美术丛书**》(续集第一集)

《**美术丛书**》(续集第二集)

第 66 册

《**美术丛书**》(续集第三集)

《**美术丛书**》(续集第四集)

第 67 册

《**美术丛书**》(续集第五集)

《**美术丛书**》(续集第六集)

第 68 册

《**美术丛书**》(续集第七集)

《**美术丛书**》(续集第八集)

第 69 册

《**美术丛书**》(续集第九集)

《**美术丛书**》(续集第十集)

第70册

《**美术丛书**》(后集第一集)

《**美术丛书**》(后集第二集)

第71册

《**美术丛书**》(后集第三集)

《**美术丛书**》(后集第四集)

第72册

《**美术丛书**》(后集第五集)

《**美术丛书**》(后集第六集)

第73册

《**美术丛书**》(后集第七集)

《**美术丛书**》(后集第八集)

第74册

《**美术丛书**》(后集第九集)

《**美术丛书**》(后集第十集)

邓实、黄宾虹编纂,上海神州国光社印行,1920年(民国9年)再版。

中国美术论著汇编。1911 年 3 月开始分册出版，初集 10 集，每集 4 册；至 1914 年年底出齐续集（或称二集）10 集，亦各 4 册。计两集 80 册。到 1920 年出版了后集（亦称三集）10 集，成为 120 册。均系线装本。共收集历代书画、雕刻摹印、瓷铜玉石、文艺及杂记等五类著作计 285 种，其中以书画类著作为主。编者广搜博采，包容繁富，并录有稀见之本，也做了一些校订工作。论者谓不足之处在于驳杂而缺乏归纳，有的割裂原作别立名目，有的重要著作未能收入，有的伪书未加指明，版本校勘亦欠精严。余绍宋在《书画书录解题》中认为，以上诸点"若能加以改正，更续数集，则真可称美术大观矣"。

第 75 册

《丹青引》

王益论著，原艺社刊行。

广州市市立艺术专科学校丛书。本书包括酒跟挥毫、"文人画"圈内、中国画坛的侧面、中国画人的行状 4 部分。有自序和附录。

《德隅斋画品及其他一种》

商务印书馆发行，1939 年（民国 28 年）12 月初版。

丛书集成初编本。包括李廌撰《德隅斋画品》和董逌撰《广川画跋》。

《绘林题识及其他一种》

商务印书馆发行，1939 年（民国 28 年）12 月初版。

丛书集成初编本。包括汪显节编次《绘林题识》和恽格撰《画跋》。

《韩氏山水纯全集及其他一种》

商务印书馆发行，1939 年（民国 28 年）12 月初版。

丛书集成初编本。包括韩拙撰《韩氏山水纯全集》和唐寅辑《六如画谱》。

《画论》

郭思撰,商务印书馆发行,1939 年(民国 28 年)12 月初版。

丛书集成初编本。

《古今画鉴及其他四种》

商务印书馆发行,1937 年(民国 26 年)12 月初版。

丛书集成初编本。包括汤垕著《古今画鉴》、杨慎撰《画品》、李开先撰《中麓画品》、莫是龙著《画说》和撰人不详的《杂评》。

《题画诗及其他二种》

商务印书馆发行,1936 年(民国 25 年)12 月初版。

丛书集成初编本。包括恽格撰《题画诗》、方士庶著《天慵庵笔记》和朱方蔼著《画梅题记》。

第 76 册

《历代名画记》

张彦远撰,商务印书馆发行,1936 年(民国 25 年)12 月初版。

丛书集成初编本。全书 10 卷,中国第一部绘画通史著作,可分为对绘画历史发展的评述与对绘画理论的阐述、有关鉴识收藏方面的叙述、370 余名画家传记 3 部分,具有当时绘画“百科全书”的性质。

《图画见闻志》

郭若虚撰,商务印书馆发行,1936 年(民国 25 年)12 月初版。

丛书集成初编本。《图画见闻志》为继张彦远《历代名画记》而作。卷一《叙论》16 篇,仿张氏前三卷之作,其中《论制作楷模》《论衣冠异制》《论气韵非师》《论用笔三病》《论曹吴体法》《论三家山水》《论黄徐体异》《论古今优劣》等,均为专题论文,多有独到之处。第二卷至第四卷为《纪艺》,载唐会昌元年(841)至北宋熙宁七年(1074)间画家小传,并有评论。第五卷为《故事拾遗》,记唐、朱梁、王蜀画家故事。第六卷《近事》记宋、孟蜀、辽、高丽等画坛逸事。此书广作征引,资料翔实,常有独到见解,是一部由史论、传记、绘事遗闻三部分构成的绘画史。

第 77 册

《宣和画谱》

商务印书馆发行,1936 年(民国 25 年)12 月初版。

丛书集成初编本。本书是北宋宣和年间由官方主持编撰的宫廷所藏绘画作品的著录著作。共 20 卷,著录宋徽宗时宫廷所藏的魏晋以来历代绘画作品,共计画家 231 人,作品 6396 件。按题材分为 10 门:道释 49 人,人物 33 人,宫室 4 人,番族 5 人,龙鱼 8 人,山水 41 人,畜兽 27 人,花鸟 46 人,墨竹 12 人,蔬果 6 人。此书的体例是每门先作叙论,其次是画家评传,包括籍贯、仕履、才具、学养、擅长、故实等,传后再具列作品及件数。

第 78 册

《图绘宝鉴(附补遗)》

夏文彦纂,商务印书馆发行,1937 年(民国 26 年)6 月初版。

共 5 卷。卷一为叙论,有六法、三品、三病、六要、六长、制作楷模、古今优劣、粉本、赏鉴、装褫书画定式、叙历代能画人名等篇。卷二简介三国吴至五代画家。卷三简介宋代画家。卷四简介南宋及金朝画家。卷五为元代及外国画家。书末附《补遗》一卷,对以上各卷之遗漏作了续补。

《绘妙》

茅一相编,商务印书馆发行,1936 年(民国 25 年)12 月初版。

本书述及六法三品、三病、六要、六长、八格、十二忌、观画之法、古今优劣、粉本、赏鉴好事、绢素、古今笔法、用笔得失 13 则,虽多前人之论,亦有自己的体会。

《读画录》

周亮工撰,商务印书馆发行,1936 年(民国 25 年)12 月初版。

共 4 卷。本书为明末清初画家传记。列传者始于明李日华,止于清章谷,共 77 人。书后附有名无传者 69 人。明代画家多数被收录,各论其品第,兼引时人评论,亦间附载题咏及其人生平梗概,多有为撰者目睹或相去不远者。所载遗事逸闻较为可信。

《明画录及其他二种》

商务印书馆发行,1936 年(民国 25 年)12 月初版。

包括徐沁著《明画录》、童翼驹编《墨梅人名录》和赵彦修撰《画友诗》。

《装潢志》

出版信息不详。

翠琅玕馆丛书本。本书是第一本系统的装潢学专著,是我国古代有关书画装裱的专著。介绍了装裱书画和碑帖的各种技术,详细地论述了装裱的技术和材料。

《桐阶副墨》

出版信息不详。

翠琅玕馆丛书本。此书论述叶子牌的玩法。庄子认为道术是主,文字是副,而文字是用墨写的,所以称文字为副墨。

《南村觞政》

出版信息不详。

翠琅玕馆丛书本。

《钱谱》

出版信息不详。

翠琅玕馆丛书本。我国最早的钱币学专著是顾烜的《钱谱》。到了宋朝，另一位钱币爱好者董逌撰写了一篇同名之作，有学者认为是在顾氏著作基础上增补而成，该书原书亦已无存，仅仅在明末陶氏编写的丛书《说郛》中得以幸存。

第 79 册

《中国画学全史》

郑昶编著，中华书局印行，1929 年(民国 18 年)5 月出版。

该书对中国画学进行了归纳和分类，纲举目张，条分缕析，是近代中国美术史上第一次用科学系统的方法研究传统画学的通史类著作，被蔡元培誉为“中国有画史以来集大成之巨著”。

第 80 册

《中国绘画史》

潘天授编，商务印书馆发行，1926 年(民国 15 年)7 月初版，1928 年(民国 17 年)4 月再版。

本书是中国画变迁史系统研究的专著。全书以上下四千年时间为纬，将中国文化深远的哲学思想、灿烂的文学艺术融入史中。第一次正式提出中国画自成一派，与西方画并立为人类艺术的双峰的说法。

《中国绘画学史》

秦仲文著，立达书局发行，1934 年(民国 23 年)7 月初版。

共 5 编。本书是民国以来首次将中国绘画作为一门学科来梳理和研究的专著，是 20 世纪前半叶重要的美术史著之一，对后世研究中国绘画史有很大帮助。

《国朝画家书小传》

出版信息不详。

共 4 卷，清人叶铭撰，传主多为清朝前期人，所写多能抓住人物特点。

第 81 册

《中国绘画史》

俞剑华著，商务印书馆发行，1937 年（民国 26 年）1 月初版。

本书分上、下册。介绍了从上古时期到清朝末期的绘画发展历史。以时代为划分的分期，记叙了各个朝代的历史背景、绘画、重要的画家，并简要地介绍了当时的画论，并且以图表的形式，概括了每一个朝代的绘画现状、绘画的特点和绘画中出现的流派相关的流派系表图等等。在美术史的分期、写作方法以及史料取舍等多方面，均显示了作者的独具慧眼和良苦用心，并能博采众长、兼收并蓄，真正做到了史料翔实，体系周全，纲举目张。

第 82 册

《中国绘画史》

中村不折著，郭虚中译述，正中书局印行，1937 年（民国 26 年）3 月初版。

本书是日本学人中村不折和小鹿青云合著的中国绘画的通史性著作，是一部以中国绘画史冠名的著作，它立足于中国史的绘画史知识介绍，在日本颇受欢迎，曾多次重印，直接启发了民国时期绘画史教材的编纂和写作。其确立的理论、框架，也为国内的中国绘画史研究提供了重要的借鉴意义。

《中国绘画变迁史纲》

傅抱石编，南京书店出版，1931 年（民国 20 年）9 月初版。

本书体现了傅抱石早期研究绘画史理论的基本方法和基本观点，是傅抱石尝试通过“整个的系统”来认识中国传统绘画的研究实践。他以“南北宗”的发生、发展为这一系统的基本结构,尽管未必能够全面反映传统绘画的演变历程,但在传统绘画史论的研究上具有重大意义。

《唐宋绘画史》

滕固著,上海神州国光社刊行,1933年(民国22年)5月初版。

本书是民国时期第一部中国画史断代研究成果,影响颇著。作者虽然深受西方艺术史研究的影响,将风格分析作为主要手段,并辅之以图像和文化史的叙述,但在实践中又不完全拘泥于此,尤其是在其后期的研究中,亲身投入考古调查,运用大量的第一手资料,为中国美术史的研究奠定了坚实的基础。

第83册

《别下斋书画录》(全四册)

蒋光煦编,许光治校,文学山房印行,民国时期刊行。

江氏聚珍板丛书。蒋光煦,清代著名藏书家、收藏家,专意收藏古籍名刻及金石书画,筑“别下斋”以藏,积古籍十万余卷,其中名刻善本居半,为海内知名藏书楼。此书共7卷,收录宋至清代名家书画,并兼收题跋、印章等。

《迟鸿轩所见书画录》(全六册)

杨岘辑,文学山房印行,民国时期刊行。

江氏聚珍板丛书。杨岘,字庸斋、见山,号季仇,晚号藐翁,自署迟鸿残叟,清代书法家、金石学家、诗人。本书共4卷,收录有清一代的书画家。

第84册

《国朝书画家笔录》(全八册)

窦镇辑,文学山房印行,民国时期刊行。

江氏聚珍板丛书。窦镇，字叔英，号拙翁，自署九峰淡士。本书共 4 卷，辑录上起顺治、下讫光绪间书画名家凡 1639 人，各系以小传，后附名媛 56 人、方外 34 人。

《小鸥波馆画识》

《小鸥波馆画寄》

潘曾莹辑，江杏溪重校，文学山房印行，民国时期刊行。

江氏聚珍板丛书。潘曾莹，字申甫，号星斋，长于史学，工于书画。本书收入《小鸥波馆画识》三卷、《小鸥波馆画寄》一卷，“记名人之词章，录得意之题咏，各分其类，亦前人未有之著述”。

第 85 册

《画法要录》

余绍宋撰，中华书局发行，1930 年(民国 19 年)2 月出版。

本书甄集精粹，区划类次，疏抉而条贯之，繁而不乱，收录六朝至民国 1500 年间的论画佳著。共 4 册 17 卷，“前录三”为画诀、画理等通论，“总录六”统论山水画诀，“分录六”论树石诸法并入手先后次第，“后录二”则采摭题识及纸绢画具等。无论山水、人物、翎毛、花卉，一切皆不离此。故林志钧在序中称赞本书为“中国画学开系统研究之始”，“为中国画学开忠实考据之始”。

第 86 册

《虚斋名画录》(卷一—卷四)

第 87 册

《虚斋名画录》(卷五—卷九)

第 88 册

《**虚斋名画录**》(卷十—卷十四)

第 89 册

《**虚斋名画录**》(卷十五—卷十六)

庞元济辑,清宣统元年(1909)刻本。

收历代藏画 538 件,起自唐,止于清。详细记载画作的纸绢、尺寸、题跋、印章等信息。庞氏在《自序》中云:“不敢以有力自居,惟好之既笃,积之既久,则凡历代有名大家盖于是略备焉。近者斋居清寂,爰取所藏,时一展阅,仿《江村销夏录》体,随笔登录,共得十六卷。”其收藏标准慎重而严格,“其间凡画法之精粗,设色之明暗,纸绢之新旧,题跋之真赝,时移代易,面目各自不同,靡不惟日孜孜潜心考索,稍有疑窦,宁慎勿滥,往往于数十百幅中选择不过二三幅,积储二十余年而所得仅仅若此”。前六卷为卷子类,卷七至卷十为立轴类,卷十一至卷十六为册页类。收藏特重流传有序,历代鉴藏大家如贾似道、赵孟頫、项元汴、梁清标、安岐等人的庋藏旧珍,还有宫廷藏画,如宋代宣和、政和遗珍,清代三希堂旧藏,《石渠宝笈》著录之物,均列其中,为当今研究古字画必不可少的工具书。

《**四库全书总目提要**》(二十一)

《**四库全书总目提要**》(二十二)

永瑢等撰,王云五主编,商务印书馆发行,1931 年(民国 20 年)4 月初版。

万有文库本。《万有文库》是 20 世纪上半叶王云五先生策划整理的最有影响的大型现代丛书,《四库全书总目提要》是其中一种。本书仅收录《四库全书总目提要》子部艺术类的图书,如《古画品录》《书品》《书谱》《历代名画记》等,计书画类 71 部、琴谱类 4 部、篆刻类 2 部、杂技类 4 部,另收录书画类存目 52 部、琴谱类存目 12 部、篆刻类存目 5 部、杂技类存目 11 部。

《钤山堂书画记及其他一种》

王云五主编，商务印书馆发行，1937 年（民国 26 年）12 月初版。

丛书集成初编本。该书共收录两种书画著录，分别为明代文嘉撰《钤山堂书画记》、清代刘体仁撰《七颂堂识小录》。前者记录了钤山堂主人严嵩所藏的书画作品以及作者对画史、收藏、题跋、品评方面的论断；后者著录内容 74 则，除琴、砚、鼎、彝等古代器物十数条外，大多为所见书画，其中绘画作品 32 则，且为随见随录，不以画家时代为次，其中颇多名家，如杨补之、赵子固、赵千里等。

《元管仲姬（1262—1319）之书画》

冼玉清著，《岭南学报》第 3 卷第 2 期抽印本。

管仲姬，元代著名书画家赵孟頫的夫人，精于书画、刺绣。本书分仲姬事略、仲姬书画、各家批评、对仲姬之疑窦、结论五部分，为冼玉清对管仲姬生平、书画、评价的考证。

第 90 册

《八旗画录》

李放著，1928 年（民国 17 年）出版。

该书分前、后两编，共 6 卷。收录了清代属满洲八旗籍之能画者近 300 人，上至帝王宗室，而下至僧道名媛，各撰小传，介绍其身份、师承和擅长。本书开创同一民族画家传记专集之先河，可供清画史研究者参考。

《选集门人作品》

高志和、张全虎、刘德明等绘，其余出版信息不详。

该书为残本，缺封面及版权信息，是一本画册，收录了高志和、张全虎、刘德明等人的画作 40 幅。

《丁陇画纲》

丁陇编著，大兴书局发行，1943 年(民国 32 年)4 月初版。

本书的编撰目的在于“拟名画学四纲”，“将前人名论，分编各门”，“俾供画学之参考，亦备为初学者，得有无师自修之径蹊也”。全书共 3 篇，第一篇专论画学之常识，第二篇为画学四纲之专述，第三篇则附集各种画法。

《江村书画目》

高士奇著，东方学会印行，1924 年(民国甲子年)2 月出版。

《江村书画目》是清代鉴藏家高士奇家的秘密账册。内分“进字壹号”“进字贰号”“送字号”“无跋藏玩手卷”“无跋收藏手卷”“永存秘玩上上神品”“自题上等手卷”“自题中等手卷”和“自怡手卷”9 类。“董文敏真迹”一卷附在此书之后。其书共收载艺术品 518 件，信息丰富，是清画史研究的重要文献之一。

《岳飞》

梁又铭编绘，铁风出版社，1941 年(民国 30 年)1 月初版。

本书以连环画的形式简略讲述了岳飞的生平。

第 91 册

《盛京故宫书画录》

金梁撰，世界书局印行，1913 年(民国 2 年)出版。

该书将所载书画分卷、轴、册、经、幅、额、联 7 类，按先书后画的次序介绍了沈阳故宫翔凤阁所藏唐、五代、宋、元、明、清的历代书画，共计 449 件。

第 92 册

《大字足本连环绘图八才子白圭志》

崔象川辑，上海锦章图书局印行，1932 年(民国 21 年)6 月出版。

此书4卷16回，始于前阳山，终于怀远楼四十年之事，讲述了才子张瑞庭与才女杨菊英的爱情故事，其目的在于劝善惩恶。

《内务部古物陈列所书画目录》（卷一—卷三）

第93册

《内务部古物陈列所书画目录》（卷四—卷六）

第94册

《内务部古物陈列所书画目录》（卷七—卷十三）

第95册

《内务部古物陈列所书画目录》（卷十四、附卷、补遗）

古物陈列所编，京华印书局代印，1925年（民国14年）9月出版。

内务部所属古物陈列所收藏着自唐迄清名贤墨迹数千种，而奉天、热河两行宫清室旧藏物则可谓“山之五岳”“水之四海”，故本书专就奉天、热河行宫遗存内务部古物陈列所之书画逐一编列，分书册、书卷、书轴、画册、画卷、画轴、书画册、书画卷、书画轴、像册、像轴、书画扇等14卷，附缂丝、刺绣、藏画3卷并补遗，凡4651件，并以时代排序，载所录书画的作者、名称、尺寸、质地、内容、款识、题跋、印鉴、收藏印记等。该书内容珍贵、丰富，对于书画史、书画研究、书画收藏都极有意义。

第96册

《明刻传奇图像十种》

王文衡绘，陶湘辑，武进涉园景印，1926—1928年（民国15—17年）出版。

喜咏轩丛书本。本书是十种戏曲版画插图的汇集本，包括元高明《琵琶记》、王实甫《西厢记》，金董解元《董西厢记》，明汤显祖《牡丹亭》《紫钗记》《邯郸记》《南柯记》及陆采《明珠记》、张凤翼《红拂记》、阮大铖《燕子笺》等。插图的作者署名均为吴门王文衡，刻图者为新安黄一彬及郑圣卿、刘杲卿、汪文佐，共4人。采用的是白描的艺术手法，淡雅疏朗，清新动人，极富生活趣味。

《凌烟阁功臣图像》

朱上如刻，陶湘辑，武进涉园景印，1930年(民国庚午年)春印。

喜咏轩丛书丁编。朱上如雕镂精绝，300年来无出其右者。其木刻4种包括《凌烟阁功臣图像》(刘源绘)、《无双谱》(金史绘)、《耕织图诗》(焦秉贞绘)、《避暑山庄图咏》(沈喻绘)。刘源绘《凌烟阁功臣图像》一册，集功臣画像24幅，有长孙无忌、杜如晦、房玄龄、魏征、虞世南、李靖等人，另附大士3尊、关帝3尊。图后均辑诗，其目的在于“以大士之慈悲、帝君之忠烈，冠于简端，聊以纪风云之盛立、仁义之极”。

《无双谱》

金古良撰，陶湘辑，武进涉园景印，1930年(民国庚午年)春印。

喜咏轩丛书丁编。本书取自汉迄宋1400多年间有忠孝、才节、事功、品性者40人，如张子房、司马迁、东方朔、班超、项羽、羊叔子等，略述生平大端，拟为乐府歌词以自娱，兼绘图索其形，为诗教助兴也。

第97册

《钦定补绘离骚图》

陶湘辑，武进涉园景印，1930年(民国庚午年)夏重印。

喜咏轩丛书戊编。《钦定补绘离骚图》是目前最完备的《楚辞》图绘本，依文津阁本重印，又据江南图书馆藏宋本《楚辞》校字。内有萧云从画《离骚》1册，盖踵李公麟《九歌图》意而分章摘句续为全图，博考经义，颇合古人左图右书之意。今书中所存图已缺略，故令门应兆仿照李公麟《九歌图》而补行绘画以臻完善。全书分上、中、下3

卷,卷上收《离骚》32 图、《九歌》9 图,卷中收《天问》54 图,卷下收《九章》9 图、《远游》5 图、《卜居》与《渔父》1 图、《招魂》13 图、《大招》7 图、《九辩》9 图,另附香草 16 图。

《绘图三国志演义》

祥记书局印行,其余出版信息不详。

书前有金圣叹原序、吴清溪居士重刊序、《读三国志法》。本书仅收原书中的插图部分,包括 144 幅人物像和 56 幅故事情节图。

《三笑姻缘九美图》

江蝶庐删改,广益书局刊行,出版时间不详。

《三笑姻缘》即唐伯虎三笑点秋香的故事,脍炙人口,共 74 回。原本诗句雅驯,音调圆润,且事实新颖,脱尽窠臼,但有弹唱之句近于诗词,属歌曲一类,说白之中又掺杂吴语,难以普及。今江蝶庐君照书删改,除去唱句,存其真意,可使天下人皆得领略其旨趣。本书只收录序、目次和 8 页插图。

《绣像绘图足本红楼复梦》

陈少海著,上海启新书局印行,1923 年(民国 12 年)春出版。

《红楼复梦》为《红楼梦》的续写,100 回。作者不忍《红楼梦》之美人香土,燕去楼空,于是通过天上、人间、地狱的种种通融,使贾宝玉与金陵十二钗得以重生聚合。本书仅收序、自序、凡例、目录和绣像部分。

第 98 册

《连环绘图楚汉相争霸王别姬》

陈又良编辑,上海中原书局印行,1930 年(民国 19 年)出版。

本书讲述了楚汉相争的历史故事,共 8 卷,正文前附 10 幅人物绣像,正文中插图若干。

《加批绘图宋岳武穆公全传》

上海会文堂书局印行，其余出版信息不详。

《加批绘图宋岳武穆公全传》共 8 册，本书只收录了宋高宗、李纲、岳飞、岳云等人物绣像和正文插图 16 幅。

《仇文合制西厢记图册》

仇英绘，文征明书，王鲲徙收藏，文华美术图书公司发行，1933 年(民国 22 年)2 月出版。

本书收明大家仇英绘《西厢记》图 20 幅，每图旁均有文征明题字。图文相得益彰，正如郑午昌在序文中所赞："衡山以高年作蝇头楷，清劲秀逸，累百千字，无一败笔，自是神工。实父状写至精极细，而用笔实简，确守宋法；设色阅数百年朱粉如新，尤足珍玩，以此点缀佳人才子艳绝千古。"

第 99 册

《绣像全图狸猫换太子三集》

上海校经山房印行，1929 年(民国 18 年)出版。

本书演绎了著名的历史故事——狸猫换太子，共 8 卷 80 回。正文前置包公、宋仁宗、杨宗保、呼延庆等人物绣像 30 幅，每卷目录前另附绣像若干，还随文插有图片。

《绘图天雨花》

上海广益书局发行，1920 年(民国庚申年)清和月出版。

《天雨花》讲述的是明朝万历、天启年间朝廷内部的斗争，以有正义感的官僚左维明及其女左仪贞为主线，描写东林党人与皇戚郑国泰、奸臣方从哲、阉宦魏忠贤之间尖锐复杂的斗争。本书只收录绘图部分，共计像 4 图 6。

《绘图西厢记》

启新书局印行，1924年(民国13年)孟春出版。

《绘图西厢记》，共8卷，本书仅收录其目录及绣像22幅。

《绘图燕子笺》

上海文华山房石印，1913年(民国2年)仲春出版。

《绘图燕子笺》，共4卷，本书仅收录其目录及绣像20幅。

第100册

《大字足本连环绘图白牡丹全传》

上海锦章图书局印行，1931年(民国20年)1月出版。

《大字足本连环绘图白牡丹全传》4册，共8卷46回，描述了正德皇帝明武宗为访求梦中美女白牡丹、红芍药，不惜微服巡游江南，由此引发奸臣谋反、忠臣受屈、平民遭困、有情人终成眷属等一系列故事。

《关圣帝君圣迹图志全集》(仁部下)

《关圣帝君圣迹图志全集》(礼部)

桂林陈大学士增订、三韩于大司马鉴定、长洲沈大宗伯增订，砺金堂藏版。

《关圣帝君圣迹图志全集》，分仁、义、礼、智、信5部，本书只收取内含画像的部分章节。其中仁部卷含《发祥考》《全图考》两篇文字及关羽生平事迹的图像55幅，如《圣帝遗像》《隐居训子》《桃园义聚》《秉烛达旦》《五关斩将》《单刀赴肃》《退守麦城》等，每张图像后附相关的文字解说。礼部卷为坟庙考图，含常平冢图、关帝故里图、关帝冢图、玉泉显烈庙图、崇宁宫旧图、崇宁宫新图、祭品图。

《绘图谐铎全集》

上海鸿宝斋发兑，乙未年(1895年)海上书局石印。

《绘图谐铎全集》,按元、亨、利、贞的顺序分4册,每册3卷,共12卷。每卷再分若干故事,每篇故事均独立成篇,或警诫,或讽喻,言简意深,富含哲理。本书只收正文前的序文和每卷的插图、目录页,缺七、八、九卷内容。

《故事新图》

王福清著,1933年(民国22年)12月出版。

本书是作者献予母亲七十大寿的贺礼。"合记教育用品社所制日历,附印故事新图。饭后茶余,常为吾母述之。"所选的故事,力避神怪放诞,虽取材于野史逸事,务以历史为据。如孟母三迁、黄香暖席、司马光砸缸救人、孔融让梨、曹冲称象等。

第101册

《绘图中华开国全传》

神州图书局编辑所编辑,神州图书局印行,1912年(民国元年)8月初版。

历代之兴亡系于史,国势之盛衰系于史,文化之进退系于史,所以读史相当重要。但作者以为往昔的史书往往病于"记载之冗繁""文字之高深",普通读者刚翻开史书"脑力即疲"。正如改良风俗莫如戏曲,开通民智莫若小说,而我国关于历史之戏曲传奇数见不鲜,故神州图书局编纂开国全传一书,上自盘古,讫于民国,得40回,而包含四千余年历史,简要不繁,雅俗共赏。

《嘉道以来版画集》

郑振铎辑,出版信息不详。

收集了嘉道以来的版画若干幅,有《吴郡五百名贤图》《百蝶图》《镜花缘插图》《桂林山水插图》《三国画像》《水浒全图》《西湖十八景图》《秦淮八艳图》《百孝图》《宋王台秋唱图》等。

《霜红楼画剩》

徐燕孙作图,李桂挺编,任率英、李大成发行,1943年(民国32年)5月1日初版。

徐燕孙,斋号霜红楼、寒水堂等,20世纪杰出的工笔人物画家之一,深得宋元名画真髓。本书由其门下弟子编辑,共收录其画作56幅,如《虞姬舞剑图》《荆轲行刺图》《岳侯破阵图》《项庄舞剑图》等。

《苏东坡先生事迹图》

约1941年(民国30年)出版。

此书为苏东坡先生事迹图,系采摘先生生平故事所绘成,自入学从师以迄上表致仕,凡14图。

第102册

《吴友如画宝》(第一集—第五集)

第103册

《吴友如画宝》(第六集—第十集)

第104册

《吴友如画宝》(第十一集—第十三集)

吴友如绘,上海璧园珍藏版。

这是一部包罗万象、蔚为大观的画集,在当时可说是国画艺术的创新、风俗时事的写真。共13集,每集分上、下册,收图100幅。第一集为《古今人物图》,第二集为《古今百美图》,第三集为《海上百艳图》,第四集为《中外百兽图》,第五集为《中外百鸟图》,第六集为《海国丛谈图》,第七集为《山海志奇图》,第八、九集为《古今谈丛图》,第十、十一集为《风俗志图说》,第十二集上册为《名胜图》、下册为《花卉》,第十三集上册为《满清将臣图补遗》、下册为《画宝补遗》。

《景印明崇祯本英雄谱图赞》

王古鲁收集，东西文化学社、金陵大学文学院影印，1949 年（民国 38 年）出版。

雄飞馆主人在《英雄谱》卷首写道：“《三国》《水浒》二传，智勇忠义，迭出不穷，而两刻不合，购者恨之。本馆上下其驷，判合其圭。”故本书实收录两书中的英雄人物事迹，并配图，以供有识之士珍藏。如《桃园结义》《操刺董卓》《三战吕布》《七步成诗》《智深打镇关西》《林冲雪夜上梁山》等。

第 105 册

《历朝名人画法津梁》

王仲芬、汪声远编辑，上海广雅书局出版、印刷，上海启新书局发行，1924 年（民国 13 年）出版。

虞山禁霞阁主人在序中言，“吾国为东方文明之邦，历代尊崇艺术”，“晚近新学流行，吾国学子皆趋时效，法东西洋之水彩画、油画，而以中国固有之美术，弃之如敝屣”。作者“欲保存中国之真正艺术，出版历代名人画集一书，汇百家之画法于一编”。全书共 8 卷，卷一中堂式，卷二横幅式，卷三屏条式，卷四、卷五手卷式，卷六折扇式，卷七纨扇式，卷八为百像图。其内容之精美，搜罗之宏富，既可供教师取材用，也可供学画者参考。

第 106 册

《百石斋丛画》

沪江海左书局印，扫叶山房、中华图书馆、锦章图书局、海左书局发行，约 1933 年（民国 12 年）出版。

本书收录了百石斋主人的画作，共计 8 卷，包括山水、人物、花卉、翎毛等。吴下王大错在序中言，百石斋主人专攻王石谷笔意而尽得其精髓。如画作《临王石谷石竹小幅》《仿王石谷鱼隐图》《仿乌目山人》《霜林塔影》等。

第 107 册

《十竹斋书画谱》

海阳胡日从摹古，江宁张学耕重校，上海江东书局印行。

《十竹斋书画谱》盛行海内，诚后学之津梁也。原板岁久模糊，芥子园主人曾翻刻流传，至今板复漫漶，神韵尽失，甚为可惜。元和邱瑞麟玉符甫购得原谱，重加考订，得以与同好同赏。画谱绘刻精而奇，谱则巧而该。包括《梅谱》《兰谱》《果谱》《石谱》《竹谱》等。

《竹谱详录及其他一种》

王云五发行，商务印书馆发行，1936 年(民国 25 年)6 月初版。

丛书集成初编本。《竹谱详录》，李衎述。李衎，尤善画枯木竹石，善画墨竹，双钩竹尤佳，和赵孟頫、高恭并称为元初画竹三大家，著有《竹谱详录》一书。该书共 7 卷，分画竹、墨竹、竹态、竹品 4 谱，描述了 300 余种竹类，对于竹子的形态、性质、画法均有详细的论述。

《天形道貌》，周履靖著。该书是晚明文士周履靖编绘的综合性人物画谱。正如作者在序中所言，人物分贵贱气貌，有行立坐卧，衣褶描法更有 18 种，画像则有各种分数，故书中收录了听泉、散步、观水、回首、题壁、静憩、拂尘、捣衣、徜徉等 40 种不同姿态的人物画像，供后学模仿。

《郑笺诗谱》

郑伯英藏板，余海如、陈泽川制板，成都诗婢家发行，陆荣卿印刷，1945 年(民国 34 年)8 月再版。

《郑笺诗谱》即《成都诗婢家诗笺谱》，一函二册。第一册搜集古人名作，第二册搜集时贤名作。引首于右任题名，谢无量序言，集赵之谦、姚华、陈衡恪、陈半丁、黄君璧、张大千、关山月等名家名作百余幅。

第 108 册

《竹谱详录》

李衎述,出版信息不详。

知不足斋丛书本。书前有天台柯谦序、隆山牟应龙序、李衎自序。全书共 7 卷,卷一为画竹谱、墨竹谱,卷二为竹态谱,卷三至卷七为竹品谱。

《名人书画扇集》

上海文明书局印行,1915 年(民国 4 年)7 月初版。

康氏小万柳堂藏本。该书收集了仇英、文嘉、陈括、吕潜、王武、杨亭等的扇面画 10 幅。

《名人书画》(第八集)

石门吴君藏,上海商务印书馆出版,1918 年(民国 7 年)11 月初版,1924 年(民国 13 年)9 月 4 版。

该书自元及清,凡 13 幅,印装 12 叶。包括元代任月山《牧马图》,明代文衡山《寒林钟馗》、石涛《桐阴图》以及清代张月川《山水》、黄谷原《山水》两幅、杨巳军篆书、蒋山堂行书等。

《名人书画集》(第二十集)

石门吴君藏,上海商务印书馆出版,1922 年(民国 11 年)1 月初版,1923 年(民国 12 年)6 月 2 版。

该书自明及清,凡 15 家、20 幅,印装 12 叶。包括明代沈子居《山水》二幅,清代江石如《花卉》《五柳采菊图》、任渭长《博古》、陈玉几《花草》等。

《名人书画集》(第二十三集)

桂林张切盦藏,上海商务印书馆出版,1922 年(民国 11 年)11 月初版,1924 年(民国 13 年)3 月 2 版。

自宋及清，计16家、16幅，印装14叶。包括宋代梁风子《瑶台雪霁图》，元代黄子久《溪山深远图》，明代沈石田《归燕图》、陈白阳《花卉》等。

《名人书画集》（第二十五集）

上海商务印书馆出版，1924年（民国13年）2月初版。

自明及清，凡13家、13幅，印装12叶。包括明代王履若《墨笔梅花》、张君度《写渔乐图》，清代石涛《闽江诗意》、杨西亭《沧州散牧》等。

第109册

《历代名人书画》（第一集—第六集）

内务部古物陈列所选印，北京京华印书局承印，1925年（民国14年）11月出版。

《历代名人书画》共6集，每集各收唐、宋、明、清画作20幅，卷首列有作品目录，作品名称后注有详细作品尺寸，所辑绘画作品涉及山水、人物、花鸟、书法墨迹及佛教题材等。

《中国名画》（第一集—第五集）

《中国名画》（第七集—第十九集）

美术研究会审定，有正书局印行，1916年（民国5年）10月初版。

《中国名画》共19集，缺第六集，收历代名家名画，第一集卷首列有作品目录，作品名称后注有详细作品尺寸，如元吴仲圭《墨竹》、明文征明《溪桥策杖图》、王石谷《山水画册》等。其后各集多收目录，或附画家小传。因重印版次较多，不同版略有不同。

第110册

《三希堂画宝·草虫花卉》（卷一—卷四）

《三希堂画宝·兰谱大观》（卷一—卷三）

第 111 册

《三希堂画宝·兰谱大观》(卷四)

《三希堂画宝·菊谱大观》(卷一—卷二)

《三希堂画宝·翎毛花卉》(卷一—卷四)

第 112 册

《三希堂画宝·梅谱大观》(卷一—卷四)

《三希堂画宝·人物大观》(卷一—卷二)

第 113 册

《三希堂画宝·人物大观》(卷三—卷六)

《三希堂画宝·山水大观》(卷一—卷二)

第 114 册

《三希堂画宝·山水大观》(卷三—卷六)

《三希堂画宝·石谱大观》(卷一—卷三)

第 115 册

《三希堂画宝·石谱大观》(卷四)

《三希堂画宝·仕女大观》(卷一—卷四)

《三希堂画宝·竹谱大观》(卷一)

第116册

《三希堂画宝·竹谱大观》(卷二—卷四)

九思斋主编,大华书局印行,1925年(民国14年)10月出版。

《三希堂画宝》共10集42卷,分别是草虫花卉4卷、兰谱大观4卷、菊谱大观2卷、翎毛花卉4卷、梅谱大观4卷、人物大观6卷、山水大观6卷、石谱大观4卷、仕女大观4卷、竹谱大观4卷。每集首卷均有题字、序、目录、浅说等,系统地介绍了中国画的基本技法,并配有名家画作。

《明刊画谱墨谱选集》

出版信息不详。

精选板画87幅,印装50叶,包括《竹谱》《唐诗画谱》《香雪林集》《雪湖梅谱》《程氏墨苑》等画作的插图等。

《明陆治蔡羽书画合璧》

国立北平故宫博物院编辑、发行,1934年(民国23年)双十节出版。

原藏御书房,共10开,为蔡羽诗、陆治画。《石渠宝笈》云:"右方陆治着色画,凡十幅。左方蔡羽草书各体诗,凡十一幅。"书画相间,画末幅款识云:"启之幸从林屋先生得诗十章,予乃图之。则又幸附启之之册者也,观者不以象外求之。"

《明陆治写生册》

国立北平故宫博物院编辑、发行,1936年(民国25年)双十节出版。

原藏养心殿,《石渠宝笈》云:"宣德笺本设色画花卉凡十幅,均纵七寸八分五厘,横八寸三分,每幅自题绝句,楷书,分钤'陆生叔平''陆氏叔平''包山子'各印。款署末幅曰'丙申五月包山陆治识'。"

《梅花喜神谱》

宋伯仁编,商务印书馆发行,1936年(民国25年)6月初版。

丛书集成初编本。全书分上、下两册，是中国第一部专门描绘梅花种种情态的木刻画谱。收100幅图，分别描绘蓓蕾、小蕊、大蕊、欲开、大开、烂漫、欲谢、就实等梅花的种种形态。每图多一枝一蕊，形象鲜明而富有变化；图左边题诗四句，图上部根据花的情态标以寓意性画题。该书是一部极有艺术价值的专题性画谱，为历代画家、版画家珍藏。

《梅瞿山画册》

刘公鲁收藏，商务印书馆发行，1925年(民国14年)7月初版，1929年(民国18年)2月再版。

梅清，字远公，号瞿山，安徽宣城人。顺治甲午举人，善书画山水，极云烟变化之妙，画梅多奇气，以诗名江左。本书收录其山水画12幅。

《燕寝怡情》

上海艺苑真赏社印行，其余出版信息不详。

清内府旧藏美术名画。为上、下两册，共12开，共24幅图，上册扉页有"乾隆御览之宝""嘉庆御览之宝"两印。描绘了古代贵族的闺房之乐。人物形象饱满、圆润，神情生动、含蓄、优雅，假山、花卉、盆景、衣纹都精细至极。

第117册

《绘图历代神仙传》

三鱼书屋主人编，上海扫叶山房校印，1925年(民国14年)出版。

共8册24卷，先绘制人物图，后叙述其生平，共收录了上自老子、木公、黄安，下讫崔少元、裴元静、葛玄等180余位人物。

第 118 册

《芥子园画传初集》

《芥子园画传三集》

李渔论定，王安节摹古，上海共和书局石印，1914 年(民国甲寅年)仲夏月出版。

《芥子园画传》有初集、续集、三集，是一部介绍中国画基本技法的画谱。初集共 4 册 6 卷，卷一为画学浅说、设色各法，卷二为画树法，卷三为画石法，卷四为点景人物画法，卷五为模仿诸家横长各式、宫纨式、折扇式，卷六为增广名家画谱。续集上、下两册，为名人专辑。三集卷一为青在堂花卉草虫谱上册，卷二为青在堂花卉草虫谱下册，卷三为青在堂花卉翎毛谱，卷四为青在堂翎毛花果谱，卷五为增广海上名家画稿上册，卷六为增广海上名家画稿下册。本书所收为残本，缺续集和三集卷六。

第 119 册

《益智图》

《益智续图》

第 120 册

《益智燕几图》

《益智燕几图副本》

童叶庚著，商务印书馆发行，1917 年(民国 6 年)6 月初版，1933 年(民国 22 年)4 月国难后第 1 版。

共 6 册，分别是《益智图》2 册、《益智续图》2 册、《益智燕几图》1 册、《益智燕几图副本》1 册。

童叶庚，字松君，晚号睫巢，斋室名百镜斋。《益智图》分上、下册，收图 216 幅，是晚清童叶庚创制的有关“十五巧板”拼图的图集，上卷包括序、图式、图说、图赞、卷首、人物图、跋，下卷包括弁言、字图、附识、图附。《益智续图》分上、下册。上册共144图，包括弁言、序次说、草木图、花果图、鸟兽图、鱼虫图、珍宝图、官守图、介寿图、武俑图、田器图、仙佛图、艺术图、戏具图、闺阁图、跋语。下册为《益智字图》，包括弁言、字图、附识、图附等。《益智燕几图》收图110幅。《益智燕几图副本》是《益智燕几图》的变化图，比原本更层出不穷。

《金石家书画集》（全十册）

西泠印社各社员珍藏，吴昌硕、叶叶舟审定，高野侯、丁鹤庐编辑，西泠印社发行，1923年（民国12年）9月摄影制版，1924年（民国13年）9月初版。

本书共10册，分装2函。金石之学，宋元以降有清最盛，其所著录上穷周秦，远及海东，殚心汲古，发潜显幽。金石家者流负艺林重望者久矣，闲情所寄，或书或画，皆有奇气，而其名有彰有不彰，寸缣尺素之所传致足珍惜。盖集西泠印社同人所藏，借赏析于一旦，遂以罗列金石家之书画于西泠印社。自赵子昂迄赵㧑叔诸家500余年之中，征得150余人，得上品200多幅，神采流溢，恍对古人，并足以征元明清三代书法画法之变。书画集后附录诸家小传。

第121册

《八大山人书画》

朱耷绘，唐吉生收藏，美术制版社制版，西泠印社发行，1926年（民国丙寅年）4月出版。

朱耷，字雪个，号八大山人、个山等，擅山水花鸟竹木，笔情纵恣，不泥成法，后为僧。本书收朱耷画作。

《八大山水册》

朱耷绘，唐吉生收藏，美术制版社制版，西泠印社发行，1926年（民国丙寅年）4月初版。

收朱耷山水画作。

《白龙山人临天池墨花卷》

王震绘，有正书局印行。

王震，字一亭，号白龙山人。本书为王震临摹天池道人花卉的画作合集。

《柴翁书画集锦》

商务印书馆印行，1936年(民国25年)10月初版。

珂罗版双层宣纸精印。郑珍，清代官员、学者，字子尹，晚号柴翁，别号子午山孩、五尺道人、且同亭长，贵州遵义人。本书为柴翁书画作品合集。

《董文敏山水册》

董其昌绘，沈慈护收藏，商务印书馆发行，1938年(民国27年)11月初版。

董文敏，即董其昌，字玄宰，号思白，明朝书画家。擅画山水，笔致清秀中和、恬静疏旷，用墨明洁隽朗、古朴典雅。本书为董其昌山水画册。

《董香光山水画册》

董其昌绘，有正书局印行。

董香光，即董其昌。本书收录董其昌山水画8幅。

《程青溪、释石涛山水卷》

程青溪、释石涛绘，神州国光社印行，1929年(民国18年)10月再版。

程正揆，字端伯，号鞠陵，别号清溪道人、青溪老人、青溪旧史，明末清初画家、书法家。工诗文书画，擅山水。石涛，小字阿长，别号有大涤子、清湘老人、苦瓜和尚、瞎尊者等，法号有元济、原济、道济等。明末清初著名画家，画风疏秀明洁，尤精册页小品；花卉潇洒隽朗，清气袭人；人物生拙古朴，脱尽窠臼。本书收程青溪、释石涛画作8幅。

《程瑶笙先生画集》(第一册)

程璋绘，新明行美术部，1933年(民国22年)出版。

程璋，字德璋，号瑶笙，性情恬淡，平时以画自娱。其为画也，参物理、研构造，与东涂西抹、依样葫芦者不同。故其画山也，妙造自然；其画动物也，无一不肖，可谓神矣。其人历任北京清华学校和沪上诸大学教授。出版画集一册，以供后学观摩。

《仇十洲仕女真迹》

仇英绘，陆叔同珍藏，上海国华书局印发，1922 年（民国 11 年）3 版。

仇十洲，名英，字实父，一作实甫，号十洲，又号十洲仙史。擅人物画，尤工仕女，重视对历史题材的刻画和描绘，吸收南宋马和之及元人技法，笔力刚健，特擅临摹，粉图黄纸，落笔乱真。本书收其仕女图 10 幅。

《董玄宰山水》

董其昌绘，神州国光社印行，1931 年（民国 20 年）12 月出版。

收董其昌山水画作 8 幅。

《觚庐画萃》

吴观岱绘，理工社制版所出版，文华书局发行，1928 年（民国 17 年）5 月再版。

吴观岱，初名宗泰，字观岱，工书善画，山水人物兼妙，尤擅画梅。本书收其画作 16 幅。

《戴醇士山水册》

戴熙绘，有正书局发行。

珂罗版精印。戴熙，字醇士，一字莼溪，号榆庵，别署井东居士，谥号“文节”。善山水，师耕烟，亦长花草、人物。本书收戴醇士山水画作 9 幅。

《戴文节公山水册》

戴熙绘，唐吉生收藏，美术制版社制版，西泠印社发行，1926 年（民国 15 年）出版。

收戴熙画作若干。

《名人书画扇面集》(第一册)

匋斋珍藏,商务印书馆印行,1911 年(民国辛亥年)闰六月初版,1916 年(民国 5 年)11 月 3 版。

收王文治行书、梁同书行书、张问陶行书、包世臣临大令帖等扇面 11 幅。

《王麓台山水扇面》

匋斋珍藏,商务印书馆印行,1911 年(民国辛亥年)5 月初版,1917 年(民国 6 年)9 月 4 版。

收王麓台仿梅道人、小米、曹云西、赵子昂等扇面 10 幅。

《李梅生画册》

李育绘,刘公鲁收藏,商务印书馆印行,1928 年(民国 17 年)12 月初版。

李育,字梅生,工山水,兼擅人物花鸟木石,笔意妍雅,画法能综合各家所长,有心手相和、色墨并施之妙。本书收其画作 12 幅。

《李唐伯夷叔齐采薇图》

李唐绘,田溪书屋收藏,徐悲鸿鉴定,中华书局印发,1939 年(民国 28 年)10 月初版。

这是宋代李唐的一幅历史题材的绘画作品,以殷末伯夷、叔齐“不食周粟”的故事为题而画。书前有徐悲鸿序,书末附多人评论文字。

《李长蘅山水册》

李流芳绘,林磊斋收藏,商务印书馆印行,1929 年(民国 18 年)3 月初版。

李流芳,字长蘅,号檀园,明代书画家。本书收其画作 10 幅。

《黄尊古山水六帧》

黄尊古绘,出版信息不详。

收黄尊古山水图 6 帧。

《王烟客山水册》

王烟客绘，有正书局印行，1926 年(民国 15 年)3 月 3 版。

珂罗版精印。收王烟客山水画作 10 幅。

《王原祁仿古山水册》

北平故宫博物院编辑、发行，1932 年(民国 21 年)2 月出版。

宣纸本，12 对幅，每幅纵一尺二分，横一尺一寸五分，第一、二、四、六、八、十、十一幅设色画，其余水墨画。

《王船山先生行迹图》

李世琠绘画，长沙鸿飞印刷局发行，1933 年(民国 22 年)12 月 1 日初版。

珂罗版道林纸精印。作者李世琠，画工精美独特，意境清幽深远，亘古苍凉。本书一图一文，相得益彰。从明万历四十七年 1 岁始，到清康熙三十一年 74 岁止，展示了王夫之出生、读书、赴考、娶妻、生子、逃难、著述等生平经历。

第 122 册

《大风堂临摹敦煌壁画》(第一集)

张大千绘，西南印书局印，四川美术协会发行，1944 年(民国 33 年)1 月初版。

张大千阅三年寒暑，历百余洞窟，临摹敦煌壁画，以飨思古而震今。本书收其临摹作品 40 幅。

《高昌壁画菁华》

罗振玉编，出版信息不详。

高昌壁画精绝，但民国时期中土人士罕知其事。本书选尤精者 20 帧影印，以飨我国士夫，并将大谷氏所得二绢画附于书末。

《梦坡画史》

陆恢、王震、金城等绘,大东书局印行,1912 年(民国元年)出版。

王震题签。画作前有吴昌硕题词“梦坡画史”,庞元济撰写的《梦坡先生画史序》。书中收陆恢、王一亭、吴湖帆、冯超然、金城、庞元济、陈曾寿、赵叔儒等人的画作 20 幅,大多是一画记一事,大事雅事俱在。如“焚香写经”“灵峰补梅”“茅庵祀苏”“淞滨结社”“理安建塔”“文澜补阙”“草堂蘋荐”“天目建桥”“天童门径”“沤社填词”“超山探梅”“蓬山雅集”“钓台假寐”“南湖载酒”“留园放鹤”“东湖泛櫂”“阜溪寻源”“居庸远眺”等。

《石涛山水精品》

石涛绘,林朗庵收藏,商务印书馆印发,1929 年(民国 18 年)1 月初版,1932 年(民国 21 年)12 月国难后第 1 版。

精选石涛山水画作 12 幅。

《石涛山水册》

石涛绘,唐吉生收藏,美术制版社制版,1926 年出版。

精选石涛山水画作 12 幅。

《石涛山水花卉卷》

石涛绘,唐吉生收藏,美术制版社制版,1926 年出版。

精选石涛山水花卉画作。

《石涛谢时臣山水卷》

石涛、谢时臣绘,唐吉生收藏,美术制版社制版,1926 年出版。

谢时臣,字思宗,号樗仙。长卷巨幛,纵横自如,山水得沈周而稍变,人物点缀极潇洒,尤擅画水,江潮河海,种种皆妙。本书精选石涛、谢时臣画作 9 幅。

《尚其逵画集》

尚其逵编绘、发行，苏州美术专科学校制版印刷部印刷，1936 年（民国 25 年）9 月 30 日初版。

以年代先后收尚其逵画作，包括《达摩造像》《秋深矣》《耄耋》《大松》《荷》《残菊》《山径》等。

《少昂画集》

赵少昂绘，陈子和集印，1936 年（民国 25 年）7 月初版。

花鸟虫鱼册页，收赵少昂画作 20 幅。

《南通名画集》

费范九编，1937 年（民国 26 年）5 月出版。

南通先民多有精绘事者。今南通县人费范九搜集散佚，分山水、人物、翎毛、花卉 4 类，选其尤者 16 帧印行。

《平社画册》

平社画会发行，1937 年（民国 26 年）4 月 1 日出版。

平社画会成立两年，为发扬艺术、共矢厥志，以供众览，特刊印会员画作印刷，以为留念。本书收张碧盦《乘风破浪》、吴砚士《松阴寒泉》、陆敬一《烟峦雨霁》等会员画作。

《古画大观》（第一集）

陆养晦编次，国华书局精制、发行，1916 年（民国 5 年）12 月初版，1921 年（民国 10 年）11 月 4 版。

收录古画 65 幅，如赵云林山水真迹、文征明画作真迹、沈石田山水真迹、仇十洲山水真迹、马江香翎毛真迹、王铎真迹、王石谷山水真迹、陈老莲仕女真迹、顾元庆山水册页等。

《古画大观》（第四集）

沈石公编次，国华书局精制、发行，1923年（民国12年）8月出版。

收录古画44幅，如王维桃源图真迹、赵雍骏马图真迹、张夕庵山水真迹、倪云林山水真迹、吴渔山山水真迹、沈南蘋山水真迹、王小某人物真迹、恽南田花卉秋虫真迹等。

《长恨歌画意》

李毅士绘，中华书局印发，1932年（民国21年）11月初版，1936年（民国25年）12月10版。

由民国时期画家李毅士据唐代白居易《长歌行》诗配画而成，共30幅。画作布局严谨，以黑白水粉的西画写实手法表现中国古典题材，在20世纪20年代的画坛实属新颖。

第123册

《峨山图志》

黄绶芙、谭钟岳原著，俞子丹重绘原图，费尔朴译，日新印刷工业社代印，1936年（民国25年）出版。

华西大学哈佛燕京学社丛书。峨眉山秀甲天下，由麓至顶，计程百二十里，绵亘数百里，大小七十余庙，有宫观殿刹、冈洞坡坪、溪沟池泉等种种古迹，极富天然雅趣。华西大学教授费尔朴侨居于南台寺，欲识得峨眉之真面目，遂觅得《峨眉山图说》佳本，又译成英文刊印，以供外国游人游览。

《松禅戏墨》

钱冲父收藏，商务印书馆印行，1935年（民国24年）3月初版。

收松禅老人画作7幅。

《宋元画萃》

北平故宫博物院编辑、发行，1936 年（民国 25 年）出版。

收花鸟画 12 幅。

《泰山残石楼藏画》

赵左、陈继儒、钱松、丁云鹏等绘，出版信息不详。

收赵左、陈继儒、钱松、丁云鹏等人画作 12 幅。

第 124 册

《微云草堂画存十页》

秦岱源绘，京城印书局印刷，佩文斋发行，1928 年（民国 17 年）3 月初版。

秦岱源，字申絜，号声洁，一号啸沧，别号五湖。幼时攻国学，兼及绘画。画作清隽秀逸，无愧家学，今择其尤者付印成书。

《文衡山先生三绝卷》

文征明绘，刘氏双忽雷室收藏，商务印书馆印发，1925 年（民国 14 年）6 月初版，1934 年（民国 23 年）4 月国难后第 1 版。

文征明，初名璧，字征仲，号衡山。本书收文衡山先生三绝卷。

《奚蒙泉诗书画册》

奚冈绘，周雨青收藏，商务印书馆印发，1920 年（民国 9 年）11 月初版，1926 年（民国 15 年）6 月 3 版，1933 年（民国 22 年）10 月国难后第 1 版。

奚冈，字纯章，号铁生、蝶野子、蒙泉外史等。其山水画独树一帜，非具大识见之士，无以为也。取法之博，上承云间，下逮娄东，毗陵虞山诸巨公无不渔猎陶镕，既久自成一家。花卉清微淡远，深得南田遗意。

《吴昌硕画宝》

吴昌硕绘,出版信息不详。

吴俊,又名俊卿,字昌硕,又署仓石、苍石,多别号,常见者有仓硕、老苍、老缶、苦铁、大聋、缶道人、石尊者等。晚清民国时期著名国画家、书法家、篆刻家。本书由于右任题书名,收吴昌硕画作若干。

《吴昌硕书画集》

吴昌硕绘,出版信息不详。

画集前附作者像赞、造像记、小传,收吴昌硕书画作品若干。

《吴昌硕先生花卉画册》

商务印书馆印行,1915 年(民国 4 年)2 月初版,1919 年(民国 8 年)11 月 5 版。

收吴昌硕花鸟作品若干。

《吴侃叔山水册》

西泠印社制版、发行,1926 年(民国 15 年)9 月初版。

收吴侃叔山水画作 10 幅。

《陈章侯会真记图》

陈洪绶绘,1925 年(民国 14 年)出版。

陈洪绶,字章侯,幼名莲子,一名胥岸,号老莲,别号小净名,晚号老迟、悔迟。明末清初书画家、诗人。本书萧山陈氏旧藏,今归董氏诵芬室。卷首有老莲居士绘像六叶。刻画工细,神采明焕,中国雕版图画唯明末最精,天启以前崇祯以后,虽巧匠莫逮。影印此帙以见一斑。

《陈章侯绘博古叶子》

陈洪绶绘,黄建中刻,1944 年(民国 33 年)出版。

“博古叶子”是一种饮酒行令的酒牌。本书由陈洪绶绘，黄建中刻，可谓珠联璧合，忠实展现出老莲晚年的绘画风格。人物头大身短，颇显稚趣，线条疏旷、自然，更显苍老古拙。

《由里山人菊谱》

缪谷瑛绘，出版信息不详。

缪谷瑛，字莆孙，号由里山人、晚香室主，国画家，为黄山寿再传弟子。工画花卉，最擅写菊。本书即收入了他绘的菊花图 130 幅，包括虎爪黄、龙爪菊、金盏、蟹爪黄、落霞黄、夜光珠、御袍黄、沉香管、草上霜等。

《汤雨生罗浮十二景》

刘崧生收藏，商务印书馆印行，1936 年（民国 25 年）12 月初版。

汤贻汾，字若仪，号雨生，晚号粥翁，工诗文书画，精于山水，亦能花卉松柏，与方薰、奚冈、戴熙齐名，有“方奚汤戴”之称。本书收罗浮山的风景画 12 幅，如玉女峰、桃源洞、孤青峰、上界三峰、君子岩等。

《王石谷溪山无尽图卷》

青云阁内富晋书社、佩文斋发行，1928 年（民国 17 年）2 月初版。

王石谷绘溪山图卷。

第 125 册

《元郭伯达春园宴乐图卷》

郭伯达绘，唐吉生收藏，美术制版社制版，1926 年（民国 15 年）出版。

郭敏，字伯达，好丹青，工山水人物花卉，墨竹臻妙。本书收其春园宫乐图卷。

《元柯九思画竹谱》

柯九思绘，有正书局印行，出版时间不详。

柯九思，字敬仲，号丹邱生，其山水苍秀，丘壑不凡，墨竹师文同，擅墨花枯竹。本书收其绘竹的各种部位、各种形态，如枯梢、风叶、茂叶、新叶、嫩枝、老根等。

《元人无款山水卷》

唐吉生收藏，美术制版社制版，1926 年（民国 15 年）出版。

收元人山水画作若干。

《圆明园图》

程演生藏，高野侯鉴定，中华书局印行，1928 年（民国 17 年）9 月初版，1940 年（民国 29 年）4 月 3 版。

唐岱，字毓东，号静岩，为王原祁弟子，以画祗候内廷，山水沉厚、深稳，得力于宋人居多。沈源与唐岱同时供奉内廷。圆明园图是乾隆九年甲子九月唐岱、沈源奉敕合绘。全图绢本设色，汪由敦书题跋，共 80 幅。每幅绢心长二尺、阔二尺零四分，分装上、下两册。咸丰十年（1860）英法联军攻打北京，火烧圆明园，园内储藏国之珍器宝物尽被掠去，此图也因之流落异域。民国 16 年（1927）皖江程演生先生漫游欧陆，于法国巴黎国家图书馆得见此图，并得以摄影。画卷笔墨之妙固足以抗宋元大师，而其于我国建筑上、外交上皆具有绝大之痛史，尤非寻常书画名迹可比。

《恽南田花卉》

恽南田绘，神州国光社印行，1929 年（民国 18 年）9 月初版。

汪竹坪临本。恽南田，名格，字惟大，后改字寿平，以字行。南田是他的号。作为明末清初著名的书画家，他开创了没骨花卉画的独特画风，是常州画派的开山祖师。收恽南田花卉画作 8 幅。

《恽寿平画山水》

北平故宫博物院古物馆编辑、发行，1932 年（民国 21 年）1 月出版。

收恽南田山水画 10 幅。

《恽王山水合册》

端甸斋收藏,有正书局发行,1922 年(民国 11 年)4 月 7 版。

收恽寿平、王翚山水画 11 幅。

《张君度仿宋元山水册》

张君度绘,出版信息不详。

收张君度仿宋元山水画作 11 幅。

《张夕庵书画册》

张崟绘,刘公鲁收藏,商务印书馆印行,1929 年(民国 18 年)3 月初版。

张崟,字宝岩,号夕庵,晚号且翁,所居曰饮渌草堂。以诗画著名,花卉、竹石、佛像皆工,而尤擅山水。本书收其书画作品。

《王烟客仿宋元山水真迹神品》

霍邱、裴氏壮陶阁收藏,1933 年(民国 22 年)7 月再版。

收王烟客仿宋元山水画作 12 幅,每幅画后附名家评点。

《三不朽图赞》

张岱著,绍兴印刷局印,1918 年(民国 7 年)出版。

《三不朽图赞》,亦称《越人三不朽图赞》《有明越人三不朽图赞》《有明於越三不朽名贤图赞》等。民国时期重印版,有蔡元培作序。其书总分立德、立功、立言三门,收录明代绍兴府八县(会稽、山阴、萧山、诸暨、余姚、上虞、嵊县、新昌)100 余人。每篇图赞可分画像、传记、赞语三部分。画像大都为张岱亲自访求而得,甚可宝贵;传记则撮述人物字号、籍贯及生平大概,甚为简略;赞语则以韵语敷衍人物事迹,平平无奇。

《神州大观》(第二号)

邓秋枚集印,神州国光社发行,1913 年(民国 2 年)2 月 20 日出版。

搜集精华，萃为巨帙，旨在增进先烈之荣光，张大祖国之文化。本书集金、石、砖、玉、瓷、画类图片，如《周克鼎全形精拓本》《印度佛背文》《汉建元五年砖》《宋建安兔毫盏》《冒辟疆一柏二石龄图》《石涛上人山水》等。

第 126 册

《当代名人画海》

蜜蜂画社征集、编辑，中华书局印行，1931 年（民国 20 年）8 月发行，1933 年（民国 22 年）2 月 3 版。

1930 年夏，郑午昌与艺术界诸人创建蜜蜂画社，前后加入者达 150 余人。为方便社友交流，并使国际艺术界知中国当代绘画之成绩，特征集当代名人杰作影印，共收录“各省区名人与微者，凡一百二十余家，虽以见闻所域不免遗珠，而烟云戢孴已足蔚为大观矣”。

《当代名画大观正集》

碧梧山庄影印，1925 年（民国 14 年）出版。

王念慈征集当代名手百余家之画，汇为一编，用石印行世。此百余家华墨，咸能自出机杼而不违古人之法度，可谓洋洋大观，虽酷爱古人亦不薄今人。共 6 卷，卷一为山水类（直帧），卷二为山水类（直帧），卷三为人物类（直帧），卷四为梅花类（直帧）、梅花类（横帧）、花卉类（直帧），卷五为花卉类（直帧），卷六为鸟兽类（直帧）、竹石类（直帧）。

第 127 册

《当代名画大观续集》

碧梧山庄影印，1925 年（民国 14 年）出版。

收近人所绘画作，共 6 卷。卷一为山水类（直帧），卷二为山水类（横帧），卷三为山水类（直帧），卷四为人物类（直帧）、人物类（横帧），卷五为花卉类（横帧），卷六为鸟兽类(直帧)、鸟兽类(横帧)、竹石类(直帧)、竹石类(横帧)。

《中华名胜图说》

吴杏芬绘图,吴秉钧叙译,1926年(民国15年)再版。

吴杏芬,擅丹青,本书的十八名胜图临摹诸家笔法,尤为难能。吴秉钧先生为之编译,文字释明,精义琳琅满目,相得益彰。

《颐性室书画留真谱》(第二十集)

颐性室席氏锡蕃收藏,文华美术图书公司印发,1929年(民国18年)11月初版,1933年(民国22年)6月再版。

收颐性室席锡蕃收藏的画作12幅。如王一亭《钟馗》、钱慧安《天官图》、金农《墨竹》、任伯年《人物》、朱瑞凝《四喜五福图》等。

第128册

《剑父画集》

高剑父绘,商务印书馆,1935年(民国24年)12月初版。

高剑父,名仑,字剑父,后以字行。中国近现代国画家、美术教育家,岭南画派创始人之一。本画集收入其画作《江亭秋晚》《寒蝉带叶飘》《断桥残雪》《悲秋图》《孤梦》等。

《胡佩衡课徒画稿》

胡佩衡作,北京琉璃厂豹文斋印行,1942年(民国31年)5月11版。

收胡佩衡课徒画稿20余帧,编为专册,并附文字加以详细解说,以便读者略识画法之门径。

《胡友葛居士画集》

胡友葛作,天一珂罗版印刷社印,1933年(民国22年)4月出版。

收胡友葛山水画、扇面等。

《海上十大名家画谱》(上集)

武林梦槐书屋藏,世界书局印行,1926年(民国15年)4月出版。

收沈心海人物仕女16幅、钱慧安人物仕女8幅、任伯年人物仕女8幅、马镜江人物山水8幅、徐小仓人物花卉20幅。

《何香凝画集》(第一辑)

何香凝绘,1931年(民国20年)出版。

收何香凝画作12幅,包括《国魂》《鹤守梅花》《瀑布》《松梅》《水中月》《雪月松》《山水》等。

《何香凝画集》(第二辑)

何香凝绘,1931年(民国20年)出版。

收何香凝画作23幅,包括《竹叶虎》《瀑布虎》《梅》《鹿》《罂粟花》《墨梅》《松菊》《月虎》《松梅菊》等。残本,缺5幅图。

《绿遍池塘草》

吴湖帆编,1939年(民国28年)出版。

本书为吴湖帆纪念亡妻潘静淑所编。"绿遍池塘草"为潘词中的得意词句。吴湖帆遍邀书画界、政界、词曲界等名人,凡120家,书画题咏,借他山之玉,抑鼓缶之悲。

《鲁北佛教会李荫轩先生赈灾画刊》(第一集)

伴萍居士编辑,鲁北道佛教总会赈灾部发行,1939年(民国28年)12月初版。

王露洪题书名。鲁北佛教会李荫轩先生为赈灾而出版的画集,书中有序文、题词、鲁北佛教会僧尼照片、李荫轩先生获赠奖状和李荫轩先生画作等。

《脸谱大全》

古燕张笑侠编辑，戏曲研究社出版，1938年（民国27年）3月初版。

三册一函。收皮黄净部脸谱558幅、皮黄丑部脸谱207幅、昆腔净部脸谱81幅、昆腔丑部脸谱45幅、秦腔净部脸谱90幅、秦腔丑部脸谱27幅。

第129册

《马骀画宝》（上）

第130册

《马骀画宝》（下）

马骀编，出版信息不详。

马骀，字企周，又字子骧，别号环中子，又号邛池渔父，清末民初著名画家、美术理论家和教育家。《马骀画宝》是一部普及性中国画画谱，20世纪初叶曾广为流传，影响颇大，以中国画白描的形式介绍了各题材的画法，对结构、笔法、构图做了深入的探究。收录了南北宗派十八皴法，山水、人物、仕女、仙佛、鬼怪、勇侠、战将、翎毛、花卉、走兽、虫鱼、博古、瓜果、梅兰竹菊、楼阁、界画等，无一不长，尤精透视透影、折中写生。凡古今中外各法，可谓无所不能、无所不妙，对初学者与学成者都适宜，可作学校教本，也可依法自习。

第131册

《墨巢秘笈藏影》（第一集）

李墨巢收藏，商务印书馆印行，1935年（民国24年）3月初版。

收王子端山水、刘松年山水长卷、沈石田山水长卷、徐天池墨笔花卉、张果亭草书、吴白厂墨竹等。

《**墨巢秘笈藏影**》(第二集)

李墨巢收藏,商务印书馆印行,1935 年(民国 24 年)3 月初版。

收刘松年渔乐图、倪云林幽居图、康里子山行书、文衡山江千草阁图、石溪山水图、毛西河兰竹图、张雪鸿花鸟图等。

《**古列女传**》

刘向编撰,顾恺之图画,商务印书馆印行,1936 年(民国 25 年)12 月初版。

丛书集成初编本。包括《列女传》和《续列女传》。《列女传》7 卷,分别是母仪传、贤明传、仁智传、贞顺传、节义传、辩通传和孽嬖传,采用上图下文的形式,记叙了 105 名妇女的故事。《续列女传》增补了 20 名妇女的故事。

《**沧江虹月**》

同文书局石印,德国柏林国立图书馆藏,民国初年出版。

此画册共 2 册,摹刻名家画作 14 种:赵松雪画九歌、邵僧弥山水、大涤子山水、南田萃花卉、林屋山人山水画谱、翁小海草虫、改琦画稿、瑶华道人真迹、董文恪公山水画稿、东霞写生、子衡花卉、任熊画本、秦谊庭山水松鹤画典、刘子和花卉翎毛册。

第 132 册

《**马骀画问**》

马企周绘,朝记书庄发行,1924 年(民国 13 年)9 月出版。

收马骀画作,共 4 册,囊括山水、人物至于花卉、禽兽、虫鱼之属,共 300 余叶。

《**赵㧑叔梅石画法册**》

王秋蘅藏,高野侯鉴定,中华书局印行,1922 年(民国 11 年)3 月初版。

赵之谦,初字益甫,号冷君,后改字㧑叔,号悲庵、梅庵、无闷等。清代著名书画家、篆刻家。本册为写梅、写石入手使笔之法,遒劲如作篆籀,一梅枝法、二梅干法、三倒垂枝法、四斜枝法、五老本嫩枝法、六老本花枝法、七折枝法、八拳石法、九峰石法、十拳石点苔法、十一峰石点苔法、十二梅枝着花法，计 12 叶，于写梅之法略备，而石之画法亦可举一反三。

《马扶羲梅花册》

杭州横香室藏，高野侯鉴定，中华书局印行，1922 年（民国 11 年）3 月初版。

马元驭，字扶羲，又作扶曦，号栖霞虞山人。栖霞点墨花果，意态生动活泼，得石田用墨之秘。此册写梅 12 帧，着墨不多，而得梅花高逸之性，题语论画法尤为不刊。一仿茅静斋之闲雅，二写逸致，三仿石田超迈之气，四写朴简之意，五仿徐禹功澹远之笔，六写早梅，七写孤洁之趣，八仿赵子固墨晕法，九写竹外一枝，十写月夜寒梢，十一写雪梅，十二写罗浮烟景。

《杨稚云墨梅册》

杭州横香室藏，高野侯鉴定，中华书局印行，1922 年（民国 11 年）4 月初版。

杨韫华，字稚云，一号迟云。本册共 14 帧：一玉龙滚海，二繁英冻雪，三无题，四仿华光长老，五笔致学宋元人意，六写胸中逸趣，七意在学童二树，八无题，九学元人，十疏影横斜，十一无题，十二题年月，十三仲湘题诗，十四张澹题诗。

《陈继儒梅花册》

陈继儒绘，出版信息不详。

陈继儒，字仲醇，号眉公，又号麋公。明朝文学家、画家。此册写梅 6 帧，或水墨，或设色，均苍老浑古，副叶题诗，笔墨隽永，可谓画书诗三绝。

《汪巢林梅花册》

横香室藏，高野侯鉴定，中华书局印行，1921 年（民国 10 年）6 月初版，1923 年（民国 12 年）3 月再版。

汪士慎，字近人，号巢林，又号溪东外史。清代著名画家，书法家。善画梅，神腴气清，墨淡趣足。此册 12 帧，笔意幽秀，设色妍雅。金冬心谓其管领冷香。蒋子延谓其不食人间烟火，清妙独绝。

《圣迹图》

孙毓修编辑，商务印书馆发行，1914 年（民国 3 年）11 月初版。

作者从古圣迹图拓本中择其尤要者，得 32 幅据以临摹，坚约画者纤悉不可改易，图成为史传，录其遗事附于图后，聚图史于一帙。

第 133 册

《世界三百名人图志》

萧剑青编绘，世界书局印行，1940 年（民国 29 年）3 月初版。

作者择世界 300 名人编成一书。所选人物，系按生年编排次序。每位名人均附一图像，该像皆有确实出典或考据，绝非凭空臆造。所书文字主要记述该名人一生重要事迹。书末附有中英文人名对照表。所收人物古今中外均有，如黄帝、夏禹、荷马、伊索、老子、孔子、汉武帝、爱因斯坦、邓肯等。

《孔子圣迹图》

李炳卫鉴定，北平民社发行，1934 年（民国 23 年）4 月 1 日出版。

孔子是我国春秋末期思想家、政治家和教育家，儒家学派的创始人。《孔子圣迹图》是一部反映孔子生平事迹的连环图画，也是我国历史上具有完整故事情节的最早一部连环画，包括二序文、插图、插影、正图、孔子年谱、历代孔子大事记等。

第 134 册

《鹤巢人物画稿三千法》

王云轩绘，碧梧山庄印，求古斋发行，1929 年（民国 18 年）出版。

王云轩，名鹤，晚年法名德超，清末民初著名画家。人物、山水、花鸟、走兽，无所不精。重视写生，不师古人。《鹤巢人物画稿三千法》是一套教授人物画法的参考书，对人物画的用笔、用墨、设色、步骤、明暗透视、比例重心等,以图画形式做了详细的讲解。全书分上、下集,共6册,介绍了3234种画法,实用生动,极具观赏性。

第135册

《山海经图说》

上海会文堂书局印行,1917年(民国丁巳年)出版。

《山海经》的主要内容是民间传说中的地理知识,包括山川、道里、民族、物产、药物、祭祀、巫医等,还保留了很多远古的神话故事。本书以图为主,书前有毕沅《绘图山海经新校正序》、孙星衍《山海经新校正序》、郭璞《山海经注序》、禹益《绘图山海经古今本篇目考》等,共18卷。卷一为灵祇、卷二为异域、卷三为兽族、卷四为羽禽、卷五为鳞介、卷六为海外南经、卷七为海外西经、卷八为海外北经、卷九为海外东经、卷十为海内南经、卷十一为海内西经、卷十二为海内北经、卷十三为海内东经、卷十四为大荒东经、卷十五为大荒南经、卷十六为大荒西经、卷十七为大荒北经、卷十八为海内经。

《清代贵州名贤像传》

凌惕安编著,商务印书馆印行,1946年(民国35年)8月出版。

本书为清代贵州的名贤像传。共4卷,收48人,每人一像一传。所选人物以有益于国家民族,与人伦道德、治行学问超群轶伦、足资矜式者为主,以时代先后排序。所列事实皆求真实可信,未尝以肤庸之词、空疏之论纂组成篇。旨在"示先民之规范,资后人之则效而已"。

《清朝十帝像》

中华印书局印行,其余出版信息不详。

清室自顺治至宣统,凡10帝,共269年。其中世祖、圣祖、世宗之兴盛,高宗、仁宗之有为,宣宗、文宗之暗儒,鸦片战争之失策等,纂者秉笔直书,搜集史料,力求核实,抱述而不作之旨,因通俗起见,故将十帝一后事,以纪元记事。

第 136 册

《圣哲画像记》

曾国藩著，王紫珊辑，国学整理社出版，世界书局印行，1936 年(民国 25 年)12 月初版。

曾文正公所记圣哲画像，共 32 人，如周文王、周公旦、孔子、孟子、左丘明、庄周、司马迁、班固、诸葛亮、司马光、范仲淹、朱熹、杜甫、李白、欧阳修、柳宗元、韩愈、黄庭坚、杜佑、顾炎武、王念孙等。每人画像后附传。

《大众实用图画类典》

世界书局编辑所编绘，世界书局印发，1935 年(民国 24 年)11 月初版，1937 年(民国 26 年)1 月再版。

收小品画 1500 种，包括人物、器物、植物、动物、兵器、乘载物、气象、风景建筑。

第 137 册

《中国民间神谱》(民间版画 · 年画卷)

法兰西学院藏，出版信息不详。

年画是中国画的一种，始于古代的门神画。该画册珍藏了曾流行于中国民间社会的各种木版神仙年画。

《中国民间神谱》(民间版画 · 纸马卷)

法兰西学院藏，出版信息不详。

中国民间社会用纸马祭祀鬼神，后世刻版以五色纸印刷神佛像出售，名曰纸马。该画册珍藏了中国民间曾广泛流行的木刻版画纸马，十分珍贵。

《最新图案字画手册》

陆雪俦编绘，南光书店印行，1947 年(民国 36 年)10 月再版。

本书供学生及工商界绘制广告及图案用,注重实用,不尚虚张篇幅,其中装饰图案采集于东西各国通行之最新广告。

《儿童画法百种》

周吉士、金世荣编绘,儿童书局印发,1948 年(民国 37 年)11 月重订。

本书包含画法约 100 种,可作小学校儿童自习之用。分线、器皿、建筑物、植物、动物、人体、用器、图案 8 类。使用者按部练习,就可以取得事半功倍的效果。

《图案画集》

京师公立第一女子中学校编辑,怀英照相制版印刷局印刷,1925 年(民国 14 年)12 月出版。

此画册为京师公立第一女子中学校为学生专门编撰的图册。

《黑白画作法》

庞亦鹏编绘,中华教育馆出版,世界舆地学社发行,1931 年(民国 20 年)8 月初版。

黑就是墨水,白就是白粉。以钢笔或毛笔为工具,用墨水与白粉创作的素描就叫黑白画。本书共收 9 图,每图分两页,分别是局部勾勒图和成品画,可供学习者参考。

《黑影画》(全四册)

程引文编绘,美术学社出版,中西书局发行,1934 年(民国 23 年)3 月初版。

描绘与剪贴均可用。黑影画必先精构轮廓,再用笔涂抹。作者编绘时注意轮廓的整洁、活泼,使儿童对各种事物有正确印象。

第 138 册

《新体彩色写生记忆画解说》(第一册)

谢公展编纂,商务印书馆出版,1918 年(民国 7 年)6 月初版,1922 年(民国 11 年)

9月6版。

作者执教多年,饱览当世所出教本,更以个性之经验,自编教材。本书依中等教育之课程编辑,每册附设色图10页。注重运笔与写光之理法,由浅及深,由粗及细,让学者了解图画与实物之关系。讲论画法处,必插入局部勾勒图,方便预习参考。共10课,分别是秋海棠,天牛、竹,黄蜀葵、蓢秋萝,月季,粉蝶、野菊、蟋蟀草,蓝菊、金盏草,蝉、柳、蓼,菊两种,木芙蓉两种,新会橙、代代橘。

《**新体彩色写生记忆画解说**》(第二册)

谢公展编纂,商务印书馆出版,1918年(民国7年)6月初版,1923年(民国12年)4月6版。

共10课,分别是南天烛,石、水仙,雀、梅,辛夷,石南、桃,金鱼、水藻,樱、丁香,白头藕、槭树,天牛、凤仙,茄、王瓜、荸荠。

《**儿童画册**》(1—3)

鲍叔良绘编,华华书店发行,1948年(民国37年)出版。

本套画册参照教育部小学课程标准绘编,共4册,供小学自习及教科之用。内容取材新颖、实际,切合儿童心理;编制完善,鉴赏、涂色、临摹及创作均有涉及。暂缺第四册。

《**铅笔画范本**》(第一编—第七编)

商务印书馆编译所编辑、发行,1907年(丁未年)10月初版,1913年(民国2年)8月7版。

本套画册是为中等教育而设,凡师范学校、中学校及高等女校均可作为临习之本。共10编。第一至第七编为铅笔画法,由简而繁,由浅而深,自有次序;第八编为钢笔画法;第九编上半为用钢笔描骨、傅以水彩;第九编以下至第十编为没骨水彩画法。暂缺后三编。

《钢笔画教本》(全四册)

张慧雄编绘,新亚书店印行,1933年(民国22年)4月初版。

钢笔画是单色画的一种,画面的构成靠一种色彩来表现,对象的阴阳、向背、远近、主副,完全靠线条的疏密错综、运用得宜来使得画面生动有致、栩栩如生。编者通过示范画作供初学者参考。共4册,每册10幅画作。

《钢笔画临本》

赵半部作,大陆图书公司出版,出版时间不详。

本书专供中等学校学生临摹钢笔画之用。从简单的基本入手,先衬笔,次树叶枝干山石风景,按部就班,由浅及深。

《实用图案画》

叶元珪编绘,大东书局印行,1926年(民国15年)7月初版,1931年(民国20年)3月3版。

本书参考中西最新图案编成,取材分单独图案、带状图案、连续图案、绘画图案四种。计20帧,每帧图片不等,或三四图,或五六图。本书图案可适用于染织、雕刻、瓷器、广告等。

第139册

《鸟类图谱》

沐绍良编译,商务印书馆印行,1936年(民国25年)9月初版,1937年(民国26年)2月再版。

中学生自然研究丛书。分上、下两册,收录各种鸟类的资料,包括拉丁文、中英文名、简短文字介绍和图片,适合中学生和一般读者阅读。

《植物图谱》

沐绍良编译，商务印书馆印行，1936 年（民国 25 年）11 月初版，1937 年（民国 26 年）4 月再版。

中学生自然研究丛书。分上、下两册，收录各种植物的资料，包括拉丁文、中英文名、简短文字介绍和图片，适合中学生和一般读者阅读。

第 140 册

《昆虫图谱》

沐绍良编译，商务印书馆印行，1936 年（民国 25 年）9 月初版，1937 年（民国 26 年）3 月再版。

中学生自然研究丛书。分上、下两册，收录各种昆虫的资料，包括拉丁文、中英文名、简短文字介绍和图片，适合中学生和一般读者阅读。

《鱼类图谱》

沐绍良编译，商务印书馆印行，1936 年（民国 25 年）6 月初版，1937 年（民国 26 年）3 月 3 版。

中学生自然研究丛书。收录各种鱼类的资料，包括拉丁文、中英文名、简短文字介绍和图片，适合中学生和一般读者阅读。

《观赏植物图谱》

沐绍良编译，商务印书馆印行，1936 年（民国 25 年）10 月初版。

中学生自然研究丛书。分上、下两册，收录各种观赏性植物的资料，包括拉丁文、中英文名、简短文字介绍和图片，适合中学生和一般读者阅读。

第 141 册

《故宫书画集》(第十一期—第二十一期)

第 142 册

《故宫书画集》(第二十二期—第三十二期)

第 143 册

《故宫书画集》(第三十三期—第四十二期)

第 144 册

《故宫书画集》(第四十三期—第四十七期)

北平故宫博物院古物馆编辑、发行,1931 年(民国 20 年)8 月至 1934 年(民国 23 年)8 月出版。

《故宫书画集》创刊于 1930 年 10 月,每月一期。本书从第十一期开始收录。该期刊共印刷了清宫珍藏的唐、宋、元、明、清精品字画近千幅,每期收字画 20 幅,可谓一部小型的中国绘画发展史。如第十一期书画目:宋马麟层叠冰绡、宋马麟画花鸟、宋人岷山晴雪、宋人清溪晚牧、元赵孟頫疏林秀石、元人春山图、明沈周策杖图、清陈书山窗读易等。

《图画世界》(第十二期)

《图画世界》(第十五期)

《图画世界》(第十八期—第二十期)

《图画世界》(第二十二期—第二十三期)

《图画世界》（第二十六期）

徐润编辑，图画世界出版社发行，1946年（民国35年）12月10日至1948年（民国37年）1月25日出版。

《图画世界》是谢劼刚发行的现代漫画杂志，十日刊，一年36期。从发表的漫画内容看，内容丰富，有富有独行侠色彩的连载漫画《金箭侠》《侠胆英魂》、反映时事题材的《百胜将军》《空中权威》《第二次世界大战中的女间谍》《爆炸阴谋》、怪兽题材的《大破秘密兽》以及其他题材的漫画《万兽之王——星霸》《糊涂侦探》《大力水手》《天方夜谭》等。

《抗敌画展特刊》

重庆市江巴各界五月抗敌宣传大会编印，1938年（民国27年）7月出版。

本书为重庆市江巴各界五月抗敌宣传大会编印的画册，包括以下几方面的内容：甲为题词及叙言，收题词10幅，叙言2篇；乙为国画部，收国画12幅；丙为油画部，收油画34幅；丁为水彩部，收水彩画7幅；戊为漫画部，收漫画7幅；后附图案7幅，摄影作品6幅。

第145册

《图画日报　一》

第146册

《图画日报　二》

第147册

《图画日报　三》

第 148 册

《图画日报　四》

第 149 册

《图画日报　五》

第 150 册

《图画日报　六》

第 151 册

《图画日报　七》

第 152 册

《图画日报　八》

环球社图画日报编辑部编,环球社图画日报发行,1910 年出版。

《图画日报》是清末著名的时事画报日刊,面世于 1909 年 8 月,每日一刊,每刊 12 页,共出版了 404 期。设有 10 多个栏目,如《大陆之景物》《上海之建筑》《当代名人纪略》《世界名人历史画》《营业写真》《世界新剧》《新智识之杂货店》《社会小说》等,主要致力于反映社会时事新闻,介绍外国有关知识。

第 153 册

《大共和画报》(美术画三册)

《大共和画报》(新剧画·陈七奶)

第 154 册

《大共和画报》(新剧画·不如归)

《大共和画报》(小说画·琵琶怨)

《大共和画报》(小说画·双花记)

《大共和画报》(小说画·英雄儿女　美发娘)

大共和日报社编辑,1914 年至 1915 年(民国 3 年至 4 年)发行。

《大共和画报》为八开单面对折散页,无页码,中缝对折处有楷书“大共和画报”与“随报发送”及日期等字样。画页以图配文,分小说画、新剧画、美术画、广告画等类别。本书在收入时不以时间为顺序,而是按类别、分内容进行编排。

第 155 册

《时代漫画》(1—13)

第 156 册

《时代漫画》(14—26)

第 157 册

《时代漫画》(27—29)

《时代漫画》(31—39)

鲁少飞主编,张光宇发行,上海时代图书公司出版,1934 年(民国 23 年)1 月 20 日开始发行。

半月刊，创刊于1934年1月，1937年3月因抗战终刊，共刊行39期，是有“中国唯一首创讽刺和幽默画刊”之誉的漫画杂志，聚拢了一大批当时有名的漫画家，如张光宇、张正宇、张乐平、叶浅予、华君武等，也是民国政治、社会、风尚、艺术的窗口。

第158册

《点石斋画报大全》（甲集）

《点石斋画报大全》（乙集）

《点石斋画报大全》（丙集）

第159册

《点石斋画报大全》（丁集）

《点石斋画报大全》（戊集）

《点石斋画报大全》（己集）

第160册

《点石斋画报大全》（巳集）

《点石斋画报大全》（庚集）

《点石斋画报大全》（辛集）

第161册

《点石斋画报大全》（壬集）

《点石斋画报大全》（癸集）

《点石斋画报大全》（金集）

第 162 册

《点石斋画报大全》(木集)

《点石斋画报大全》(土集)

《点石斋画报大全》(石集)

第 163 册

《点石斋画报大全》(丝集)

《点石斋画报大全》(竹集)

《点石斋画报大全》(匏集)

第 164 册

《点石斋画报大全》(革集)

上海集成图书公司印行,1910 年(宣统二年)仲秋出版。

《点石斋画报》创刊于 1884 年 5 月 8 日(光绪十年四月十四日),终刊于 1898 年 8 月(光绪二十年六七月间)。旬刊,共发行 528 号。内容为当时的时事新闻、市井风俗、西方科技新事物。单独印刷,随《申报》附送。每号 9 幅画,画题以四字居多,也有二三字或六七字。说明文字一般二三百字,位于图画上方。配文后印一方刻有箴言或俗语的小章,寥寥数语,画龙点睛。

《参加伦敦中国艺术国际展览会出品图说》(第三册　书画)

伦敦中国艺术国际展览会筹备委员会编辑,商务印书馆印行,1936 年(民国 25 年)4 月初版。

本书用中、英文两种文字完成,先分 5 章介绍了伦敦中国艺术国际展览会书画部分的总纲、书学之演进及其名家、画学之演进及其名家、中国画之特点及其绘画之法、此次出品概要等，然后具体展示了从唐至清的175件著名书画作品。

《艺苑(第一辑)——美术展览会专号》

艺苑研究所编辑，上海文华美术图书印刷有限公司印行，1931年(民国20年)8月10日出版。

20世纪20年代中国艺术界流行着派别之见和名利之争，极大地阻碍了艺术界的进步。针对这种情况，艺苑绘画研究所应运而生。为了补救这两种缺陷，同时也为了引起社会人士对艺术的兴味，增加研究所同人努力的精神，研究所特出版此画册以供展览之用。

第165册

《中国版画史图录》(第一册—第四册)

第166册

《中国版画史图录》(第五册—第八册)

第167册

《中国版画史图录》(第九册—第十六册)

第168册

《中国版画史图录》(第十七册—第二十册)

郑振铎编，上海良友图书公司印行，出版时间不详。

本书共5函20册，收录了郑振铎20多年来收集的版画3000多种，第一册为唐宋元版画集，第二册为明初版画集，第三册为嘉隆版画集，第四册为金陵所镌版画集，第

五、六册为黄氏诸家版画集(上、下卷),第七册为万历版画集上,第八册为汪刘鲍郑诸家所镌版画集,第九至十二册为十竹斋笺谱(四卷),第十三册为陈老莲,第十四册为明刊画谱墨谱选集,第十五册为明清之际版画集下,第十六册为太平山水图画,第十七册为康乾版画集,第十八册为嘉道以来版画集,第十九、二十册为诗余画谱(上、下卷)。

第169册

《近代木刻选集》(一)

朝花社选印,上海合记教育用品社发行,1929年(民国18年)1月出版。

介绍近代西方的木刻作品集。书中的12幅木刻作品均来自英国杂志《文人》《画室》《当代木刻》,选取了英国现代艺术家惠勃、斯蒂夫·蓬、达格力秀,法国艺术家哈曼,美国木刻家华惠克等的作品。

《近代木刻选集》(二)

朝花社选印,上海合记教育用品社发行,1929年(民国18年)2月出版。

介绍近代西方的木刻作品集。书中的12幅木刻作品均来自英国杂志《画室》《当代木刻》《小动物》,选取了英国艺术家格斯金、杰平,法国艺术家凯亥勒,美国艺术家左拉舒等的作品。

《新中国版画集》

全国美术协会编选,晨光出版公司印行,1949年(民国38年)9月出版。

从全国艺术展览会的木刻展中选编了80幅木刻作品印成此书,从中可以看出近年中国木刻运动总的趋向和总的精神——为人民服务。本书上卷为解放区作品,反映了中国人民的解放事业如何辉煌蓬勃;下卷为国统区作品,反映了国民党统治下的民不聊生。

《木刻漫画选》

云南日报编辑部编，云南财政厅印发，1937年（民国26年）5月出版。

云南日报丛编第一集，《云南日报》两周年纪念出版。精选云南木刻作品88幅。

《木刻选集》

新艺术社编辑，联合书店印发，1946年（民国35年）出版。

收木刻作品52幅，有缺页。

《木刻选集》（一）

唐英伟编辑，全国木刻协会香港分会出版，时代书店发行，1941年（民国30年）1月20日出版。

包括木刻创作、木刻理论、木刻动静3部分，是对当时香港木刻情况的真实反映。

《中国版画集》

中国木刻协会编，晨光出版社印行，出版时间不详。

本书收集了近百帧作品，是从一、二、三届全国木展的500余件作品中由中国木刻协会第二届评审委员会委员会同监事会慎选而来。刊发原则为"慎严""普遍"，排列顺序依作者笔名首字的笔画多寡而定，反映了20世纪40年代中国的社会情况。

《中华木刻集》（第二集）

马映晖编辑，中华木刻会出版部发行，1936年（民国25年）元旦出版。

鲁迅刻封面，蒋方平刻扉页，另收录马映晖、何以通、徐濂、王济生等人的木刻作品41帧。

《古元木刻选集》

古元作，东北画报社印行，1949年（民国38年）4月出版。

东北画报社版画丛书之一。古元，1938年秋到延安后，进鲁迅文艺学院美术系学习，开始创作木刻。后来他下乡工作，创作了许多以农民为主体的木刻作品。本书收入其木刻作品 28 帧。

第 170 册

《红色中国的挑战画集》

尔仁编注，1946 年（民国 35 年）出版。

书中收入了领袖照片、延安风景照片和抗战期间人民和军队战斗、生活的版画若干。

《绘图革命党演义》

吴公雄编辑，世界书局印行，1926 年（民国 15 年）3 月 5 版。

共 3 卷 26 回，从"孙逸仙组织兴中会"起，到"选总统建立中华国"止。出版之际正值国无宁日、变乱纷来、民不聊生之时，作者出版此书是希望读者观诸先烈之奔走革命、惨淡经营、流血断头的惨痛事实，感激发奋、力图进步，实现国家昌明。本书仅收正文前插图。

《八路军到新解放区》

张望作，东北画报社出版，东北书店发行，1948 年（民国 37 年）10 月 3 版。

鲁艺创作丛书之四。收 4 个短篇连环画，分别是《八路军来了》《护送》《拾物不昧》《房东最后明白了》，反映出共产党领导下的武装队伍优良的革命传统。

《暴日兽行纪实画》（第一集）

梁中铭编绘，正气出版社发行，1938 年（民国 27 年）7 月 10 日初版。

自七七事变后，作者搜集近一年来敌寇暴行之荦荦大者，绘成百幅，以飨读者。虽未能将寇军兽行暴露万一，但我同胞遭受亘古以来所未有之惨痛，可观一二。

《北方木刻》

高原书店出版,1947 年(民国 36 年)5 月初版。

本书由郭沫若作序,搜集了北方作家的窗花和年画作品 125 幅。

《刀味集》

罗守愚著,星期日周报社印行,1941 年(民国 30 年)9 月初版。

星期日丛书之二。作于抗战接近胜利的时候,为文化运动的有效工具。因木材困难、工作艰苦,画风略显粗糙。

《光宇讽刺集》

张光宇著,独立出版社出版,出版时间不详。

漫画丛书第 1 种。民国政治人物讽刺画。作者在序文中说:“讽刺画是一幕严重的喜剧,讽刺画家是一个悲壮的小丑,严重悲壮是我们的立论,演喜剧做小丑是我们的立身。”作者用手中的笔描绘出时事和人物,如《难得碰头》《以醉人制裁醉人》《金刚怒目,菩萨低眉》《山雨欲来风满楼》等。

《红枪会的故事》

王愚作,跋涉书店发行,1938 年(民国 27 年)11 月出版。

连环木刻之一。本书为一个红枪会会员的自述,展现了一个农户是如何转变成抗日大军一员的过程。

《解放军史画》

萧萧编绘,联合画报社印行,1949 年(民国 38 年)7 月初版。

联合画报解放丛刊。作者以 60 幅画面来展现中国人民解放军从诞生、苦斗至胜利的重要过程。这本小册子的每一幅画面,都是先烈不朽精神的结晶,是解放革命斗争中的重要史实。

第 171 册

《江浙直奉血战画宝大全》

孙步月、胡小蓴、金少梅绘图，上海战事写真馆印行，1924 年（民国 13 年）重九出版。

共 4 集。画册前附孙中山、吴佩孚、段祺瑞、阎锡山题词，东北战争、东南战争、粤省军事战争、北伐声中之人物图，名人小传，江浙战纪总端以及黄渡之战、浏河之战、嘉定之战、青浦之战、松江之战、奉直之战、奉军之计划、直军之应付、直军之战计、双方之战讯等。正文则是画家手绘的战况图。

《旧阴谋新花样》

张谔绘作，蒋逢美木刻，新光书店发行，1943 年（民国 32 年）2 月出版。

通过漫画连载的形式，揭露汪精卫等人的叛国卖国行径。

《抗战八年木刻选集》

中华全国木刻协会编选，开明书店印行，1946 年（民国 35 年）12 月初版。

选取 75 个作家的 100 幅木刻，真实记录了中国人民八年抗战岁月。木刻作家在作品中体现出了抗战期间对敌人的憎恨、对苦难者的同感、对大众生活的体验、对自由中国的期望，是抗战以来新兴木刻的成果。

《全国抗战版画》（第一辑）

仇宇主编，原野出版社出版，1939 年（民国 28 年）3 月初版。

收集了抗战一年来的优秀木刻作品，从这些作品中，我们可以看到暴徒的残酷，也可以看到广大人民的一致反击。

第 172 册

《抗战画选集》

抗战画刊社著,赵望云主编,华中图书公司印行,1940 年(民国 29 年)1 月初版。

从抗战必胜、寇军暴行、敌军反战、扫除汉奸 4 个方面反映抗战的画作选集。

《狼牙山五壮士》

华山著,彦涵木刻,东北画报社印行,出版时间不详。

东北画报社丛刊之一,图文并貌地叙述了狼牙山五壮士的感人故事。

《老英雄范筑先》

教育部民众读物编审委员会印行,其余出版信息不详。

民众文库。连环图画,讲述了英雄范筑先读书求学、推车谋生、济南投军、归家种田、几度入军、抗日救国的故事。

《刘玉田弃商入伍》

教育部民众读物编审委员会印行,其余出版信息不详。

民众文库。连环图画,讲述了刘玉田弃商入伍的故事。

《南中国的画像》

汪刃锋刻作,启示出版社编印,金屋书店发行,1948 年(民国 37 年)12 月初版。

共 25 幅木刻作品,反映了南中国为苦难所磨炼的农户如何进城谋生,最终又被迫回到农村的社会真实场景。

《女英雄刘胡兰》

安明阳刻,新华书店印行,出版时间不详。

讲述了刘胡兰虚心学习、热心教育、勇于斗争、英勇牺牲的故事。

《刃锋木刻集》

汪刃锋刻作,开明书店印行,1947 年(民国 36 年)4 月初版,1947 年(民国 36 年)9 月再版。

收录刃锋木刻作品 30 幅。书后附茅盾、叶圣陶的评论文章。

《三个兵士》(上册)

王一夫作,中央宣传部编印,中国文化服务社发行,1938 年(民国 27 年)6 月初版。

战时民众读物第 3 种,刻画了三个兵士英勇作战的形象。

《彦涵木刻选集》

彦涵刻,东北画报社印,东北书店发行,1949 年(民国 38 年)4 月出版。

东北画报社版画丛书之二。彦涵,1938 年秋到延安后,进鲁迅文艺学院美术系学习,开始创作木刻,三个月后随军参加抗日工作。本书精选其木刻作品 20 幅,反映了抗日实景。

《扬眉集》

汪子美编绘,文献出版社印行,1941 年(民国 30 年)7 月出版。

此书妙趣横生,分上、下两部分。上部曰短笛,与诗歌散文配合;下部民间之歌,皆写抗战民间自卫的故事,以流畅而富有文艺性的笔姿,报道各种英勇事迹。

《小小故事》

董均伦作,沃渣插画,东北书店印行,1948 年(民国 37 年)9 月出版。

本书朴素地写出了中国解放区人民是如何英勇顽强,以他们无限的机智与创造力抵抗国内外敌人的实际画面。

《给我们自己》

林绍仑著，赖少麟刻，广州青年作者美术会印行，1935年（民国24年）12月初版。

刻画丛书。本书为林绍仑诗稿，诗作写于1932年至1935年，流露出作者矛盾的情绪。书中含木刻插画13幅。

第173册

《阿Q的造像》

刘建庵木刻，远方书店印行，1943年（民国32年）11月初版。

据鲁迅小说《阿Q正传》进行的木刻创作。

《阿Q正传插画》

鲁迅原著，丁聪作画，上海出版公司印行，1946年（民国35年）9月初版。

插画前有景宋、茅盾、吴祖光序，画家据鲁迅小说《阿Q正传》作插画24帧，并附原作节录。书后有黄苗子跋。

《儿童生活影画》

邱祖深绘编，儿童书局发行，1932年（民国21年）4月出版。

收儿童生活漫画29幅。

《木刻与漫画》

苏南日报美术编辑室编辑，苏南新华书店印行，1949年（民国38年）8月初版。

苏南地区报章杂志的木刻、漫画作品汇编，收木刻和漫画各17幅。

《画集》（一）

浙江省抗日自卫委员会、战时教育文化事业委员会、老百姓旬刊社编辑，战时教育文化事业委员会书刊发行部发行，1939年（民国28年）6月出版。

老百姓丛书之一。俞乃大先生的战画木刻集，画作大多曾在《老百姓旬刊》上发表过，表现的均为题材浅显、适宜百姓阅读的内容。分单幅画和连环画两部分。

《画集》(二)

浙江省动员委员会、战时教育文化事业委员会、老百姓社编辑，战时教育文化事业委员会书刊发行部发行，1940年(民国29年)5月出版。

老百姓丛书之二。俞乃大先生的战画木刻集。本集分为3部分：第一部分是大幅的单画，原是发表于各期《老百姓旬刊》的封面画；第二部分是小幅的单画，画的是抗敌英雄的故事；第三部分是连环画，取材同第二部分。

《绘图儿童物语》

陈和祥、孙志劲编辑，世界书局印行，1925年(民国14年)12月4版。

插图本童话故事，共两册。第一册收43个小故事，第二册收19个小故事，如《猪牛谈话》《老鼠防猫会议》《狮子的牢骚话》《母鸡同狐狸斗巧》《老虎上当》《乡鼠和城鼠》等。

第174册

《漫画》

出版信息不详。

漫画教材。分7章，分别涉及人的动作和表情、人物、国家、动物、植物、风景名迹、建筑等。

《漫画贵阳》

黄尧著，文通书局印行，1942年(民国31年)11月出版。

收画稿100幅，写贵阳独特之风俗及各种风光，题材广泛，涉及贵阳的地理、气候、城市面貌、物产、民族、风俗等。每幅漫画下都题了一句说明性的话，令人倍感诗意。

《漫画名作选》

张正宇编，中央书店印行，1936年（民国25年）3月初版。

收集了民国时期画家丰子恺、华君武、张乐平、黄文农、叶浅予等人的漫画作品。

《漫画选集》（二）

华君武、张仃、朱丹、施展等作，东北画报社印行，1947年（民国36年）12月出版。

收华君武、朱丹、刘志忠、张仃等人的漫画，分“人民军队的力量”“谋合美蒋”“蒋介石的惨相”。

《南洋漫画录》

刘光鲁绘，北平文化学社印行，1930年（民国19年）6月初版。

作者用漫画的形式表现了南洋一带的风土人情。

《二万五千里长征史画》

萧萧编绘，联合画报社印行，1949年（民国38年）7月初版。

本书是中国工农红军在二万五千里长征中的重要史画。

第175册

《日本侵略中国史画》

梁又铭编，梁又铭、潘志青、陈西玲、梁中铭绘制，通俗画集编辑社印行，1933年（民国22年）2月初版。

以蒋坚忍著《日本帝国主义侵略中国史》做蓝本，而以他书参证，把中日以往的关系以及日本侵略中国的事迹用图画描写出来。这部史画分上、下两册。上册自汉武帝日本遣使来朝起，至民国20年朝鲜惨案为止。下册自沈阳事变起至淞沪血战止。

《太平天国通俗画史》

方诗铭、承名世著,人世间出版社印行,1952 年 11 月 3 版。

叙述太平天国运动的始末,并分析革命失败的原因。书前插图 8 页,书中含插画若干,书后附太平天国大事表摘要。

《陶行知画传》

大众美术社编,张鸾绘图,兄弟图书公司印行,1950 年 1 月出版。

大众图画丛书。以图画故事的方式编撰的名人传记。本书简要介绍了陶行知的生平。

《土地》

邵宇作,东北画报社印行,1948 年(民国 37 年)出版。

共两部,第一部为“天下的老鸦一般黑”“第二代”“满洲国十四年”,第二部为“打倒‘二泰山’”。第一部反映了农民在地主阶级、日本侵略者统治下的悲惨生活;第二部则展现红军赶走日军后,大家团结打倒土匪二泰山的故事。

第 176 册

《文农讽刺画集》

黄文农绘,光华书局印行,1927 年(民国 16 年)秋初版。

漫画会丛书第 1 种。作者用讽刺画的艺术,在人生的战争中纵横奋斗,本书即是他多年来作战和宣传的纪录,内容上分为两类,一是描写中国民国时期政治时局的重要事件,一是描写人生命运的现象。前者可以说是一部中华民国的画史,后者则是作者人生观的表现。

《武训先生画传》

段承泽编纂,生活教育社发行,1938 年(民国 27 年)11 月初版,1944 年(民国 33

年)5 月再版。

本书为再版书,书后附陶行知先生跋。该书介绍了清末武训的生平事迹,作者以细腻的叙述方式,展示了少年武训的苦难生活和他行乞兴学,最终得“千古一人”美誉的故事。

《连环图画武则天》

张鸿飞绘图,黄绿说明,千秋出版社出版,1935 年(民国 24 年)12 月初版。

以连环绘画的形式从武则天入宫讲到她削发为尼。

《新新漫画集》

谢趣生作,成都新新新闻报馆印行,1942 年(民国 31 年)1 月 1 日出版。

作者以“国际风云”“上流社会”“大时代中的小人物”“乱世儿女”为主题绘制漫画若干,展示民国时期的社会百态。

《绘图嫁后光阴》

江红蕉著,世界书局印行,1925 年(民国 14 年)8 月再版。

小说名家江红蕉的第一杰作,冶家庭小说、言情小说于一炉,旨在写嫁后的事情。所谓闺房之乐,有甚于画眉者。作者文笔细腻,笔下人物栩栩如生,家庭趣事尽展。本书仅收每回故事前的插画。

第 177 册

《一九四八年的时事漫画》

华君武作,东北书店出版。

描绘了 1948 年中国的政治时局。

《袁政府画史》

钱病鹤作,上海沪江评论社出版,1913 年(民国 2 年)8 月出版。

揭露袁世凯政府假作为、真篡权的累累罪状，对其政府幕僚也痛加斥责。书后附《老猿百态》组画。

《智力测验画》（全十册）

林荫编著，萧剑青、文誉扬绘图，进步书店出版，世界书局发行，1935 年（民国 24 年）1 月初版。

画册包括视力、心理、辨别、观察、想象、判断、生活常识、各种能力的测验，并注意考查工作能力、工作速率等，一方面测试儿童智力，一方面丰富儿童知识。

《丽花小姐的歌声》

朱东明画，其余出版信息不详。

讲述丽花小姐和道子小姐结识、分离的故事，实际上是战争影响下中日人民关系的缩影。

第 178 册

《最新画汇》

胡冰编绘，中华艺社出版，改进出版社承印，1943 年（民国 32 年）4 月初版，1943 年（民国 32 年）8 月再版。

从名人画像、木刻、图案、图案字、写真集、漫画、国画这几个方面汇集了当时最新的画作。

《西行漫画》

萧华著，上海风雨书屋印行，1938 年（民国 27 年）10 月出版。

黄镇在长征途中所作，是红军长征的重要历史见证。由于条件限制，将作者误印成萧华，后更正。

《好男儿》

黄尧编著，民间出版社发行，1941 年(民国 30 年)1 月出版。

作者以连环画的形式刻画了一个英勇作战、抗击日寇的中国好男儿形象。

《幽默漫画》

钟灵、方成作，大众美术出版社出版，1951 年 8 月初版。

文字和漫画配合，滑稽生动地再现了二战期间世界的众生相。

《皖光画刊》

中国国民党安徽省党部宣传科编，其余出版信息不详。

讽刺漫画集。

《苦从何来》

蔡若虹画，晨光出版公司印行，1948 年(民国 37 年)出版。

以“没有土地的人们”“苦从何来”“心里的疙瘩解开了”为线，再现了农村的土地革命运动。

《健康教育图》

出版信息不详。

以图片的形式教育大家如何锻炼身体、保持个人卫生，如勤洗澡、通风、按时吃饭、喝烧开的水、放风筝等。

《方思藻钢笔画集》

方思藻编著，文雅公司印，1935 年(民国 24 年)10 月出版。

精选方思藻钢笔画 10 幅。

《王济远欧游作品展览会集》（第二辑）

王济远编绘，文华美术图书公司发行，1931年（民国20年）9月25日出版。

收入王济远作品10幅。

第179册

《海粟油画》

刘海粟绘，商务印书馆印行，1933年（民国22年）8月初版。

收刘海粟油画12幅。书前有梁宗岱序。这些画作大多作于20世纪30年代前后，如《月夜》《巴黎大学》《向日葵》《巴黎之冬》等。

《海粟油画》（第二集）

刘海粟绘，商务印书馆印行，1935年（民国24年）12月初版。

收刘海粟油画12幅。书前有谢海燕序。这些画作集中作于1934年、1935年，如《花》《朝》《云峰高涧》《梵尔特之春》等。

《世界名画集第二集：刘海粟》

傅雷编，中华书局印行，1932年（民国21年）8月出版。

书前有傅雷对刘海粟的介绍，还附有法国赖鲁阿给刘海粟展览会作的序，对刘海粟的个人经历和画作均有介绍。书中收油画20幅，如《鲤鱼》《L夫人》《翡冷翠》《玫瑰村》等。

《蒋兆和画册》（第一集）

蒋兆和绘，其余出版信息不详。

收画作41幅，由著名金石家容庚题签，齐白石题诗，司徒雷登作英文序。此外，作者还自序两篇，详叙其艺术主张与出版画册的因由。

《凯成作品》(第四集)

王凯成绘,1934年(民国23年)8月出版。

此画册是作者为同学们作的肖像素描册。

《培英绘画》

广州培英中学校编辑,1937年(民国26年)1月出版。

从广州培英中学校画展上的300多帧作品中精选汇编,以培养学生的艺术修养。

《好友佳作集》

好友艺术社编纂,文华美术图书印刷公司印行,1931年(民国20年)2月出版。

好友艺术社将西洋美术画、西洋雕刻、书艺、金石、国粹美术画、美术摄影等进行汇编,遂成此册。对于沟通中、西方的艺术,让国人了解西方的美术有一定意义。

《琵亚词侣诗画集》

浩文译,上海金屋书店印行,1929年(民国18年)6月出版。

"琵亚词侣"是英国插画家比尔兹利民国时期的译名。本书收入了他的诗歌《三个音乐师》《理发师》,并插画4幅。

《秋草雪鸪粉画集》

陈秋草、方雪鸪绘,商务印书馆印行,1931年(民国20年)10月初版。

收陈秋草、方雪鸪粉画,如《芝山之夜》《醉人的酒香》《晓色》《生的刹那》等。

《桑子中画集》

桑子中作,中华书局发行,1934年(民国23年)5月初版。

收桑子中画作22幅,如《塞外》《孔庙雕龙柱》《汉柏》《玄武湖》等。

《水彩风景画》(下册)

张眉孙编绘,新亚书店印行,1949年(民国38年)3月再版。

适用中学教学。收水彩风景画18幅,每幅文字后专页附画题、说明、画法。

《水彩画》(第三册)

王济远编,大东书局印行,1930年(民国19年)8月再版。

中等学校教本。收彩图8页,每页均有写生图及说明,以供学者参考。

《水彩画临本》(第一编)

钱病鹤编,但杜宇绘,大东书局印行,1919年(民国8年)2月初版,1930年(民国19年)3月11版。

高等中学师范女学之用。分彩图、画法说明、练习纸、参考。

《眉孙水彩画》(第三册)

张眉孙编绘,新亚书店印行,1936年(民国25年)8月初版。

收张眉孙水彩画8幅。

《以俅画集》

以俅绘,星云堂书店印行,出版时间不详。

作者精选画作30幅,多为素描。

第180册

《赵望云农村写生集》

赵望云作,大公报社印行,1933年(民国22年)9月初版,1933年(民国22年)11月再版。

画作先在《大公报》连载,后结集出版。凡130幅,乡村风俗及民生状态描写无遗。

《赵望云塞上写生集》

赵望云作,大公报社印行,1934年(民国23年)12月初版。

作者旅游塞上的实地写生图集。每幅图都附有杨汝泉先生的简略说明。书前有冯焕章题诗、胡政之作序。

《中国邮票图集》

王汉强编辑,上海文华图书公司印发,1934年(民国23年)1月出版。

收录了中国1878年至1933年间发行的邮票图案。

《中国邮票图鉴全集》

黎震寰编,官其惠发行,天津文义印刷局承印,1944年(民国33年)1月初版。

本书分甲、乙、丙三编。甲编为清代票,凡清发行之票及清票加字者均属之;乙编为民国早期票,凡民国26年七七事变前发行之正式票属之;丙编为民国后期票,凡事变后发行之票均属之。对邮票发行历史、邮票常识等,均插入与各票有关之趣味讲话中。文字简明扼要,对于了解中国邮票史有一定价值。正文前有各编邮票插图。

雕刻、摄影、工艺美术

第 1 册

《雕塑浅说》

熊松泉编,上海商务印书馆发行,1934 年(民国 23 年)3 月初版,1947 年(民国 36 年)2 月 3 版。

共分 8 章,分别对塑造、石膏像、木雕、石雕和铸造等的技法作了介绍,对把雕塑当作一种业余爱好而尝试制作的初学者极具指导意义。

《西洋雕刻简史》

Murray Sheehan 著,朱无挂译,上海商务印书馆发行,1934 年(民国 23 年)10 月初版。

共分 30 章。第一章简述了雕刻的起源;第二章至第十章介绍了古埃及、亚述、希腊、罗马的雕刻艺术和有代表性的雕刻艺术家,以及现代法国、意大利、美国的雕刻艺术和有代表性的雕刻家;第十一章至第二十三章重点论述基督教和文艺复兴时期的西方雕刻艺术;第二十四章至第三十章介绍了 17 世纪至 20 世纪法国和美国的雕刻艺术和有代表性的雕刻艺术家。

《苏联雕刻》

将玄怡、吴吉甫编著,今古出版社,1949 年出版。

美术考古学社编著的“美术考古专刊”系列的第 7 本,有 30 幅苏联雕刻图,书末附有将玄怡的代跋。

《近代雕刻杰作集》

繁花编译,现代书局,1934 年(民国 23 年)4 月初版。

本书为雕刻作品集,分法国之部、罗丹的杰作、德国之部、美国之部 4 部分。

《蓬蓬雕刻集》

蓬蓬刻,王济远、张澄江选辑,上海商务印书馆,1933 年(民国 22 年)8 月初版。

新艺术丛刊之一，收录了法国雕刻家蓬蓬的动物雕刻18幅，为作者1906年至1931年间的作品。

《剪贴和雕塑》

叶绍钧、吴研因、王志瑞等著，上海中华书局，1947年（民国36年）12月发行，1948年（民国37年）8月再版。

中华文库小学类第一集，全书分剪贴和雕塑两部分，分别简单介绍了一些剪贴和雕塑的制作方法。

第2册

《弥盖朗琪罗传》

罗曼·罗兰著，傅雷译，上海商务印书馆发行，1935年（民国24年）9月出版，1947年（民国36年）4月再版。

分上、下编。主要写文艺复兴时期意大利伟大的绘画家、雕塑家弥盖朗琪罗（米开朗琪罗）一生的传奇经历。他的一生经历了各种磨难却没有向命运屈服而始终醉心于雕塑创作，最终成了巨人。他的89个生命春秋，给人们留下了许许多多表现真善美的不朽杰作。如《大卫》《悼念基督》等。

《罗丹》

梁宗岱译，正中书局印行，1943年（民国32年）12月初版。

建国文艺丛书第一集。内收两篇译文，分别是《罗丹》《罗丹（一篇演说词）》。《罗丹》的作者是里尔克（Rainer Maria Rilke），《罗丹（一篇演说词）》的作者是格峨格（Stefan George）。两位著者均为德国诗人。

《象牙雕刻考略》

泽人著，出版信息不详。

为《学林》第五集辑抽印本。

《开渠雕刻》

出版信息不详。

为《神车》半月刊第3卷第二期“刘开渠先生雕刻专号”。有刘开渠先生的13个雕刻图，以及郁达夫、林文铮、雷圭元等人写的有关刘开渠的文章。

《石膏工》

上海商务印书馆发行，李颂尧编，1926年(民国15年)11月初版，1931年(民国20年)3月再版，1933年(民国22年)9月国难后第1版。

手工丛书之一。分为7章，分别介绍了做石膏用的工具和材料、石膏粉的制作方法、制模型法与调泥法等内容。

第3册

《半农谈影》

刘半农著，开明书店发行，1927年(民国16年)10月初版，1928年(民国17年)4月再版。

刘半农在此书中谈了自己对摄影的独到见解，主张中国的摄影作品应具有自己的民族风格。他在进行摄影艺术创作的同时，还从事摄影理论研究。这本专著既对当时所出现的种种摄影思想观点作了评论，又着重探讨摄影艺术造型技巧的方法和规律，是一本很有学术价值的摄影参考书。

《红外线摄影》

劳林著，佘小宋译，上海商务印书馆发行，1937年(民国26年)1月出版。

本书参考英美各国摄影年鉴、摄影杂志等书编译而成。共分5章，讲述红外线的原理和性质，红外线摄影的方法及应用等。

《户外摄影》

钟秀山编著,前进书局出版发行。1949 年 11 月 10 日出版。

介绍了在户外进行人像、风景、运动、儿童、动物、建筑物等摄影的方法。另有附录介绍户外摄影的曝光,光圈与景深的关系等。

《今日的摄影术》

彭良瑞编译,长沙商务印书馆发行,1938 年(民国 27 年)4 月初版,5 月再版。

共分 21 章,分别从透镜、感光片、摄影的实施、底片的处理和修整、印像方法、日光纸等方面详细系统地介绍了摄影的技术方法。

第 4 册

《柯达摄影术》

上海柯达公司发行,出版时间不详。

摄影的必备参考书之一,主要内容有拍照时镜箱的选择及作用、软片的选择及作用、如何摄取天真活泼的儿童照片,以及日间、室内、夜间等照片的拍摄技巧。

《美术摄影大纲》

罗伯古德沙尔原著,甘乃光编译,上海良友图书印刷有限公司印行,1931 年(民国 20 年)出版。

主要内容:摄影是不是艺术,美术摄影的意义,题材的搜集,街道的题材,乡间的题材,海滨的题材,晚景与朝景的摄影,对光的摄影、建筑物摄影等。前面附有郎静山、胡伯翔、梁得所三人的序及摄影作品。

《摄影初步》

舒新城编著,中华书局印行,1929 年(民国 18 年)9 月初版,1948 年(民国 37 年)5 月 8 版。

书前有舒新城序,主要有起信、用具、摄影、显影、晒像、放大等内容。

第5册

《摄影讲话》

景康著,光华书店发行,1948年(民国37年)8月初版。

本书是郑景康自己从事摄影工作而得出的一些见解,原本作为教材使用,所以为提纲式。内容包括什么是摄影,有什么用,摄影的过程等。

《摄影实习指导》

吴静山著,世界书局印行,1940年(民国29年)6月初版。

介绍了摄影工具的设备、镜头、镜箱、光圈、对光、感光等方面的基础知识。

《摄影术顾问》

杜就田编,上海商务印书馆发行,1935年(民国24年)5月出版。

讲述有关摄影方面的问题,共137则。

《摄影术》

徐应昶编著,商务印书馆发行,1936年(民国25年)3月初版。

为小学生分年级补充课本,主要介绍了摄影术的需要、最初的照相器、暗箱、照相器的改良、相片的发明等内容。

第6册

《摄影术》

曹元宇著,上海商务印书馆发行,1930年(民国19年)4月初版。

共分3章,分别是摄影机、阴画法、阳画法。详细介绍了摄影机的构造及功用,阴画法主要介绍了摄影、显影和定影、阴片的后理,阳画法则介绍了放大、颜料法、油印法、粉末法。

《柯达克摄影术》

沈夏云、杜就田译订,上海商务印书馆发行,1923 年(民国 12 年)11 月初版,1927 年(民国 16 年)9 月 5 版。

共分 5 章。分别是摄影器及曝光、摄影、显影法、晒像法、放大法。

《摄影学 ABC》

吴静山编,上海世界书局发行,1928 年(民国 17 年)7 月初版。

介绍了摄影的光学原理,透镜的改正,镜头的格式,光圈和快门,摄影的化学原理,摄影法,显影法,定影法,加厚和减薄,印像法等。

第 7 册

《摄影之原理与技术》

徐景宁编译,上海中华书局印行,1935 年(民国 24 年)7 月发行,1939 年(民国 28 年)8 月 3 版。

介绍了摄影器具及其应用,摄影之程序,暗室之布置,显影、定影、冲洗与晾干,底片之判别,处置不良底片之一般手续,晒印术等内容。

《摄影指导》

摄影研究社编纂,上海春明书店发行,1937 年(民国 26 年)5 月初版。

主要内容有入门指导、摄取指导、洗片指导、晒影指导、修片指导、放大指导、弊病指导、专家心得。

《摄影指南》

欧阳慧锵著,上海宝记照像馆,1923 年(民国 12 年)4 月初版。

欧阳慧锵是民国初期的著名摄影家,他在创作中,特别注重理论与实践的相互结合，并根据自己的拍摄心得，撰写出《摄影指南》一书。介绍了手提镜箱重要部分之用途，摄影手续次序，装硬片及单页软片，以及聚光点、光圈、活门、感光等摄影学基础知识。书前有康有为、张菊生、沈叔逵等人所作的序。

第8册

《增广摄影良友》

林泽苍、高维祥编著，中国摄影学会发行，1926年（民国15年）7月初版，1928年（民国17年）8月再版。

主要内容有沿革与略史，摄影与化学，摄影与光学，应用品之种类与选择，摄影器之种类与选择，摄影用具之说明等。

第9册

《照相学》

陈思义编，上海商务印书馆发行，1926年（民国15年）5月初版，1930年（民国19年）11月4版。

介绍了照相术发达略史、照相化学、应用品之说明及选择，光学、技术、活动影片、原色照相等。

《照相学教程》

出版信息不详。

本书为照相器材知识的介绍，包括照相镜头、露出器、滤光器、无机物、有机物、各种照相机之构造机能及使用法等。

《新编摄影术》

杜就田编译，上海商务印书馆发行，1913年（民国2年）1月初版，1928年（民国17年）4月16版。

共分3编。第一编技术，包括设备、干片之用法、补遗3章。第二编溯原，包括摄影术之发明、湿片之制法、干片之制法、摄影器之进步4章。第三编摄影术应用药品之功用略解，包括银之化合物、钠之化合物、钾之化合物、铔之化合物、铁之化合物、水银之化合物、金之化合物、白金之化合物、无机酸类、有机物10章。

第10册

中国摄影（1—18）

中国摄影出版社出版发行，1946年（民国35年）10月至1948年（民国37年）8月陆续出版。

此杂志有《摄影之乐》《摄影圣手》《名作选刊》《世界名作选粹》《读者影展》等栏目。

第11册

中国摄影（19—24）

中国摄影出版社出版发行，1948年（民国37年）10月至1949年12月陆续发行。

此杂志有《摄影之乐》《摄影圣手》《名作选刊》《世界名作选粹》《读者影展》等栏目。

《**中华摄影杂志**》（1—5）

中华艺学社刊行，1931年（民国20年）10月至1932年（民国21年）12月陆续出版。

此杂志分文字、照片两部分。文字多为摄影的心得，如钱景华《摄影术对于机械之研究》、张珍侯《云与风景照片之关系》、朱寿仁《三色胶质照片之概要》等，照片则有甘乃光、邵卧云、莫天祥等人的摄影作品。

《当代摄影》

何铁华主编，当代出版社发行，1936 年（民国 25 年）10 月出版。

主要栏目有《我们的话》《摄影与绘画》《摄影界情报》《每月笔谈》等。

《大公报画刊集萃》（第 1 册）

大公报馆编辑部编，天津大公报馆印行，1934 年（民国 23 年）10 月初版。

辑集了 1933 年至 1934 年刊登在该报上的美术风景照片 100 幅。

第 12 册

《白绿影集》（第 3 集）

白绿摄影学社编辑部编辑，培英青年会白绿摄影学社出版，1937 年（民国 26 年）1 月出版。

收照片 70 幅。书末附《摄影与绘画》（梁锡鸿）、《摄影的新动向》（何铁华）、《艺术摄影构图上的线》（郑浩初）3 篇文章。

《北京光社年鉴》（第 1—2 册）

《北京光社年鉴》（第 1 册）1928 年（民国 17 年）1 月 1 日出版。北京光社正式成立于 1926 年，它的前身为北京大学的艺术写真研究会，从 1924 年至 1927 年，每年在中山公园举办一次影展并随之出版年鉴。年鉴收录了光社四届影展的佳作 56 幅，作者有王琴希、伍周甫、老焱若、李召贻、汪孟舒、吴郁周、吴辑熙、沈麟伯、周志辅、孙仲宽、郭学群、陈万里、郑颖孙、刘玄虎、刘半农、钱景华，年鉴的序言由刘半农撰写，小言由陈万里撰写，北京光社小记由汪孟舒撰写。

《北京光社年鉴》（第 2 册）1929 年（民国 18 年）1 月 1 日出版。由刘半农作序，收录北京光社社员王琴希、伍周甫、老焱若、李召贻、汪孟舒、吴郁周等人 1928 年的作品。另附王琴希《摄影用干片速度之变迁及其与显影液关系之研究》、刘半农《没光棚的人像摄影》两篇文章。

《复旦摄影年鉴》

赵沄、张敏光等编辑,上海复旦大学摄影学会年鉴出版部出版,1931 年(民国 20 年)5 月初版。

以改进和光大中国摄影艺术为重大使命的摄影刊物,收照片 60 幅,书末附复旦摄影学会章程等。

《故宫摄影集》

清室善后委员会刊行,1925 年(民国 14 年)11 月 5 日出版。

为《故宫摄影集》之第 1 编第 2 册。依故宫物品点查之次序拍摄而成,主要是交泰殿和坤宁宫两处。

第 13 册

《故宫图录》(第 1 集)

陈万里拍摄,上海良友图书印刷公司印行,出版时间不详。

1913 年冬,在溥仪结束皇帝生活后,作者陈万里参加了清室善后委员会,检查溥仪随从等出宫及查封各宫殿时所照的故宫物品或风景的照片,另有作者老友吴郁周、王梅庄等人的少量照片。

《增订故宫图说》

国立北平故宫博物院发行,1936 年(民国 25 年)9 月再版。

含地图三大张、参观券价目表等,内附国立故宫博物院中路及内东路平面全图、外东路平面全图、内西路及外西路平面全图、国立故宫博物院出版物简目等。

《国立武汉大学建筑摄影集》

出版信息不详。

1933 年 12 月制作,所拍为武汉大学文学院、宿舍、运动场、职工住宅区等图片。

《黑白二届影展》

出版信息不详。

为黑白影社第二次摄影展览会作品集,主要内容有:广告、黑白影社社员名单,黑白影社第二次摄影展览会作品目录、小引、黑白影社社章,以及卢施福医师的《论徕卡与康泰时的小镜箱》。

《黑白三届影展》

出版信息不详。

此为黑白影社第三次摄影展览会作品集,主要内容有:卢施福介绍本社社友,影展目录,影展致辞,志愿书,黑白影社第三次摄影展览会作品。

《黑白影集》(1934)

陈传霖、聂光地等编,黑白影社出版,1934 年(民国 23 年)2 月出版。

收该社举办的"第二届摄影展览会"的作品 83 幅及该社社员写的有关摄影技术方面的文章 6 篇,有聂光地的《世界第二高峰上之摄影》、陈传霖的《小镜箱实验谈》、吴印咸的《光线与摄影》等。

《黑白影集》(1936—1937)

聂光地、陈传霖编,黑白影社出版,1937 年(民国 26 年)4 月出版。

收该社举办的"第四届摄影展览会"的作品 72 幅,以及《论广告摄影之布局》(聂光地)、《人像摄影——光》(陈传霖)、《新闻摄影概论》(毛松友)、《摄影艺术的欣赏》(吴印咸)等有关摄影技术的文章。

《寄远黑影画集》

周寄远作,上海商务印书馆发行,1934 年(民国 23 年)5 月出版。

周寄远首创专用黑白来绘画,该书收录的是其黑影画的作品集。

第 14 册

《静山乐锦》

郎静山著，艺文书局出版发行，1948 年（民国 37 年）3 月出版。

为中国最早的摄影记者郎静山运用绘画技巧与摄影暗房曝光的交替重叠，创立的“集锦摄影”艺术作品集。

《莫斯科照相画集》

苏联的罗果夫编，上海时代书报出版社发行，1947 年（民国 36 年）出版。

收集了莫斯科革命前后及卫国战争时期的照片 147 幅，每幅均有说明文字，反映莫斯科的面貌和建筑，苏联人民的劳动、文化生活等。

《列宁画传》

枫林主编，电化教育出版社出版发行，出版时间不详。

主要以图片的形式展示了著名的马克思主义者、无产阶级革命家、政治家、理论家列宁从出生到逝世的一生。

《美社照片选刊》

美社选编，上海良友图书印刷公司印制，1931 年（民国 20 年）出版。

美社成立于 1928 年秋，是张蓬舟与影友金满成、王峥嵘等人成立的南京第一个摄影团体。《美社照片选刊》是 1931 年由上海良友图书印刷公司印制的初版摄影集，收录美社社员拍摄的照片 100 幅，包括张蓬舟《醇酒妇人》、褚民谊《关外写生之一》等作品。为研究民国摄影团体的重要资料。书前有张蓬舟的《美社简史》。

《美术照相习作集》

舒新城著，上海中华书局出版，1930 年（民国 19 年）7 月发行，1932 年（民国 21 年）10 月 3 版。

收录了舒新城所拍照片 20 幅，丰子恺题写书名并作序。

《名伶百影》

立言画刊社编辑发行，蔡荣贵等审定，立言画刊社印刷部、京华印书局合印。

民国立言画刊社发行，京剧大师程砚秋题字，时慧宝题签，汇集全国戏曲名家珍贵影像资料，有李世芳、袁世海、梅兰芳、程砚秋、孟小冬等约百十幅插图，更为珍贵的是此书为全彩珂罗版，钤印沈氏善初藏书。

第 15 册

《浙赣铁路沿线风景选胜》

浙赣铁路局编，1935 年(民国 24 年)12 月刊行。

介绍南昌、金华北山、永康方岩、杭州等九个城镇及风景名胜古迹。有风景照片 32 幅及文字说明。封底为浙赣铁路沿线风景名胜图。

《河北景物画刊》

出版信息不详。

此为河北景物画刊，所收为当时的天津、南皮、庆云、肃宁等地的古迹等风景名胜图片。

《庐山历史风景画片册》

出版信息不详。

收庐山风景照片 60 余幅并附说明文字。书前有凌盛禧画的庐山图 6 幅。

《中华景象》

伍连德主编，上海良友图书印刷公司印行，1934 年(民国 23 年)出版。

上海良友图书印刷公司出版发行的巨型摄影画册。收录了 20 世纪 30 年代初中国国内最具代表性的城市建筑、风景名胜、人文景观的照片千余幅。除图片外，本书还包括民国时期各省的国土、人口、国防统计等资料。现收藏于中国丽水摄影博物馆。

第 16 册

《宜渝道上》

周俊元著，华中图书公司发行，1939 年（民国 28 年）4 月初版，1940 年（民国 29 年）3 月再版。

收录了从宜昌到重庆的沿途游记，有《别了宜昌》《三游三游洞》《夜宿平善壩》《不堪回首话中秋》等 22 篇文章。

《西湖倩景》

郭锡麒著，有声旅行团印行，1947 年（民国 36 年）出版。

这本图文影集共收了郭锡麒先生拍的 50 幅西湖及杭州的风光照片，每幅照片都有文字说明。从第一幅“湖滨之夜”到第五十幅的“雷峰遗迹”，皆是四字标题，其中只有“平湖秋月”和“三潭印月”这两个跟西湖十景之名相同，其余皆为自创。还有的标题如“浩气长存”指陈其美（陈英士）之塑像，“碧血丹心”指岳飞墓，“几时冷起”指的是冷泉亭，“山雨欲来”指的是湖上风景。

《雁荡一览》

蒋叔南著，上海西泠印社发行，1934 年（民国 23 年）4 月初版。

分雁荡一览、雁荡古代文艺之流传、雁荡之游程、游雁荡日程概记等 4 部分。本书的一大特色是图文并茂，图片能够随文插配，是真正意义上的插图本。

《香山风景》

香山慈幼院摄影，北京香山慈幼院印行，上海商务印书馆代印，1912 年（民国元年）3 月初版。

书内录有香山名胜 40 余处，并有中英文介绍，图文并茂。

《西湖风景》(第1集)

上海商务印书馆摄,上海商务印书馆印行,1910年(宣统二年)6月初版,1926年(民国15年)4月11版。

收录了40幅西湖著名的风景,如苏堤春晓、双峰插云、柳浪闻莺等,每幅图还有简短的英文翻译。

《天目胜景》

陈彭寿编著,上海文华美术图书公司印行,1933年(民国22年)7月出版。

浙江天目山奇丽秀绝、峰崖耸叠,本书所收正是天目山胜景、护龙桥、朱头陀岭、七星石的摄影图片,每幅图都有中英文说明。

《金陵古迹名胜影集》

朱偰编,上海商务印书馆发行,1936年(民国25年)7月初版。

本书为南京古迹名胜图片集。按历史朝代和类别分成六朝、唐宋、明、祠祀玄观、桥梁、梵刹礼拜寺及近郊园墅等6部分,计名胜古迹遗址照片300多幅。

第17册

《首都名胜古迹图片》

南京特别市教育局编,南京特别市教育局发行,上海中华书局代印,1929年(民国18年)6月1日初版。

国民政府定都南京后,对南京文物进行了调查并特别绘制了《首都名胜古籍区域图》,将全市分为东、西、南、北、下关五个区,按图一一考察并摄影,拍摄120多张图片并加以解说,编图成册。本书为南京的风光影集,保留了贡院飞鸿桥、文星阁、夫子庙牌楼等古迹图片。更为难得的是,收录了外郭城门观音门照片,使得观音门成为南京十八座外郭城门中唯一留下影像的城门。

《中国名胜第 1 种：黄山》

黄炎培、吕颐寿编纂，上海商务印书馆发行，1914 年(民国 3 年)12 月初版，1917 年(民国 6 年)11 月 3 版。

该书是已知的早期记录黄山风光的摄影画册，收录了中国教育家、实业家、政治家、中国民主同盟主要发起人之一——黄炎培与友人在黄山拍摄的 32 幅精美照片。

《中国名胜第 2 种：庐山》

黄炎培、吕颐寿编纂，上海商务印书馆发行，1915 年(民国 4 年)2 月初版，1924 年(民国 13 年)11 月 5 版。

本书是记录庐山风光的摄影画册，收录了中国教育家、实业家、政治家、中国民主同盟主要发起人之一——黄炎培与友人在庐山拍摄的 38 幅精美照片。

《中国名胜第 4 种：西湖》(1—3 集)

第 1 集为黄炎培、吕颐寿编纂，上海商务印书馆发行，1915 年(民国 4 年)4 月初版，1922 年(民国 11 年)7 月 5 版。第 2 集为庄俞编纂，1920 年(民国 9 年)5 月初版，1923 年(民国 12 年)12 月 4 版。第 3 集出版信息不详。

本书是记录西湖风光的摄影画册，收录了涌金门、表忠观、宝石山、保俶塔、白堤、三潭印月、湖心亭等多幅西湖风景名胜的照片，每幅照片附有简短的英文说明。

《中国名胜第 6 种：泰山》

黄炎培、庄俞编纂，上海商务印书馆发行，1915 年(民国 4 年)12 月初版，1924 年(民国 13 年)12 月 3 版。

本书是记录泰山风光的摄影画册，收录了 31 幅泰山著名的风景名胜照片，每幅照片的名称都附有简短的英文翻译。

《中国名胜第 7 种：衡山》

袁希涛、蒋维乔编纂，上海商务印书馆发行，1915 年(民国 4 年)12 月初版，1924

年(民国 13 年)12 月 3 版。

本书是记录衡山风光的摄影画册,收录了 31 幅衡山著名的风景名胜照片,每幅照片都附有简短的英文说明。

《中国名胜第 8 种:孔林》

郁厚培、张元济、孙毓修、吕颐寿编纂,上海商务印书馆发行,1916 年(民国 5 年)11 月初版,1926 年(民国 15 年)12 月 3 版。

本书是记录孔林风光的摄影画册,收录有孔子手植桧树、杏坛、大成殿、圣庙礼器、孔子故井、鲁壁等 24 幅照片。

《中国名胜第 9 种:虞山》

陈文钟、庄俞、朱亮、吴家煦编纂,上海商务印书馆发行,1915 年(民国 4 年)12 月初版,1916 年(民国 5 年)6 月再版。

本书是记录虞山风光的摄影画册,收录有湖山全景、西城楼阁、小三台、君子泉、印心石屋、剑门、石屋洞等 27 幅照片。

《中国名胜第 10 种:雁荡山》(1—4 集)

前三集为蒋希召编纂,第 4 集为周锡光编纂。均为上海商务印书馆发行,第 1 集于 1917 年(民国 6 年)1 月初版、5 月再版。第 2 集于 1918 年(民国 7 年)1 月初版,1924 年(民国 13 年)12 月再版。第 3 集于 1918 年(民国 7 年)3 月初版,1923 年(民国 12 年)10 月再版。第 4 集于 1918 年(民国 7 年)5 月初版,1923 年(民国 12 年)9 月再版。

本书是记录雁荡山风光的摄影画册,收录有石门坦、老僧岩、石梁洞、云峰、睡猴峰、天柱峰、灵岩寺、大展旗峰、象鼻峰、藏珠谷、北斗洞、仙游洞、寒门潭瀑、散水岩、仙人桥、含珠峰、天柱门、梅雨瀑、梯云潭、石城、明王峰、东天门、二仙峰、朝天峰、白水瀑、白云山等 114 幅照片。

《中国名胜第 11 种:天台山》(1—2 集)

蒋维乔编纂,上海商务印书馆发行。第 1 集于 1917 年(民国 6 年)8 月初版,1923

年(民国 12 年)4 月再版。第 2 集于 1917 年(民国 6 年)8 月初版,1923 年(民国 12 年)12 月再版。

本书是记录天台山风光的摄影画册,收录有国清寺、国清寺塔、高明寺、高明山、圆通洞、天封寺、净土庵、石梁瀑布、下方广寺、珠帘泉、桐柏宫、伯夷叔齐石像、万年寺等 54 幅照片。

第 18 册

《中国名胜第 13 种:五台山》

张元济、庄俞等编纂,商务印书馆出版,1919 年(民国 8 年)8 月初版,1925 年(民国 14 年)10 月 3 版。

本书是记录五台山风光的摄影画册,收录有西峰山、清凉寺、显通寺、碧山寺、华严岭、梵仙山、菩萨顶等 31 幅照片。

《中国名胜第 15 种:盘山》(1—2 集)

蒋维乔编纂,商务印书馆出版。第 1 集于 1920 年(民国 9 年)4 月初版,1922 年(民国 11 年)7 月再版。第 2 集于 1922 年(民国 11 年)11 月再版。

本书是记录盘山风光的摄影画册,收录有莲花池、石门、天成寺、涓涓泉、翠屏峰、石门松、万松寺、将军石、滴水濑、西甘涧、东甘涧、天井石、盘古寺、清沟、少林寺等 54 幅照片。

《中国名胜第 16 种:大房山 2 集》

蒋维乔编纂,上海商务印书馆出版,1921 年(民国 10 年)5 月初版,1924 年(民国 13 年)12 月再版。

本书是记录大房山风光的摄影画册,收录有白龙潭、观音洞、一斗泉、象王峰、西塔寺、石经堂、云居东峰、云居南峰等 25 幅照片。

《中国名胜第 17 种:华山》

张登九编纂,上海商务印书馆出版,1922 年(民国 11 年)7 月初版,1924 年(民国 13 年)12 月再版。

本书是记录华山风光的摄影画册,收录有玉泉院、北峰、东峰、孝子峰、南峰、圣母宫、南天门、望河亭等 38 幅照片。

《中国名胜第 18 种:武夷山》

蒋希召编纂,上海商务印书馆出版,1922 年(民国 11 年)11 月初版,1924 年(民国 13 年)12 月再版。

本书是记录武夷山风光的摄影画册,收录有白花岩、蛤蟆岩、水帘洞、七星岩、天心岭、刘官寨、水光石、玉女峰等 28 幅照片。

《中国名胜第 19 种:天目山》

庄俞、王显华编纂,上海商务印书馆出版,1923 年(民国 12 年)2 月初版,1925 年(民国 14 年)9 月再版。

本书是记录天目山风光的摄影画册,收录有头山门、禅源寺、太子庵竹林、太子庵前径、东坞坪、天门、莲花石、狮子口、昭明禅院等共计 32 幅照片。

《中国名胜第 20 种:云台山》

蒋维乔编纂,上海商务印书馆出版,1924 年(民国 13 年)3 月初版。

本书是记录云台山风光的摄影画册,收录有凤凰东山、凤凰西山、延福观、斗姥阁、三磊石、石虎、法起寺、金刚岩、仙人洞等共计 36 幅照片。

《中国名胜第 21 种:莫干山》

商务印书馆编译所编纂,上海商务印书馆出版,1924 年(民国 13 年)6 月初版,1925 年(民国 14 年)8 月再版。

本书是记录莫干山风光的摄影画册,收录有莫干山全景、塔山、上横山、全家山、怪石角、银杏、仙人洞、竹林、蝙蝠洞等共计37幅照片。

《中国名胜第22种:劳山》

吴曾勤、刘承植编纂,上海商务印书馆出版,1926年(民国15年)11月初版。

本书是记录劳山风光的摄影画册,收录有狮子峰、自然碑、沙子口、鸳鸯石、三水、五指峰、梯子石、王子涧、云门峰等共计32幅照片。

《上海风景》

商务印书馆照相制版部摄影,上海商务印书馆出版,1917年(民国6年)2月初版,1925年(民国14年)1月再版。

本书是记录上海风光的摄影画册,收录有浦东全景、上海总商会、上海西人总会、邮务总局、江海北关、招商轮船总局及码头、太古轮船公司及码头、中国银行、中国通商银行等照片。

《中华全国名胜古迹图》

大陆图书公司编辑,大陆图书公司印行,1921年(民国10年)6月20日出版。

本书是记录中华全国名胜的摄影画册,收录有北京天坛、颐和园、天津望海楼、天津大虹桥、济南千佛山、济南龙潭、济南大明湖、河南开封禹王台、镇江金山等照片。

《上海市工务局战后设施集影》

上海市工务局编,1947年(民国36年)6月出版。

收录有上海市行政分区图、上海市市区概略统计表、道路与沟渠、桥梁等照片。

第19册

《揽胜画报:西南专辑》

赵君豪编,中国旅行社发行,1940年(民国29年)8月出版。

收录了川、滇、黔、桂、湘五省的民族民俗、寺庙、建筑等照片,是研究五省历史、宗教、建筑及风土人情之珍贵史料，有照片300多帧。它是国内第一本以刊载风光图片为主的画报类刊物，有关四川的照片全部由著名摄影家郎静山先生提供。

《猎影记》

梁得所著，上海良友图书印刷公司发行，1933年(民国22年)7月出版。

梁得所率领《良友》全国摄影团，先后前往南京、曲阜等地摄影采风，以照片和随笔的形式记录了从长城内外到平凉，再到鄂湘粤桂等地迥然不同的地理、风物、民情。

《中国人民爱国自卫战争华东战场第一年画刊》

大众日报社、华东新华社编印，1947年(民国36年)10月出版。

1947年中国人民解放军取得了粉碎国民党军队“重点进攻”战略的胜利，为了纪念这次胜利和在战争中英勇牺牲的同志以及战争中可歌可泣的事迹和人物，大众日报社、华东新华社编印了此画刊。画刊主要内容包括华东战场实录、战场缴获、蒋匪军暴行、参战支前等内容。

第20册

《东北巨变血泪大画史》

梁雪清、郑克基、佘贻泽编，上海文华美术图书公司出版，1933年(民国22年)12月20日初版，1934年(民国23年)1月20日再版。

收录九一八事变以来东北的景象，包括日军侵略的罪行、伪满洲国、国联调查、东北民众抵制日寇等场景的历史图片。有日本关东军杀害辽宁省铁岭人民的照片。

《东省事变日军暴行摄影》

出版信息不详。

收日本11架飞机炸锦州、日本飞机用机关枪扫射北宁火车站等摄影图片27幅。附《九月二十三日日本关东军参谋中野大尉强迫北宁铁路管理局沈阳办事处副处长胡纯赞签字之北宁铁路临时使用协定》。

《古北口回忆》

俞佑世编摄，良友图书印刷公司，1933 年（民国 22 年）11 月初版，1934 年（民国 23 年）1 月再版。

该书为中国红十字会华北救护委员会 1933 年 1 月起参加长城抗战及古北口战役救护工作的摄影集，主要内容有：华北战争及救护工作地势简图，中国红十字会救护员应征出发图，十七军作战照片等。所附图片说明为中英文对照。书后有救护委员会人员照片。

《刘邓大军跃进大别山》

第二野战军政治部编辑，人民战士出版社，1949 年 7 月出版。

本书所收照片为刘邓大军跃进大别山的伟大历史行动，如横渡黄河天险、强渡汝河、强渡淮河等行军、作战生活实录，是客观记录解放战争时期的珍贵画册。

《俄国革命画史》（上、下集）

上海亚洲艺学社发行，1929 年（民国 18 年）11 月初版。

用摄影及画来反映俄国革命历史上的重大历史事件，本书收有《俄皇时代的农民生活》《马克思与恩格斯》《列宁》《苏维埃第一次出现》《工农兵士之更革命化》《十月革命之前夜》《进击东宫，革命军完全胜利》《苏维埃第一次大会》等摄影和图画作品。

第 21 册

《上海战事画报》

许乃悟编，国际时事画报馆，1932 年（民国 21 年）出版。

本书是 1932 年淞沪抗战时，十九路军在总指挥蒋光鼐、军长蔡廷锴指挥下奋起抗战抵抗日军侵略的照片及反映日军暴行照片的摄影集。

《塔山英勇守备战画报特刊》

中国人民解放军第 41 军政治部编印,1949 年(民国 38 年)2 月出版。

中国人民解放军第 41 军系塔山战役的亲历者,其死守塔山,伤亡过半,断绝了东北国民党军与其他援军的通道。本书收有贺电、题词,并以图文并茂的形式介绍了可歌可泣的英雄事迹。

《西行漫影》

福尔曼摄,上海画报公司发行,1946 年(民国 35 年)1 月初版。

收照片 64 幅,每幅均有中英文说明。1944 年 8 月到 10 月,福尔曼采访了晋绥边区,记录下了那时中国军队和人民共同抗战的历程。他将这些照片编辑成书,出版了《西行漫影》画册。画册中有民兵如何自制地雷、福尔曼与毛泽东等中共领导人的珍贵合影,以及他们在根据地的生活点滴。

《印缅远征画史:新一军战斗写真》

何铁华、孙克刚编,时代书局发行,1947 年(民国 36 年)出版。

此书以图文并茂的形式记述了抗战期间国民革命军新一军自印度进攻缅甸的全部战役及有关资料,如蓝伽整训、血战胡康河谷、八莫歼灭战、芒友会师、打通史迪威公路、日俘及战利品、凯旋等。

《汉口大战真相》

时报馆特派观战员摄影,有正书局发行,出版时间不详。

该书是反映辛亥革命时期武昌、汉口等地战争照片的摄影集。

《头颅影:汉族流血英雄遗像》

有正书局发行,其他出版信息不详。

收参加戊戌变法和辛亥革命等近代革命烈士遗像多幅。

《大革命写真画》(4、5、10、11 集)

上海商务印书馆发行,1911 年 10 月至 1912 年 4 月陆续发行。

本书是商务印书馆编译所 1912 年为纪念辛亥革命胜利一周年而编辑的,收录辛亥革命有关图片 480 幅,这些图片均为关于辛亥革命的第一手资料,以“写真”为特色,以原有零散、小型、专题的历史资料为基础,汇成系统、完整、大型的历史图集。

《生死之间》

上海良友图书公司发行,1935 年(民国 24 年)8 月初版。

本书为表现由于人类的迫害、自然力压制、机械等原因造成的生死存亡时刻,或恐怖或不安或令人愤恨的照片,以期引起人们的注意,保护我们自己的生命。

第 22 册

《中国工艺沿革史略》

许衍灼编译,上海商务印书馆出版发行,1917 年(民国 6 年)12 月初版,1918 年(民国 7 年)9 月再版。

本书是中国第一部工艺史著作。叙述太古至清末我国工艺发展简史,包括制茶、制盐、制糖等饮食工艺,制丝、刺绣、编物等服饰工艺,制纸、染色、制皮等化学工艺,以及土木及器械工艺等。

《工艺材料》

李洁冰编译,上海商务印书馆发行,1938 年(民国 27 年)3 月初版。

包括工艺材料的沿革、玻璃工艺材料、金属工艺材料、石材工艺材料、陶瓷工艺材料、涂装工艺材料等 8 章内容。

《工艺科教学法》

熊翥高、王欣渠著,上海商务印书馆发行,出版时间不详。

主要内容包括普通学校的工艺科是怎样的、现在应当怎样设施、应当用怎样的目的、应当用怎样的教材、应当用怎样的教学方法、应当用怎样的设备、工具怎样管理、材料怎样管理。

《小工艺》(一)

陆衣言著,上海中华书局印行,1948年(民国37年)1月发行、8月再版。

包括活动轮盘、洗脸的猫、蜻蜓独立、活泼的狗、旋转的风车、青蛙、元宵灯等小工艺。

《实用工艺品制造法》

卢烈编,上海经纬书局发行,1948年(民国37年)10月4版。

此书讲述皂碱、颜料、染色、珐琅、油漆、燃料烟火、金属、玻璃、纸张、文具、饮料、糖浆、烟火、金属、玻璃等制造工艺。

第23册

《工艺意匠》

李洁冰编译,长沙商务印书馆发行,1938年(民国27年)10月初版。

包括自然形与艺术形、基本形与艺术形、构成之原理与法则、平面构成上之工艺意匠、立体构成上之工艺意匠、色彩等。

《工艺美术技法讲话》

雷圭元编著,正中书局印行,1936年(民国25年)7月初版,1948年(民国37年)11月沪1版。

包括蜡染技法讲话、夹板及缝绞染技法讲话、三种型纸印染法、天然漆与人工漆的技法讲话、嵌玻璃窗饰装饰技法等。

第 24 册

《工艺制造法》

奚楚明编,上海商务印书馆发行,1918 年(民国 7 年)7 月初版,1931 年(民国 20 年)4 月 9 版,1933 年(民国 22 年)9 月国难后第 1 版,1935 年(民国 24 年)5 月国难后第 2 版。

此书内容分别是颜料制造法、涂油制造法、假漆制造法、各种造纸法、漂白术、酒类制造法、石碱制造法、电镀术等,书后有附录。

第 25 册

《缝纫方法》

姚家栋、许剑盦编,正中书局印行,1937 年(民国 26 年)2 月初版。

儿童劳作小丛书。主要包括说在前面、缝衣的用具、针法、围涎和食袋、帽子和鞋子,以及学生装、海军装等具体的制作方法。

《简易的绒线编织和刺绣》

姚家栋、许剑盦编,正中书局印行,1937 年(民国 26 年)2 月初版。

儿童劳作小丛书。主要包括说在前面、绒线编织的基本方法、实用衣件制作法、斜十字缝花的方法、几种有趣的缝花法。

《编物大全》

缪凤华编著,上海商务印书馆发行,1935 年(民国 24 年)12 月初版,1948 年(民国 37 年)8 月 10 版。

本书为职业学校教科书,封面题有“职业教科书委员会审查通过”。主要介绍用毛线、丝线、棉线编织衣帽鞋袜等方法,主要分用具及材料、基础编、花样编、绒线编物常识及实物等 5 章。

《培英丝毛线编结法》

黄培英编，培英编结传习所发行，1939 年(民国 28 年)1 月初版。

本书介绍了各种各样的丝、毛线的详细编结法，所编有童装、女装、男装等，每一种编织方法都附有穿着该编织法所编织衣服的模特，其中大部分是那个时代的著名影星。

《顾绣考》

徐蔚南著，上海中华书局发行，1936 年(民国 25 年)11 月发行，1937 年(民国 26 年)4 月再版。

上海博物馆丛书乙类第 1 种。分顾绣之起源、顾绣之传布、顾绣之技能、现存顾绣之名作 4 部分。

第 26 册

《刺绣术》

张华瑾、李许频韵编，长沙商务印书馆发行，1938 年(民国 27 年)12 月第 1 版、1941 年(民国 30 年)6 月第 3 版。

共分 4 章，分别是概论、法式、旧绣之分类、新绣之分类。另附刺绣教授略法。

《编结和刺绣》

潘淡明编，上海中华书局印行，1948 年(民国 37 年)2 月出版。

介绍毛线编结及丝线、棉线刺绣的一般知识，分为编结篇和刺绣篇。编结篇包括编结的一般知识、基本编结法、变化应用法。刺绣篇包括刺绣的一般知识、基本刺绣法、刺绣的花样和应用。

《贴花与编织图案》

刘美丽编，上海广学会出版发行，1940 年(民国 29 年)9 月出版。

分甲、乙两部。甲部内容包括贴花图案、绣花图案、挑纱图案、织补图案，乙部内容包括男孩、女孩、婴孩等各种衣服的编织图案。

《衣冠服饰》

杨荫深编，世界书局印行，1946年(民国35年)9月初版。

日常事物掌故丛书。主要介绍20多种日常穿戴的起源流变，从帽到鞋袜，从布料到脂粉，考证源流演变，同时又附有历代冠服的汇总介绍，内容极其丰富。

《中国美术工艺学》

徐蔚南编，上海中华书局发行，1940年(民国29年)2月出版。

本书为研究中国工艺——玉器、瓷器、宜兴茶壶、景泰蓝、地毯、竹刻、竹器、宣纸、剔红、刺绣、印章、印泥、玩具等制作发展之历史。

第27册

《废物利用的工艺》

宗汉梁、丁松涛编，上海黎明书局发行，1935年(民国24年)8月初版。

黎明乡村小学丛书。主要介绍用生活中的各种废物如瓜子壳、蛋壳等制作千里镜、飞鸟、鸡等各种手工艺品。

《利用废物的小工艺》

姚家栋、许剑盦编，正中书局印行，出版时间不详。

包括利用废纸板做的照相框和取景框、玉蜀黍秆的利用、破布的利用、蛋壳的用途、树枝做的玩具等。

《全国手工艺品展览会概览》

全国手工艺品展览会编辑组编，文心印刷社印刷，1937年(民国26年)5月20日出版。

共分3章,分别是本会筹备经过、各省市手工艺产品概述、会场布置。

《板制玩具图说》

周逸休编,上海商务印书馆发行,1928年(民国17年)3月初版。

共分4章,主要介绍用木板制作陀螺、椅子、茶几、鸡、熊、犬、手枪等玩具和实用之家具。

《玩具图说二集》

施咏湘编,上海商务印书馆发行,出版时间不详。

手工丛书。介绍了制作桃子、纸马、泥僧、腰刀、棍子、花盆等的做法。

第28册

《续折纸图说》

施咏湘编,上海商务印书馆发行,1919年(民国8年)3月初版,1921年(民国10年)5月再版。

手工丛书。介绍了制作风筝、蚱蜢、元宝、刺刀、纱帽、老虎、飞鸟、菊花等的做法。

《风筝》

陈泽凤著,南京正中书局发行,1934年(民国23年)8月初版。

主要内容有:风筝的故事和历史,风筝的原理和其必要的条件,做风筝的方法,风筝的种类和一般的制谱,风筝的装配和附带物,放风筝的方法和秘诀,风筝的病态和其救治法。

《风筝谱》

王健吾、金铁盦编,武侠社出版,1936年(民国25年)2月10日出版。

包括风筝之考据、风筝与美术、风筝与运动、风筝与学理、风筝与民间习俗、风筝之类别、风筝之制作、放风筝之技巧、放风筝与卫生、放风筝与疾病,以及扎法举要。

《近世窗饰术》

费里著，朱武叔译，商务印书馆发行，1925 年（民国 14 年）9 月初版。

主要介绍商店橱窗的布置方法，共分 3 编，分别是陈列之原理、橱窗陈列术、店前问题。

《窗花：民间剪纸艺术》

陈书亮编，高原书店出版，出版时间不详。

内分人物、走兽、翎毛、鱼虫花卉 4 部分，共收窗花 98 幅。

第 29 册

《现代家庭装饰》

史岩编著，上海大东书局印行，1933 年（民国 22 年）出版。

家庭日用丛书第 1 种。主要内容包括家庭装饰美术的要谛、色彩在家庭装饰上的重要、形式在家庭装饰上的重要、材料在家庭装饰上的地位、各室使用上的性质及其特殊装饰。

《瓶花艺术》

程世抚、王璧著，上海园艺事业改进协会发行，1947 年（民国 36 年）5 月 1 日出版。

包括绪言、插瓶用的材料、剪取及保养、容器的选择、瓶花配制的原则、插瓶应注意各点、一般插瓶易犯的错误、日本瓶花艺术。

《手工新教材》

汪畏之编，上海中华书局印行，1929 年（民国 18 年）4 月初版，1937 年（民国 26 年）10 月 3 版。

详细介绍了人造大理石、纸剪立体动物（鸡犬鼠兔）、晴雨化、绒布狗、书形匣等制作方法。

《手工教材玩具制作法》

郭义泉编,上海中华书局印行,1920 年(民国 9 年)8 月初版,1923 年(民国 12 年)3 月 9 版。

共分 11 章,分别是玩具之意义、玩具在教育上之价值、儿童自制玩具之利益、玩具的分类、各国玩具业之现状及特色等。

《废物利用工艺新教材》

顾庚甫编,上海中华书局印行,1935 年(民国 24 年)9 月初版。

主要介绍了利用蛋壳、稻草、贝壳、麦秆、果核、碎玻璃、植物叶、瓜子壳、花生壳、禽羽、兽毛等制作工艺品的办法。

第 30 册

《花卉装饰术》

顾君赞著,中国农业书局发行,1942 年(民国 31 年)3 月初版。

分总论、应用装饰、室内装饰及室外装饰,有插图 49 帧。

《中国明代室内装饰和家具》

出版信息不详。

1942 年(民国 31 年)国立北京大学论文集。全书除引言、结论外,包括明代绘画与传奇木刻图中所见的室内装饰和家具、现存明代家具之式样与做法、北京民宅配置情形与室内装饰家具的今昔比较、日本与中国明代室内装饰和家具上的共同点等。

《金属工艺》

张晋唐编,上海中华书局印行,1947 年(民国 36 年)12 月初版。

共分 5 章,包括金属工艺之打样及取材法、主要金属材料、工具及实用技术、锻冶设备及其工作技术、工具及工作物之保全法。

《曲铁工艺》

何明斋、林君复编，长沙商务印书馆发行，1941 年（民国 30 年）10 月初版。

共分 12 章，主要介绍工具及材料，铁条的弯曲及制作简例，各种曲铁工艺品的制法，曲铁工艺的装饰，各种烛台、厅灯的制法，屏障、栅栏及其他物品的制法，桌灯的制法等。

第 31 册

《竹木工艺》

马育麟编，上海中华书局发行，1948 年（民国 37 年）2 月初版。

共分 6 部分，主要包括竹工艺的总说、材料概述、工具概述、竹工的工作法、竹材的装饰法、圆竹器制法等。

《化学工艺宝鉴》

杜亚泉编，商务印书馆发行，1917 年（民国 6 年）3 月初版，1929 年（民国 18 年）12 月 9 版。

主要介绍合金工艺、金属着色法、镀金术，以及玻璃、烟草、肥皂、化妆品等 32 种工业品的制造方法。

第 32 册

《实验应用化学工艺品制造新法》

殷鉴编译，上海中西书局总店发行，1933 年（民国 22 年）6 月出版。

共分 20 章，有金属篇、建筑材料篇、皮革篇、织物材料篇、油漆篇等。附录有各类补遗及本书所用英法量衡单位表。

第 33 册

《化学工艺制造秘典》(上)

第 34 册

《化学工艺制造秘典》(中)

第 35 册

《化学工艺制造秘典》(下)

希斯考克斯著,高铦译,商务印书馆发行,1944 年(民国 33 年)11 月初版,1949 年(民国 38 年)5 月 4 版。

按汉字笔画由少到多进行编排,介绍丁香香水、人造花、人造宝石、人造青石板等各种化学工艺制造秘典。

《新编染色术》

杨时中编,上海商务印书馆发行,1923 年(民国 12 年)1 月初版,1924 年(民国 13 年)5 月 3 版。

共分 11 章,主要包括:染色术之分类,改变染料之性质,色素种类及变化,染色之温度,水之选择及试验水质法,色料与日光及时令,染色上必要之手术,染法,染光法,工场之布置。

《化学工艺》

科学画报编辑部编,中国科学图书仪器公司发行,1947 年(民国 36 年)12 月初版,1948 年(民国 37 年)11 月再版。

主要介绍玻璃、金属、纸墨类、漆及涂料、毛皮、织物、食物、药物、烟火等的制造方法。

第 36 册

《黏土工与制陶》

李洁冰编，上海商务印书馆发行，1936 年(民国 25 年)11 月初版。

本书共分序言、原料、黏土工(上)、黏土工(下)、烧成与彩饰 5 部分内容。

《织物组合与分解》

黄希阁、瞿炳晋编，中国纺织染工程研究所出版，1945 年(民国 34 年)8 月初版。

共分概论、第一类织物、穿综图及纹板图、变化组织、经纬纱捻向与组织之关系、组织与色纱之关系、重织物等 26 章内容。

第 37 册

《中国陶瓷史》

吴仁敬、辛安潮著，商务印书馆发行，1936 年(民国 25 年)12 月初版，1937 年(民国 26 年)4 月再版。

全面系统地论述了中国各个朝代陶瓷发展的基本历史，对陶瓷的起源和种类、各地制瓷名窑、釉色与装饰的进步进行了详细论述。

《增补古今瓷器源流考》(卷上)

邵蛰民辑著，余戟门增补，出版信息不详。

本书分总论、时代、出处、色泽、器式、款识、绘画、赏鉴、杂记、附识 10 章。

《景德镇陶瓷源流考略》

出版信息不详。

本书分陶厂、御器厂、陶土、陶夫、官窑、器数、陶匠、陶厂供应等 36 部分。

《正中少年故事集第五集之四:瓷器》

黎浩亭编著,正中书局印行,1936年(民国25年)5月初版。

通过讲述故事的方式来普及景德镇瓷器发展的历史,以及瓷器是怎样烧成的、机器是怎样做瓷的等内容。

第38册

《瓷器与浙江》

陈万里著,上海中华书局印行,1946年(民国35年)10月初版。

为浙瓷研究论文集。收集作者1935年3月至1937年所发表的论文、调查报告、访古记等22篇。分为两部分,第一部分为研究浙瓷论文14篇,第二部分为调查报告和访古记8篇。

《哥窑与弟窑》

徐渊若著,西泠印社出版社,1945年(民国34年)元旦出版。

是一本瓷器方面的专业著作,除自序、附录、参考书目外,此书分为概说、哥弟窑之研究、随笔3章,介绍了浙江龙泉出产青瓷的哥窑和弟窑。

《古今中外陶瓷汇编》

叶麟趾、锡嘏编著,1934年(民国23年)7月出版。

共分15章。第一章历代窑器总论,第二章唐朝窑器,第三章五代窑器,第四章宋朝窑器,第五章元朝窑器,第六章明朝窑器,第七章清朝窑器,第八章民国窑器,第九章系统及派别,第十章胎釉及色彩,第十一章外国陶瓷沿革,第十二章中外陶瓷现况,第十三章中外陶瓷特征,第十四章近世发掘之古代陶瓷及其与西方文化之关系,第十五章现代陶瓷种类及用途。

《华瓷》

丁惠康著，申报馆印行，1934年（民国23年）出版。

共著录珍瓷90件。古瓷有晋越窑大角、黑釉鸡首壶、唐代越窑刻花壶、宋代钧窑天蓝紫霞大钵、元代内府黑釉大坛、明代法华窑的瓷器、清三代的珍瓷。此书由叶恭绰作序，又自序一篇，阐述中国陶瓷的历史发展、沿革，并说明自己收藏的目的。

第39册

《江西陶瓷沿革》

启智书局编辑部编，启智书局发行，1930年（民国19年）12月出版。

共分两篇，分别介绍了江西陶瓷沿革和景德镇瓷业现况。书前有景德镇瓷器制造实况照片20幅。

《景德镇瓷业史》

江思清著，上海中华书局印行，1936年（民国25年）10月出版。

本书除参考书目外，共分4编，包括总论、景德镇瓷业的勃兴时代、景德镇瓷业的发展时代、景德镇瓷业的衰落时代。

第40册

《景德镇陶瓷概况》

黎浩亭著，正中书局印行，1937年（民国26年）7月初版，1943年（民国32年）9月3版。

从地势、交通、经济状况、教育、营业近况、工厂组织及陋规、制造方法、窑等方面详细介绍了当时景德镇陶瓷的现状。

《漆器考》

郑师许著，中华书局印行，1936 年（民国 25 年）11 月初版，1937 年（民国 26 年）6 月再版。

上海博物馆丛书丙类第 3 种。分 7 节，叙述上古传说时代至明代的漆器发展状况。首节分析漆之产地及化学成分、物理性质等，尾节有明代黄成所著《髹饰录》及明代杨明的注。

《陶瓷工艺》

马育麟著，中华书局印行，1948 年（民国 37 年）2 月初版。

从原料论、原料之采取及精制、原料的试验、坯型制造的几种方法、素烧、彩饰、陶瓷器的分类等方面详细介绍了陶瓷工艺。

《陶瓷学》

何应枢著，上海商务印书馆发行，1924 年（民国 13 年）2 月初版，1928 年（民国 17 年）3 月再版。

共分 10 章，主要包括素地之原料、素地原料之试验、素地原料之精制法、成坯法、釉药、烧成法及烧成时之现象等内容。

第 41 册

《陶器和瓷器》

徐应昶编，上海商务印书馆发行，1935 年（民国 24 年）11 月初版。

包括制造陶器和瓷器的原料、陶器的种类、陶土、怎样制造陶器、制造瓷器的方法、瓷器的种类、我国产瓷器的地方、陶器和瓷器的发明史等内容。

《陶器和瓷器》

叶绍钧、吴研因、王志瑞编，上海中华书局印行，1947 年（民国 36 年）12 月初版，

1948 年(民国 37 年)8 月再版。

包括家用器具、陶土和瓷土、陶器和瓷器、做陶器、陶器的种类、做瓷器、瓷器的种类、我国的陶瓷器。

《古玉石器琉璃器出品说明书》

出版信息不详。

此说明书分别对古玉类、石器类、琉璃器类的特征进行了详细说明。

《越器图录》

陈万里著,中华书局发行,1937 年(民国 26 年)3 月出版。

本书收集了 88 幅种类繁多、式样奇妙的越器图片。

《中央陶瓷试验场工作报告》

工程研究所印行,1930 年(民国 19 年)出版。

本书除序言和缘起外,还包括本场之窑、本场原料之分析、本场坯泥配合法、本场成形法、本场之釉、本场之彩色。

《一家言中之居室器玩》

李渔著,中国营造学社出版,出版时间不详。

介绍家庭陈设、布置,分居室、器玩两部分。居室部分收房舍、窗栏、墙壁、联匾等;器玩部分收制度、位置等。卷首有近人阚铎《识语》一篇。

《陶说》

朱琰著,出版信息不详。

芋园丛书。卷一叙述清朝饶州窑(即景德镇窑)和其生产过程;卷二叙述窑器起源,追溯到神农之世,并叙述了唐朝到元朝的名窑及其产品;卷三叙述明代历朝官窑器和生产技术。

第42册

《巨鹿宋器丛录》

李详耆、张厚璜著，天津博物院出版，1923年（民国12年）9月出版。

主要记载了民国期间在巨鹿发现的瓷器题字。这些瓷器主要有洗、盒、盒盖、盂、枕、尊等。

《古玩指南》（1—4册）

赵汝珍编，出版信息不详。

本书分别对书画、瓷器、铜器、古钱、宣炉、古铜镜、玉器、砚、古书、古墨、碑帖、古代名纸、古代砖瓦、偶像、印章、丝绣、景泰蓝、漆器、宜兴壶、珐琅、料器、法花、牙器、彩墨、笔格、竹刻、扇、木器、名石这类古玩器物进行了记录品评。

第43册

《古玩指南续编》（1—4册）

赵汝珍编，友文印书局承印，1943年（民国32年）4月出版。

分别对古代文字、殷墟甲骨、古代礼器、古代乐器、古琴、古代兵器、古代度量衡器、古代农器、古代石器、古代陶器、殉葬瓦器、七宝烧、印色、毛笔、古代木刻、镶嵌、古代玺印、油画、鼻烟、鼻烟壶、毛毯进行了记录品评，最后两章则分别是近代特殊艺术家小传和古玩琐碎。

《燕几图》

黄长睿著，上海商务印书馆发行，1936年（民国25年）12月初版。

主要记载了宋代宴请宾客的专用几案设计图。

《茶具图赞》

茅一相著，上海商务印书馆发行，1936年（民国25年）12月初版。

用白描画法将盛行于宋代的斗茶用具记录成图，称之为“十二先生”，赐以名、字、号，并按宋时官制冠以职衔，非常形象生动地反映出宋代社会对茶具的钟爱和对茶具功用、特点的评价。

《游具雅编》

屠隆著，上海商务印书馆发行，1936 年（民国 25 年）12 月初版。

所载笠杖渔竿之属，皆便于游览之具，故以为名。卷末附图四式，一曰太极樽、一曰葫芦樽、一曰山游提盒、一曰提炉。

《文具雅编》

屠隆著，长沙商务印书馆发行，1939 年（民国 28 年）12 月初版。

逐条介绍了除文房四宝以外的 43 种文房用具。有的用具一直沿用至今，如笔格、笔筒、笔洗等；有的用具今天已经稀见，如贝光、廖、韵牌等；也有并不属于文房用具的，如剪刀、如意、镜等。

《笔史》

梁同书著，长沙商务印书馆发行，1939 年（民国 28 年）12 月初版。

本书分为笔之始、笔之料、笔之制、笔之匠 4 个部分。

《文房四谱》

苏易简著，长沙商务印书馆发行，1939 年（民国 28 年）12 月初版。

系统地论述纸、墨、笔、砚的源流、制作、逸事的谱录类著作。共分 5 卷，分为笔谱、纸谱、墨谱、砚谱。书中各谱的体例大致相同，首先叙事，次讲制作，三是杂说，四为辞赋。叙事重在说明定义、沿革及产地。制作则重在介绍制造技术。杂说讲述典故和逸闻。辞赋汇集了有关赞咏文房四宝的诗词。

第 44 册

《西湖博物馆馆刊》(第 1 期)

1933 年(民国 22 年)出版。

主要分插图、概况、论著、学艺、报告、章则、附录等。

《参加伦敦中国艺术国际展览会出品图说》(第 1 册)

伦敦中国艺术国际展览会筹备委员会编,上海商务印书馆发行,1936 年(民国 25 年)出版。

主要内容有中国青铜器之起源,青铜器之种类、时代、地域,青铜器在艺术、史料上的价值,以及参展青铜器之种类。

《参加伦敦中国艺术国际展览会出品图说》(第 4 册)

伦敦中国艺术国际展览会筹备委员会编,上海商务印书馆发行,1936 年(民国 25 年)出版。

主要内容有织绣、玉器、景泰蓝、剔红、折扇、家具文具、考古选例、珍本古书。

第 45 册

《教育部第二次全国美术展览会专刊》

筹备委员会印行,1937 年(民国 26 年)4 月出版。

专刊分书画、书籍、古代工艺美术、其他 4 部分,每一部分的内容都是与其相关的名家评论。如第一部分有邓以蛰《书法之鉴赏》和宗白华《中西画法所表现之空间意识》。

《汉口市美术展览大会纪念特刊》

汉口市美术展览大会筹备委员会编,文德印务有限公司印刷,1935 年(民国 24 年)9 月出版。

特刊分为大会写真、展品留影、言论、专著、法规、纪实、特载 7 个部分。

《中国艺术国际展览会参观记》

傅振伦著，国立北平故宫博物院年刊，1936 年(民国 25 年)7 月出版。

年刊除插图外，另有引言、会场布置、各陈列室重要物品、参观后之杂感。

《全国手工艺品展览会概览》

出版信息不详。

除弁言和广告索引外，共分 3 章，其内容是有关展览会筹备经过、各省市手工艺产品概述和会场布置的情况。

第 46 册

《中华民国 36 年中国美术年鉴》

王扆昌主编，上海市文化运动委员会出版，1937 年(民国 26 年)10 月 10 日初版。

年鉴分史料、师承纪略、美术家传略、书法、国画、篆刻、西画、雕塑、摄影、图案、论文等类。